Inhalt

W0192098

Vorwort

Was Horte Schulkindern zu bieten haben – mit dieser Formulierung ist die Zielsetzung dieses Buches umrissen. Der Titel kann in zweifacher Weise verstanden werden, und beide Sichtweisen sind berechtigt und sinnvoll:

Zum einen geht es darum, einer breiten Öffentlichkeit, insbesondere aber den Eltern von Schulkindern, vor Augen zu führen, welche Funktion und Bedeutung Horte haben und wie sie sich von anderen Betreuungsangeboten unterscheiden. Diesen Aspekt könnte man als überwiegend *deskriptiv* und für die Sache des Hortes werbend charakterisieren.

Zum anderen kann die Formulierung auch mehr *präskriptiv* und stärker zukunftsorientiert verstanden werden. Mit dieser Zielsetzung richtet sie sich dann in erster Linie an die im Hort tätigen Fachkräfte, denen sie eine Orientierung geben will, welche Herausforderungen sich ihnen durch eine moderne Hortarbeit stellen. Gleichzeitig sind jedoch auch die Träger, Fachberater/innen, Verbände, Verwaltungsfachleute und Politiker/innen angesprochen: Es soll deutlich werden, welche Qualitätsstandards es zu erreichen bzw. zu wahren gilt!

Ein weiterer Aspekt ist hervorzuheben: Das hier vorgelegte Buch rückt die *Schulkinder* in den Mittelpunkt der Betrachtungen und Überlegungen. Zwar werden auch von Eltern, Trägern, Schule, anderen Institutionen und der Gesellschaft mehr oder minder berechtigte Wünsche und Erwartungen an den Hort herangetragen. In erster Linie aber muss verantwortliche Hortpädagogik den Bedürfnissen der Kinder bzw. Jugendlichen Rechnung tragen.

Dies war auch der Leitgedanke bei der Erarbeitung von Empfehlungen für die pädagogische Arbeit in bayerischen Horten.[1] Diese Empfehlungen können als eine komprimierte Kurzfassung des hier vorliegenden Buches verstanden werden. Sie bilden den Ausgangspunkt für eine eingehendere Erörterung. Deshalb wird in den grau gerasterten Feldern der Originaltext der Empfehlungen abschnittsweise wiedergegeben. Danach wird

---

[1] Empfehlungen für die pädagogische Arbeit in bayerischen Horten. Bekanntmachung des Bayerischen Staatsministeriums für Arbeit und Sozialordnung, Familie und Frauen vom 22.09.2003 Nr. VI 4/7358-1/19/03. Zur Entstehungsgeschichte vgl. Kaplan, K.: Rahmenkonzept für Horte in Bayern. In: IFP-Infodienst 5, 2000, 2, S. 18 ff.

der Aussagegehalt der Formulierungen näher erläutert und in seiner Bedeutung gewürdigt. Schließlich werden exemplarische Möglichkeiten der Umsetzung aufgezeigt. Allerdings gibt es hier keine fertigen Rezepte und Gebrauchsanweisungen, die man „von oben" den Einrichtungen verordnen könnte. Das vorliegende Buch ist vielmehr als Anregung und Ermutigung zum eigenen Experimentieren zu verstehen. In diesem Sinne dürfte das zusammengetragene Material auch über die Grenzen von Bayern hinaus für Horte und andere außerunterrichtliche Betreuungsformen für Schulkinder sehr vielfältige Anregungen bieten.

Bereits bei den rechtlichen Grundlagen, die den *Auftrag des Hortes* (Kapitel 1) umschreiben, wird diese Zentrierung auf das Kind deutlich. Es folgen zwei Beiträge über *Grundbedürfnisse und Entwicklungsaufgaben von Schulkindern* (Kapitel 2).

Eine breitere Darstellung erfordern die *Schlüsselkompetenzen zur Bewältigung von Entwicklungsaufgaben* (Kapitel 3). In Anlehnung an die Delphi-Studie werden hier *personale Kompetenz, soziale Kompetenz, Wissenskompetenz sowie Lernkompetenz* unterschieden. Weiter werden exemplarisch *besondere Schwerpunktsetzungen* hervorgehoben, die als wesentlich und zukunftsträchtig erscheinen.

Der Frage der Umsetzbarkeit wird sowohl bei den einzelnen Zielsetzungen als auch bei der Erörterung der *sozialpädagogischen Arbeitsweisen* (Kapitel 4) ein besonderer Stellenwert eingeräumt. Auch hierbei wird wiederum das Anliegen deutlich, in erster Linie den Belangen der Schulkinder Rechnung zu tragen, wie dies z. B. in der *Arbeit mit unterschiedlichen Zielgruppen* (Kapitel 4.4) deutlich wird.

Fokussierung auf das Kind bedeutet jedoch nicht die Errichtung eines pädagogischen Schonraumes, der sich nach außen abkapselt. Im Gegenteil: Gerade im Interesse des Kindes ergibt sich ein *Kooperationsgebot im Rahmen der Öffnung nach innen und außen* (Kapitel 4.5). Neben der Zusammenarbeit im Team, mit Diensten und Institutionen sowie der Gemeinwesenarbeit sind hier die *Zusammenarbeit mit Eltern* (Kapitel 5) und die *Zusammenarbeit mit der Schule* (Kapitel 6) von besonderer Wichtigkeit.

Ausführlich wird auf die aktuelle Diskussion zur *Qualitätsentwicklung im Hortbereich* eingegangen (Kapitel 4.7). Auch bei diesen Überlegungen sind die Kinder und Jugendlichen Ausgangs- und Zielpunkt.

Letztlich muss es sich bei der *Gestaltung der Rahmenbedingungen* (Kapitel 7) erweisen, dass hier eine kindorientierte, qualifizierte Hortarbeit ermöglicht wird.

Das letzte Kapitel beschäftigt sich schließlich mit praktischen Fragen der *Umsetzung der Empfehlungen* (Kapitel 8). Dabei wird vor allem verdeutlicht, dass die Empfehlungen nur eine Grundorientierung für Horte in Bayern vorgeben, die durch ein einrichtungsspezifisches Konzept näher präzisiert und ausgestaltet werden müssen. Dort finden dann besondere Vorgaben des Trägers und Schwerpunktsetzungen des jeweiligen Hortteams im Sinne einer Profilbildung ihre Berücksichtigung.

Die Vielschichtigkeit der angesprochenen Themen und Aspekte erforderte das Zusammenwirken vieler Fachleute aus Verwaltung, Wissenschaft und Praxis. An dieser Stelle sei allen recht herzlich gedankt, die durch Textbeiträge, Anregungen oder kritische Anmerkungen zum Zustandekommen der Empfehlungen und dieses Buches beigetragen haben, insbesondere
- den Vertretern des Bayerischen Staatsministeriums für Arbeit und Sozialordnung, Familie und Frauen,
- den Kolleginnen und Kollegen des Staatsinstituts für Frühpädagogik,
- den Kolleginnen des Deutschen Jugendinstituts sowie des Sozialpädagogischen Instituts Nordrhein-Westfalen,
- den Mitgliedern des Arbeitskreises Kinderhort sowie
- den beteiligten Hortleitungen mit ihren Teams.

Soweit einzelne Beiträge unverändert übernommen wurden, sind die verantwortlichen Autorinnen und Autoren angegeben. Viele Kapitel mussten allerdings neu geschrieben werden; ein entsprechender Hinweis auf das verwendete Material findet sich jeweils in einer Fußnote.
Es bleibt zu hoffen, dass dieses Buch mit dazu beiträgt, die Bedeutung qualitativ guter Hortarbeit herauszustellen und bei allen Verantwortlichen die Bereitschaft zu wecken mit dazu beizutragen, dass der Hort den Schulkindern auch in Zukunft pädagogisch Wertvolles zu bieten hat.

München, im November 2003
Karlheinz Kaplan

Kapitel 1
Auftrag des Hortes

Karlheinz Kaplan

> Der Hort ist eine familienunterstützende und familienergänzende Einrichtung. Auftrag des Hortes ist die Betreuung, Bildung und Erziehung von Kindern ab der Einschulung bis zum Alter von 14 Jahren. Vereinzelt können auch Jugendliche aufgenommen werden, für die folgende Ausführungen entsprechend gelten.

Bei der Definition der Aufgabe des Horts folgen die Empfehlungen den Grundsätzen der Förderung von Kindern in Tageseinrichtungen, wie sie in § 22 des Achten Sozialgesetzbuches (SGB VIII) festgelegt sind. Dort werden in Absatz 2 ebenfalls Betreuung, Bildung und Erziehung als Aufgabe von Kindergärten, Horten und anderen Einrichtungen für Kinder genannt. Hervorzuheben ist hierbei die Zusammengehörigkeit der drei Aspekte des Betreuens, Bildens und Erziehens, die von den Fachkräften und ihren Mitarbeiter/innen als Gesamtaufgabe wahrzunehmen sind. Allen einseitigen Schwerpunktsetzungen ist eine klare Absage zu erteilen. Solche Vereinseitigungen sind beispielsweise,

- wenn man die Aufgabe des Hortes nur darin sieht, „Kinder zu beaufsichtigen, die sich sonst auf der Straße herumtreiben" (unangemessene Betonung der *Betreuungsfunktion*);
- wenn vom Hort in erster Linie „Nachhilfeunterricht für Kinder bei bestehenden Lernschwächen" erwartet wird (unangemessene Betonung einer verkürzt verstandenen *Bildungsfunktion*);
- wenn die Werte-Erziehung zur wichtigsten Aufgabe der Hortarbeit hochstilisiert wird (unangemessene Betonung der *Erziehungsfunktion*).

Jeder dieser an den Hort herangetragenen Wünsche hat sicherlich seine Berechtigung, solange er nicht verabsolutiert wird und die anderen beiden Funktionen nicht aus dem Blickfeld geraten.

Diese gegenseitige Verflochtenheit von Betreuung, Bildung und Erziehung ist auch zu beachten, wenn später auf die einzelnen Funktionen näher eingegangen wird. Schwerpunktmäßig lassen sich die drei Funktionen folgenden Kapiteln zuordnen:

- ***Betreuung:*** Grundbedürfnisse von Kindern und Jugendlichen (Kapitel 2)
- ***Bildung:*** Wissens- und Lernkompetenz (Kapitel 3.3 und 3.4)
- ***Erziehung:*** personale und soziale Kompetenz (Kapitel 3.1 und 3.2)

Eine saubere Trennung und Abgrenzung der drei Bereiche ist weder möglich noch wünschenswert! Deshalb ist es auch nicht angebracht, der Schule die Funktion der Vermittlung von Wissen und Bildung zuzuweisen, dem Hort dagegen mehr den Bereich der Betreuung und als gemeinsames Aufgabengebiet zusammen mit den Eltern die Erziehung der Kinder.

Um möglichen Missverständnissen vorzubeugen ist darauf hinzuweisen, dass „Wissens- und Lernkompetenz" wesentlich mehr umfasst, als die Vermittlung von Faktenwissen. Gerade im Hort bietet sich die Chance, durch eine Betonung des Gedankens einer ganzheitlichen Bildung im Sinne von Pestalozzis „Kopf, Herz und Hand" einer Verschulung und Reduzierung des Lebens auf die kognitive Ebene entgegenzuwirken.

Im Vergleich zum § 22 Abs. 2 SBG VIII nehmen die Empfehlungen für die Horte eine Präzisierung hinsichtlich des Alters der zu fördernden Kinder vor: vom Schuleintritt bis zum Alter von 14 Jahren. Die Formulierung „ab der Einschulung" als untere Altersgrenze wurde gewählt, um der neuen Entwicklung Rechnung zu tragen, dass Kinder auf Wunsch der Eltern inzwischen bereits mit 5 Jahren eingeschult werden können. Hortplätze stehen derzeit hauptsächlich für Grundschüler/innen bereit. In einzelnen Regionen wird der Hort von Kindern bis zur 6. Klasse genutzt. Horte für ältere Schüler/innen sind noch sehr selten, obwohl Fachleute der Sozial- und Schulpädagogik auf einen entsprechenden Bedarf hinweisen. Bewusst wurde deshalb in den Empfehlungen die Möglichkeit einer Anhebung der Altersgrenze offen gehalten. Allerdings brauchen ältere Kinder und Jugendliche Angebote, die auf die im Vergleich zum Grundschulalter veränderte Bedürfnislage gezielt eingehen und ihrer Klientel beispielsweise wesentlich mehr Freiräume und Wahlmöglichkeiten zugestehen.

> Der Hort soll die Entwicklung des Kindes zu einer eigenverantwortlichen und gemeinschaftsfähigen Persönlichkeit fördern (vgl. §§ 1 und 22 SGB VIII).

Diese Aussage greift ein Kernanliegen jeglicher Pädagogik auf – wobei es gleich ist, ob es sich um Schul-, Sozial-, Sonder- oder Integrationspädagogik handelt: Welches Ziel soll mit Pädagogik erreicht werden?

Förderung der Entwicklung von Eigenverantwortlichkeit:

Ganz im Sinne von Platos Höhlengleichnis ist pädagogisches Handeln getragen von einem emanzipatorischen Impuls. Das Kind soll von Unwissenheit und vielfältigen Abhängigkeiten befreit werden, soll unter Berücksichtigung seiner Interessen und Bedürfnisse alle seine Möglichkeiten und Fähigkeiten entfalten können und sich zu einer selbstständigen und mündigen Persönlichkeit entwickeln. Diesem Erziehungsziel steht jedoch ein zweites gleichwertig gegenüber:

Förderung der Entwicklung von Gemeinschaftsfähigkeit:

Zum einen gelingt die Selbstentfaltung eines Menschen nur im sozialen Miteinander. Erinnert sei an das Wort Martin Bubers:

„Der Mensch wird am Du zum Ich."[2] Zum anderen findet die Selbstverwirklichung ihre Grenze dort, wo sie die Selbstentfaltung anderer beeinträchtigt. Um miteinander leben und einander verstehen zu können, muss ein Gleichgewicht hergestellt werden zwischen Nehmen und Geben, zwischen Sich-Durchsetzen und Nachgeben, zwischen dem Austragen von Konflikten und dem Finden von Kompromissen. Erfahren wird so neben dem Ich und Du das Wir-Gefühl, das Erleben des gemeinsamen Miteinander.

Setzt man das Ziel der Selbstverwirklichung absolut, so führt dies in letzter Konsequenz zur Tyrannei von Egoisten. Der Begriff der Eigenverantwortlichkeit signalisiert bereits diesen Vorbehalt. Erhebt man umgekehrt die Gruppe und später die Gesellschaft, das Volk, den Staat zum Ideal, so ist der total angepasste Mensch das Produkt dieser Ausrichtung. Wahre Erziehung ist ein ständiger Balanceakt zwischen den beiden gleichwertigen Zielen Emanzipation des Individuums und Solidarität mit anderen.

Horte stehen allen Kindern unabhängig von ihrer individuellen physischen und psychischen Entwicklung, ihrer Konfession und Nationalität offen. Eine heterogene Gruppenbildung ist anzustreben. Der wachsende Bedarf für ältere Kinder setzt eine entsprechende Weiterentwicklung des Angebots voraus.

„... für Kinder im schulpflichtigen Alter sind nach Bedarf Plätze in Tageseinrichtungen vorzuhalten. Die Träger der öffentlichen Jugendhilfe haben darauf hinzuwirken, dass ein bedarfsgerechtes Angebot an Ganztagsplätzen zur Verfügung steht." (§ 24 SGB VIII) Aus diesem Gesetzestext geht hervor, dass der Hort allen Kindern offen steht. Diese Aussage ist in zweifacher Hinsicht von Bedeutung:

- Sie verpflichtet zum Aufgreifen und Verwirklichen des *Integrations*gedankens. Ausdrücklich werden bestimmte Personengruppen genannt, die wegen einer besonderen Bedürfnislage von Ausgrenzung bedroht sind: Kinder mit Behinderungen, Verhaltens- und Entwicklungsauffälligkeiten, Kinder, die einer religiösen Minderheit angehören sowie Kinder von Ausländer- und Aussiedlerfamilien.

- Daraus darf aber nicht abgeleitet werden, dass Horte in erster Linie für so genannte „Problemfälle" bereitstehen (Defizitori-

---

2   Buber, Martin: Reden über Erziehung. Lampert Schneider: Heidelberg 1965

entierung)[3]. Vielmehr steht der Hort für alle Kinder offen, deren Eltern dieses Angebot wünschen.

Die Verwirklichung eines Hortangebots für *alle* Kinder stellt an die Hortfachkräfte hohe Ansprüche. Gemeinsamkeit darf hier nicht mit Uniformität verwechselt werden, vielmehr muss den individuellen Bedürfnissen der Kinder Rechnung getragen werden.

Auf die Notwendigkeit einer Weiterentwicklung des Hortangebots für ältere Schüler/innen wurde bereits zu Beginn dieses Kapitels hingewiesen.

> Der Hort soll alle Lebensbereiche der Kinder mit einbeziehen. Er zeichnet sich aus durch Professionalität und Verlässlichkeit seines pädagogischen Angebots, die Vielfalt lebensweltbezogener sowie alters- und geschlechtsspezifischer Lern- und Übungsfelder und die erziehungspartnerschaftliche Zusammenarbeit mit Eltern.

Schule, Kindergarten und Hort sind pädagogische Institutionen, die als soziale Systeme dazu tendieren, sich nach außen abzuschotten und ein Eigenleben zu führen. Dadurch wird eine übermäßig komplexe, unübersehbare und unbeherrschbare Umwelt auf bestimmte, ausgewählte Handlungsmöglichkeiten reduziert, an denen sich das zwischenmenschliche Handeln sinnhaft orientieren kann.[4] In diesem

Zusammenhang wird dann die jeweilige Institution gerne als „pädagogischer Schutzraum" betrachtet, in dem das Kind vor einer Gefährdung durch störende Einflüsse abgeschirmt wird.

Eine solche Denk- und Betrachtungsweise hat sich längst als Illusion erwiesen und muss als anachronistisch abgelehnt werden. Sie verhindert notwendige Anpassungs- und Reformprozesse der betreffenden Einrichtungen, vor allem aber erschwert sie den Kindern die Bewältigung der Entwicklungsaufgabe, „das Leben zu lernen".[5]

---

[3] vgl. z. B. Rose, H.: Hort. Ein Ort für Kinder, junge Jugendliche und deren Familien im Wohnquartier. Diakonisches Werk Bremen e. V. (Hrsg.), Senger Druck: Bremen 1989

[4] vgl. die entsprechenden systemtheoretischen Ausführungen von Luhmann, N.: Gesellschaftliche Organisationen. In: Ellwein, T., Groothoff, H.-H., Rauschenberger, H., Roth, H. (Hrsg.): Erziehungswissenschaftliches Handbuch. Erster Band: Das Erziehen als gesellschaftliches Phänomen – Deskription und Analyse eines geschichtlich-gesellschaftlichen Zusammenhanges. Rembrandt: Berlin 1969, S. 387–407

[5] Rolle, J.: Aus der Tradition in die Zukunft – Ganztagsangebote für Schulkinder: Grundlagen, Bedarf und Perspektiven. In: Bayerisches Staatsministerium für Arbeit und Sozialordnung, Familie, Frauen und Gesundheit / Staatsinstitut für Frühpädagogik (Hrsg.): 125 Jahre Horte. Aus der Tradition in die Zukunft. Dokumentation der Fachtagung vom 5. – 6. November 1997, Stadthalle Erlangen. db drucken + binden gmbh: München 1998, S. 23

Nicht Abschirmung, sondern eine intensive gemeinsame Auseinandersetzung mit allen Lebensbereichen der Kinder ist gefragt. Über das Geschehen im Hort hinaus müssen also Hortfachkräfte folgende Bereiche in ihre Arbeit einbeziehen:

- Familie und näheres Umfeld der Kinder,
- das System Schule,
- Freundinnen und Freunde der Kinder außerhalb des Horts,
- das erweiterte Umfeld der Kinder (Vereine, Kirche, Gemeinde/Stadtteil),
- für ältere Schüler/innen später wichtige Begegnungsstätten wie Jugendzentren, Mädchentreffs u.Ä.,
- schließlich auch die Welt der neuen Medien (Fernsehen, Computer, Internet).

In Abgrenzung zu anderen Angebotsformen werden als *Qualitätsmerkmale* des Horts genannt:

- *Professionalität,* die vor allem durch fachlich qualifiziertes Personal gewährleistet wird;
- *Verlässlichkeit des pädagogischen Angebots,* die durch ein *geplantes Vorgehen* auf der Basis eines *einrichtungsspezifischen Konzepts* abgesichert wird;
- *Vielfalt lebensweltbezogener sowie alters- und geschlechtsspezifischer Übungsfelder,* die in ihrer Umfänglichkeit aus den „Schlüsselkompetenzen zur Bewältigung von Entwicklungsaufgaben" hervorgeht;
- *erziehungspartnerschaftliche Zusammenarbeit mit Eltern;*

sowie (an späterer Stelle) die
- *Kooperation mit der Schule.*

Zeitgemäße Hortpädagogik orientiert sich nicht nur an der Zukunft der Kinder und leitet daraus Erziehungs- und Bildungsziele ab, sie orientiert sich insbesondere an den gegenwärtigen Bedürfnissen der Kinder und den notwendigen Kompetenzen zur Bewältigung der anstehenden Entwicklungsaufgaben. Die Hortfachkräfte unterstützen das Kind bei der Aufgabe, sich selbst aktiv seine Welt zu gestalten und sich die dazu erforderlichen Kenntnisse, Fähigkeiten und Fertigkeiten anzueignen.

Zu Beginn dieses Kapitels wurde auf die Förderung von *Emanzipation* und *Solidarität* als Grundanliegen jeglicher Pädagogik hingewiesen. Von diesen Leitzielen ausgehend entfalteten ältere pädagogische Fachbücher einen ganzen Kanon von Erziehungs- und Bildungszielen, die der Erzieher seinen „Zöglingen" vermitteln sollte. Gegen diese Sicht muss kritisch eingewendet werden, dass sie eine sehr einseitige Rollenverteilung zugrunde legt: Der Pädagoge ist der aktive Teil, der die zu Erziehenden – oft gegen deren Widerstand – zu den Zielen hinführt, die nur er kennt. Die Schüler/innen werden als unfertig und unmündig betrachtet, ein partnerschaftliches Verhältnis ist erst später möglich. Kinder und Jugendliche wollen aber nicht auf eine ferne Zukunft vertröstet, sondern hier und heute ernst genommen werden. Sie sind durchaus bereit, den Erfahrungsvorsprung der Erwachsenen anzuerkennen, möchten aber die jeweils anstehenden Entwicklungsaufgaben möglichst selbstständig bewältigen.

Als Konsequenz dieses Perspektivenwechsels werden im Folgenden zunächst die „Grundbedürfnisse von Kindern und Jugendlichen" und danach die notwendigen „Schlüsselkompetenzen zur Bewältigung von Entwicklungsaufgaben" eingehender erörtert.

Kapitel 2
Grundbedürfnisse und Entwicklungsaufgaben von Schulkindern

Grundbedürfnisse von Kindern sind das Erfahren von Angenommensein und Zuneigung durch andere Menschen, die Achtung als Person, der Schutz vor Gefahren, gesunde Ernährung und das Gefühl von Geborgenheit. Ihre Berücksichtigung gehört zur Betreuungsaufgabe des Horts. Daneben sind aber stets auch Bildungs- und Erziehungsaspekte zu berücksichtigen. Der Betreuungsaspekt erhält ein besonderes Gewicht für jene Kinder, die in schwierigen Familien- und Lebensverhältnissen aufwachsen.

2.1 Grundbedürfnisse von Kindern und Jugendlichen
Karlheinz Kaplan

Da in der Öffentlichkeit sehr häufig noch das Vorurteil herrscht, die Hauptaufgabe des Horts sei es, die Kinder und Jugendlichen von der Straße zu holen und zu beaufsichtigen, wird von Hortfachkräften verstärkt auf den Bildungs- und Erziehungsauftrag des Hortes verwiesen. Dabei wird leicht übersehen, dass es sich auch bei dem Betreuungsauftrag um eine höchst verantwortungsvolle und bedeutsame Aufgabe handelt, die zudem mit dem Bildungs- und Erziehungsaspekt vielfach verflochten ist. Hervorzuheben ist zunächst, dass Bildungs- und Erziehungsarbeit nur möglich sind, wenn elementare Grundbedürfnisse der Kinder und Jugendlichen hinreichend berücksichtigt werden. Als wichtigste Grundvoraussetzung müssen hier die Hortfachkräfte allen Schüler/innen das Gefühl vermitteln: „Dies ist *mein* Hort, in dem ich so, wie ich bin, *angenommen und ernst genommen* werde." So sind die Erzieher/innen wichtige Ansprechpartner für alles, was die Schüler/innen bewegt: die Erlebnisse zu Hause und in der Schule, die täglichen Sorgen, Nöte und Probleme. Hier sollen die Kinder jemand finden, der ihnen zuhören und raten kann, ihnen aber auch die Möglichkeit der Ruhe und des Rückzugs einräumt. Zum Ernstnehmen der Kinder und Jugendlichen gehört, dass sie an Planung und Gestaltung des Hortalltags beteiligt werden. Mit zunehmendem Alter sollen den Schüler/innen mehr Wahlmöglichkeiten eingeräumt werden, wie viel Zeit sie mit welchen Angeboten im Hort verbringen wollen. Gemeinsamen Aktionen kommt eine besondere Bedeutung zu. Dies schließt nicht aus, dass es gelegentlich zu heftigen Auseinandersetzungen und Streit kommen kann. Solche Vorfälle sollten als Chance für eine gemeinsame Suche nach Konfliktlösungen begriffen werden.

Der Hort soll nicht nur Schutz vor Gefahren bieten. In seinen Räumen sollen sich die Schüler/innen wohl fühlen. Eine kind- und altersgerechte Gestaltung erfordert eine Bauweise und Ausstattung, die den Kindern und Jugendlichen das Einbringen eigener Vorstellungen und die Berücksichtigung von Änderungswünschen erlauben.

Mit dem Unterricht am Vormittag wird den Schüler/innen ein hohes Maß an geistiger Anstrengung und Konzentration abverlangt. Hier muss der Hort einen Ausgleich schaffen, indem er Angebote bereitstellt, die dem Bewegungsbedürfnis, der Spielfreude und dem Wunsch der Kinder nach spannenden Erlebnissen und Abenteuern entgegenkommen.

Nicht zu vergessen ist die tägliche Bereitstellung eines gesunden und abwechslungsreichen Mittagessens. Die täglich wiederkehrenden gemeinsamen Mahlzeiten stellen für die Hortgruppen und das Erzieherteam ein wichtiges Gemeinschaftserlebnis dar,

das entscheidend zur Festigung der sozialen Beziehungen beiträgt.

Auf die Bedeutung des Betreuungsaspekts für *Schüler/innen aus armen und sozial benachteiligten Familien* wird im Kapitel „Sozialpädagogische Arbeitsweisen" unter dem Stichwort *Zielgruppenarbeit* näher eingegangen.

2.2 Entwicklungsaufgaben von Schulkindern

Bernd Becker-Gebhard

Entwicklungspsychologische Ergebnisse als Basis pädagogischer Zielsetzungen und Maßnahmen

Einige Bestimmungen des Sozialgesetzbuchs (vgl. §§ 8, 9, 14 und 22 SGB, Achtes Buch – VIII – Kinder- und Jugendhilfe) geben für die Tätigkeit von Kindertageseinrichtungen grundsätzliche Orientierungen vor, die in der Entwicklung von Kindern und Jugendlichen im Schulalter eine wesentliche Rolle spielen:

- die Beteiligung entsprechend ihrem Entwicklungsstand,
- die Beachtung ihrer sozialen und kulturellen Bedürfnisse,
- die Förderung ihrer Entwicklung als Mädchen und Jungen und die Förderung der Gleichberechtigung,
- die Unterstützung ihrer Kritik- und Entscheidungsfähigkeit und
- die Förderung ihrer Entwicklung zu einer eigenverantwortlichen und gemeinschaftsfähigen Persönlichkeit.

Es ist bekannt, dass über die Sachverhalte, auf die sich die in den gesetzlichen Bestimmungen verwendeten Begriffe beziehen, ziemlich unterschiedliche Auffassungen bestehen, und zwar nicht nur im Alltagsverständnis von Müttern und Vätern oder Entscheidungsträgern in Verwaltung und Politik, sondern ebenso in den inhaltlich-fachlichen Positionen der in Kindertageseinrichtungen tätigen Pädagogen und in den wissenschaftlichen Theorien der Entwicklungspsychologie.[6] Die Planung und Gestaltung der pädagogischen Praxis des Hortes verlangt daher eine erhebliche Konkretisierung solcher Begriffe wie „Beteiligung", „Kritik- und Entscheidungsfähigkeit" oder „eigenverantwortliche und gemeinschaftsfähige Persönlichkeit". Das Anliegen, „Kinder und Jugendliche entsprechend ihrem Entwicklungsstand an allen sie betreffenden Entscheidungen … (zu) … beteiligen" (vgl. § 8 Abs. 1 SGB), wirft zahlreiche Fragen auf, die sorgfältig zu beantworten sind: Geht es um die Gruppe, um das einzelne Kind? Welcher Entwicklungsbereich (z.B. Kommunikations- und Kooperationsfähigkeit, Entscheidungsfähigkeit, spezielles Wissen und Kenntnisse) ist gemeint? Um welche Formen, welche Qualität der Beteiligung handelt es sich? Welche Entwicklungsziele wer-

---

[6] vgl. Kasten, H.: Pubertät und Adoleszenz. Wie Kinder heute erwachsen werden. Reinhardt: München 1999, S. 16 ff.;
Montada, L.: Fragen, Konzepte, Perspektiven. In: Oerter, R./Montada, L. (Hrsg.): Entwicklungspsychologie. Beltz/Psychologie Verlags Union: Weinheim [4]1998, S. 6 ff.

den angestrebt, welche Kompetenzen sollen im Einzelnen weiterentwickelt bzw. neu erlernt werden? Welche pädagogischen Maßnahmen sind erforderlich? Wie kann der Erfolg der Maßnahmen kontrolliert werden? usw.

Diese Fragen machen deutlich, dass pädagogische Fachkräfte einige Informationen über Theorien und Ergebnisse der Entwicklungspsychologie benötigen, um die konzeptionellen Grundlagen ihrer Tätigkeit und ihre pädagogische Arbeit mit der Hortgruppe bzw. dem einzelnen Kind fachlich begründen zu können. Im Folgenden soll das Konzept der „Entwicklungsaufgaben" vorgestellt werden, das moderne Auffassungen von Wechselwirkungen biologischer, psychologischer und soziologischer Entwicklungsfaktoren als Grundlagen der Entwicklung enthält. Für die Hortpädagogik wird es besonders dadurch interessant, dass es pädagogische Anliegen und Fragestellungen anvisiert.

Das Konzept der Entwicklungsaufgaben

Mit seinem Konzept der Entwicklungsaufgaben strebte Havighurst[7] eine Darstellung und Erklärung der menschlichen Entwicklung als Lebenslauf an, der in jeder Lebensperiode spezifische Problemstellungen ent-

hält wie z. B. das Gehen lernen, die Bewältigung schulischer Anforderungen, die Erschließung neuer Lebensbereiche außerhalb der Familie und die berufliche Ausbildung. Die erfolgreiche Bewältigung einer Entwicklungsaufgabe „… führt zu Glück und Erfolg, während Versagen das Individuum unglücklich macht, auf Ablehnung durch die Gesellschaft stößt und zu Schwierigkeiten bei der Bewältigung späterer Aufgaben führt".[8]

Entwicklungsaufgaben können auf drei Quellen zurückgeführt werden:

„1. Biologische Veränderungen innerhalb des Organismus wie Pubertät und Menopause,

2. Aufgaben, die durch die Gesellschaft, etwa in Bildung und Beruf gestellt werden, und

3. Werte, Aspirationen und Ziele des sich entwickelnden Individuums selbst."[9]

Entwicklungsaufgaben bestehen daher sowohl aus Merkmalen, die gesellschaftlich vorgegebene Verpflichtungen enthalten wie z. B. die Kontrolle der Ausscheidungsfunktionen oder die Schulpflicht, als auch aus

---

[7]   1948, zit. n. Montada, a. a. O., S. 66 f.; vgl. Kasten, a. a. O., S. 23

[8]   Havighurst 1982, zit. n. Oerter, R.: Kultur, Ökologie und Entwicklung. In: Oerter, R. / Montada, L. (Hrsg.): Entwicklungspsychologie. Beltz/Psychologie Verlags Union: Weinheim ⁴1998, S. 121

[9]   Montada, a. a. O., S. 67

Elementen mit biologischer Grundlage (Reifungs- und Abbauprozesse) wie z.B. das Körperwachstum und die Pubertät. Diese Aufgaben beziehen sich aber auch auf Altersspannen, innerhalb derer ihre Bewältigung verlangt wird.

Bedeutsam im Hinblick auf die Aufgabenstellungen der Hortpädagogik erscheint, dass Entwicklungsaufgaben nicht ausschließlich biologisch bzw. gesellschaftlich determiniert sind, sondern auch eine individuelle Ausgestaltung erfahren, in der „persönliche Ziele und Projekte" eine wichtige Rolle spielen. Aus dieser Sicht ist Entwicklung nicht nur als Ergebnis vergangener Ereignisse zu betrachten, sondern auch im Hinblick auf die Antizipation von Zielsetzungen wie z.B. die erfolgreiche Bewältigung einer Schulaufgabe, das bessere Zurechtkommen in der Hortgruppe, das Anknüpfen einer freundschaftlichen Beziehung, das Erlernen eines Musikinstrumentes. Eine Entwicklungsaufgabe zeigt die Diskrepanz (Ungleichgewicht, Spannung) zwischen dem derzeitigen Entwicklungsstand und dem antizipierten Entwicklungsziel.[10]

Die Bewältigung der im Laufe eines Lebens sich ergebenden Entwicklungsaufgaben ist nur möglich, wenn die dafür benötigten „Kompetenzen" wie motorische, emotionale, kognitive, soziale Fähigkeiten oder allgemeines und spezielles Wissen erworben werden können. Der Erwerb dieser Kompetenzen ist eingebettet in ein Gefüge von Bedingungen, zu denen die geistige und psychische Gesundheit, die Qualität der Interaktionen in der Familie, die Qualität der Kindertageseinrichtungen, die Qualität der Schule, die Beziehungen in der Gleichaltrigengruppe, die Wohnumgebung der Familie etc. gehören.

Die nebenstehende Übersicht zeigt eine Reihe von Entwicklungsaufgaben, die für das Alter von 6–12 Jahren (mittlere Kindheit) und 12–18 Jahren (Adoleszenz) charakteristisch sind.[11] Diese von Havighurst genannten Entwicklungsaufgaben sind im Hinblick auf die heutige Zeit zu übersetzen. In einer Befragung von Kindern im Alter von 6–10 Jahren, die in Einrichtungen der Bremischen Evangelischen Kirche betreut werden, ergab die Frage nach den Wünschen der Kinder Hinweise darauf, dass Themen wie „Eltern und Freunde", „Frieden auf der Welt, saubere Erde", „eigene Fähigkeiten" und auch der Besitz von Spielzeugen, eines Personalcomputers eine besondere Bedeutung für die Kinder haben.

---

[10] Oerter, a.a.O., S. 121
[11] Havighurst 1982, zit.n. Oerter, R./Dreher, E.: Jugendalter. In: Oerter, R./Montada, L. (Hrsg.): Entwicklungspsychologie. Beltz/Psychologie Verlags Union: Weinheim ⁴1998, S. 328

Entwicklungsaufgaben

Alter von 6–12 Jahren

1. Erlernen körperlicher Geschicklichkeit, die für gewöhnliche Spiele notwendig ist

2. Aufbau einer positiven Einstellung zu sich als einem wachsenden Organismus

3. Lernen, mit Altersgenossen zurecht zu kommen

4. Erlernen eines angemessenen männlichen oder weiblichen sozialen Rollenverhaltens

5. Entwicklung grundlegender Fertigkeiten im Lesen, Schreiben und Rechnen

6. Entwicklung von Konzepten und Denkschemata, die für das Alltagsleben notwendig sind

7. Entwicklung von Gewissen, Moral und einer Werteskala

8. Erreichen persönlicher Unabhängigkeit

9. Entwicklung von Einstellungen gegenüber sozialen Gruppen und Institutionen

Alter von 12–18 Jahren

1. Neue und reifere Beziehungen zu Altersgenossen beiderlei Geschlechts aufbauen

2. Übernahme der männlichen/weiblichen Geschlechtsrolle

3. Akzeptieren der eigenen körperlichen Erscheinung und effektiven Nutzung des Körpers

4. Emotionale Unabhängigkeit von den Eltern und von anderen Erwachsenen

5. Vorbereitung auf Ehe- und Familienleben

6. Werte und ein ethisches System erlangen, das als Leitfaden für Verhalten dient – Erwerb einer Ideologie

7. Sozialverantwortliches Verhalten erstreben und erreichen

8. Vorbereitung auf eine berufliche Karriere

Im Verlauf von Projekttagen in Horten stellten Schülerinnen und Schüler der achten Jahrgangsstufe folgende Themen in den Mittelpunkt:

- Auseinandersetzung und Streit mit der Schule,
- Fragen nach Drogen (Gebrauch, Missbrauch, Gefährdungen etc.),

- Sexualität, Partnerschaft,
- Aggressionen gegenüber Gleichaltrigen und gegenüber Erwachsenen,
- Fragen nach der beruflichen Zukunft, nach der eigenen Lebensperspektive und
- Fragen nach der Umwelt, Gefahren von Kriegen zwischen Staaten.

Hortfachkräfte können durch folgende Orientierungen dazu beitragen, dass Schulkinder ihre Entwicklungsaufgaben erfolgreich bewältigen:

- Sie stellen Schulkindern genügend Raum und Zeit für selbstgewählte Aktivitäten zur Verfügung.
- Sie begleiten und fördern mit persönlicher und fachlicher Kompetenz Schulkinder als Partner/innen.
- Sie sorgen in ihren Einrichtungen für eine Angebotsvielfalt, die den unterschiedlichen Bedürfnissen und Interessen der Schulkinder entspricht.
- Sie ermöglichen Lernumgebungen und -arrangements, die die Selbsttätigkeit der Schulkinder fördern (gemeinsames Entdecken und Lernen in Projekten).
- Sie verhalten sich in ihrer Arbeit mit Schulkindern so, dass die pädagogische Beziehung durch „Echtheit", „Anerkennung der Einzigartigkeit", „Achtung" und das „kritische Gegenüber" bestimmt sind.

Kapitel 3
Schlüsselkompetenzen zur Bewältigung von Entwicklungsaufgaben

Karlheinz Kaplan

Zu den pädagogischen Kernaufgaben eines jeden Hortes zählt die professionelle Begleitung des kindlichen Entwicklungsprozesses, in dem sich Kinder über bereitgestellte Lernarrangements Schlüsselkompetenzen aneignen können. Diese lassen sich nach folgenden Bereichen kategorisieren:

* personale Kompetenz,
* soziale Kompetenz,
* Wissenskompetenz,
* instrumentelle bzw. methodische Kompetenz (Lernkompetenz).

Kindheit als Ganzes kann als eine Lebensphase charakterisiert werden, in der ein Mensch unter der Obhut und Anleitung von Erwachsenen Schritte der Selbstbestimmung und Selbstfindung zu bewältigen hat. Die Kindheit kann in einen frühen und späten Abschnitt unterschieden werden, die jeweils ihre spezifischen und typischen vorrangigen Entwicklungsaufgaben haben."[12] Bründel/Hurrelmann berufen sich hier auf das von Havighurst[13] entwickelte Konzept der Entwicklungsaufgaben (siehe Kapitel 2).

Für die Bewältigung von Entwicklungsaufgaben werden besondere Kompetenzen bzw. Fähigkeiten benötigt, für deren Erwerb in einem bestimmten Zeitabschnitt der Entwicklung wegen innerer Reifungsvorgänge besonders günstige Voraussetzungen vorliegen.

Das Konzept der Entwicklungsaufgaben wurde immer wieder modifiziert. Eine neue Herausforderung für seine Aktualisierung stellen die Ergebnisse der Delphi-Studie dar.[14] Rund 1000 Wissenschaftler aus verschiedenen Fachrichtungen und Bildungsexperten wurden im Zeitraum von 1996 bis 1998 befragt, welche Konsequenzen aus der

---

[12] Bründel, Heidrun / Hurrelmann, Klaus: Einführung in die Kindheitsforschung. Beltz: Weinheim / Basel 1996, S. 27

[13] Havighurst, R.J.: Developmental tasks and education. Mackay: New York 1972

[14] Stock, J., Wolff, H., Kuwan, H., Waschbüsch, E.: Delphi-Befragung 1996 / 1998 „Potentiale und Dimensionen der Wissensgesellschaft – Auswirkungen auf Bildungsprozesse und Bildungsstrukturen" – Integrierter Abschlußbericht – Prognos AG / Infratest Burke Sozialforschung GmbH / Co.: Basel / München 1998

Entwicklung unserer Gesellschaft zu einer „Wissensgesellschaft" für die Bildungseinrichtungen und die Erarbeitung von Bildungskonzepten gezogen werden sollen.

Nach einer Untersuchung der Wissensdynamik in verschiedenen Bereichen wird zunächst nach der Auswirkung des exponentiellen Wissenswachstums gefragt auf das, was man gemeinhin als *Allgemeinbildung* versteht.[15] Später wird dann näher ausgeführt: „Die Menge verfügbarer Informationen hat längst die Kapazitäten des Einzelnen überholt. Wissen und Information sind heute für niemanden mehr im Ganzen überschaubar. ... *Eine Gesellschaft, die vom Wissen lebt, muss deshalb ihre Bürger in die Lage versetzen, mit der Informations- und Wissensflut zurechtzukommen. ...* Daher muss dem stark inhaltlich geprägten Spezialwissen eine andere Art von Wissen als Pendant gegenübergestellt werden. Dieses Wissen sei hier als *Allgemeinwissen* bezeichnet und vor allem durch folgende Funktionen charakterisiert:

- *Basis* für die allgemeine Verständigung und damit Voraussetzung für soziales Handeln zu sein;
- *Einstieg* in Spezialwissen zu ermöglichen, indem es Schlüsselqualifikationen und Anknüpfungspunkte für das Gespräch mit Fachleuten und das Zurechtfinden in der Fachwelt bietet,

---

[15] a.a.O., S. 12

- zur *Orientierung* in der Informationsflut zu verhelfen, indem es dem Einzelnen Bewertungsraster, Maßstäbe und Beurteilungskriterien zu entwickeln hilft."[16]

Der zunächst verwendete Begriff „Allgemeinbildung" wird hier und im Folgenden ohne weiteren Kommentar durch „Allgemeinwissen" ersetzt (eine durchaus fragwürdige Reduktion!). Im Lichte der Experten-Bewertungen wurden dann *vier Felder des Allgemeinwissens* unterschieden:
- instrumentelle bzw. methodische Kompetenzen,
- personale Kompetenzen,
- soziale Kompetenzen,
- inhaltliches Basiswissen.[17]

Interessant ist nun, wie diese Felder durch die Experten bewertet werden. Zusammenfassend kommt die Studie zu folgenden Aussagen:
- Die Wissensgebiete, die hier unter dem Begriff *Allgemeinwissen* zusammengefasst wurden, sind nach dem Urteil der Befragten äußerst wichtig für die Orientierung des Einzelnen in der entstehenden Wissensgesellschaft. Dieses Allgemeinwissen bildet ein wichtiges Pendant zum Spezialwissen.
- Allgemeinwissen ist *ganzheitlich* zu konzipieren. Als neuer Begriff umfasst es nicht nur explizites, sondern auch impli-

zites Wissen, Kompetenzen und Fähigkeiten. Allgemeinwissen manifestiert sich im Wesentlichen in *vier Feldern*, nämlich personale, soziale Kompetenzen und methodische Kompetenzen sowie inhaltliches Basiswissen. Die Bedeutung des inhaltlichen Basiswissens wird weniger bei Grundlagen, dagegen vor allem bei *aktuellen Themen* gesehen.
- Personale und soziale Kompetenzen wie auch aktuelle Themen sind bislang als Inhalte im Bildungssystem eher unterrepräsentiert, es empfiehlt sich, sie künftig auszubauen. Ähnlich gerichtete Reformansätze erhalten durch diese aus der Entwicklung zur Wissensgesellschaft resultierenden Überlegungen einen neuen Akzent.
- Dahinter steckt letztlich die Aussage, dass es künftig stark auf den *Menschen* und seine *persönlichen und sozialen Kompetenzen* ankommt. Bildungsziel muss also nicht nur das breite und ganzheitliche Allgemeinwissen werden, sondern insbesondere die Persönlichkeitsentwicklung. Ihr kommt nach den Ergebnissen zumindest gleicher Rang zu wie den Inhalten.[18]

---

[16] a.a.O., S. 39 f.
[17] a.a.O., S. 41
[18] a.a.O., S. 47 f.

Auf der Grundlage dieser Ergebnisse wurde in den Empfehlungen für die Arbeit in bayerischen Horten die Kategorisierung der zu fördernden Schlüsselkompetenzen wie folgt vorgenommen:

- personale Kompetenz,
- soziale Kompetenz,
- Wissenskompetenz,
- instrumentelle bzw. methodische Kompetenz (= Lernkompetenz).

In den Empfehlungen wird zunächst geschildert, worum es bei den Schlüsselkompetenzen geht und wie sie in der Praxis vermittelt werden können. Erst danach erfolgt dann eine Ausdifferenzierung des jeweiligen Kompetenzbegriffs. In dem hier vorliegenden Buch wird diese Reihenfolge umgedreht. Zunächst wird jede dieser Schlüsselkompetenzen durch eine Auflistung von zugehörigen Fähigkeiten, Kenntnissen und Einstellungen verdeutlicht. Wegen ihrer Umfänglichkeit ist es nicht möglich, alle angeführten Begriffe zu erörtern. Es werden deshalb nur einige besonders wichtige Termini einer näheren Betrachtung unterzogen.

In einem zweiten Abschnitt werden dann Möglichkeiten der praktischen Umsetzung aufgezeigt. Diese Grundorientierung wird durch zusätzliche Beiträge in diesem Buch weiter vertieft.

3.1 Personale Kompetenz

3.1.1 Worum es bei personaler Kompetenz geht
Karlheinz Kaplan

Personale Kompetenz umfasst insbesondere:

- eine stabile Ich-, soziale und kulturelle Identität,
- ein positives Selbstkonzept, Selbstwertgefühl und Selbstbewusstsein,
- Selbstvertrauen, Eigenliebe und Lebensfreude,

Das Konzept der *Ich-Identität* geht auf Erikson zurück, die er wie folgt charakterisiert: „Das bewusste Gefühl, eine persönliche Identität zu besitzen, beruht auf zwei gleichzeitigen Beobachtungen: der unmittelbaren Wahrnehmung der eigenen Gleichheit und Kontinuität in der Zeit, und der damit verbundenen Wahrnehmung, dass auch andere diese Gleichheit und Kontinuität erkennen."[19] Nach Erikson wird – in Anknüpfung an das psychoanalytische Modell Freuds – die Persönlichkeitsentwicklung durch eine Abfolge von Entwicklungsstufen bestimmt,

---

[19] Erikson, E.H.: Identität und Lebenszyklus. Suhrkamp: Frankfurt a. Main 1966, ²1973, S. 18

wobei jeweils altersspezifische Krisenerlebnisse zu bewältigen sind. So muss z.B. das Schulkind seine Tüchtigkeit an den Dingen bewähren, die in der Gesellschaft als wichtig gelten und gegen Minderwertigkeitsgefühle ankämpfen. Wenn dies erfolgreich gelingt, wird der vorhandenen Ich-Stärke eine neue Ich-Qualität hinzugefügt. Dadurch steigen die Chancen zur Bewältigung der nächsthöheren Entwicklungsaufgabe.

Kritisch wird gegenüber dem Ansatz von Erikson eingewandt, dass er die gesellschaftlichen Einflüsse auf den Identitätsbildungsprozess zu wenig berücksichtigt. Seine Annahmen stützen sich auf Beobachtungen an Mittelschichtangehörigen der nordamerikanischen Gesellschaft der fünfziger Jahre. Erikson unterstellt eine Harmonie zwischen der individuellen Entwicklung und der gesellschaftlichen Umwelt. Schicht- und geschlechtsspezifische Erfahrungsweisen bleiben weitgehend unberücksichtigt.

Von soziologischer Seite wurde die Identitätstheorie um neue Aspekte erweitert. Auf der Grundlage der Interaktionismus-Theorie sowie dem Rollenkonzept von Parsons weisen z.B. sowohl Goffman[20] als auch Krappmann[21] auf die Bedeutung sozialer Beziehungen beim Aufbau des Selbst und der Gewinnung von Identität hin. Das Individuum muss sich dabei mit den Erwartungen der anderen auseinander setzen, die sich in zwei Dimensionen einordnen lassen:

- In der Dimension der „personal identity" wird vom Individuum verlangt, zu sein „wie kein anderer".
- In der Dimension der „social identity" wird vom Individuum verlangt, zu sein „wie alle anderen".

Ich-Identität ist dann die Leistung des Individuums, zwischen diesen gegensätzlichen Erwartungen von Einzigartigkeit und Normalität die rechte Balance zu finden.

Bei der *sozialen Identität* geht es um die Auseinandersetzung einer Person mit ihrer Stellung in einem sozialen System, vor allem um die Frage, ob man sich einer bestimmten Gruppe zugehörig fühlt oder nicht (In-Group oder Out-Group-Konstruktionen). In diesem Zusammenhang gewinnen die aktuellen Auseinandersetzungen um den Begriff der *kulturellen Identität* an Bedeutung. Im Zuge der Globalisierung zirkulieren heute nicht nur weltweit Waren und Informationen (Internet), keine Kultur ist von entsprechenden Migrationsbewegungen von Menschen unberührt geblieben. Von diesen Entwicklungen fühlen sich manche Bevölkerungsgruppen verunsichert und

---

[20] Goffman, E.: Stigma. Über Techniken der Bewältigung beschädigter Identität. Suhrkamp: Frankfurt a. Main 1967

[21] Krappmann, L.: Soziologische Dimensionen der Identität. Klett-Cotta: Stuttgart [8]1993

bedroht. Sie suchen dann leicht Zuflucht bei einem Konzept von kultureller Identität, das auf einem gemeinsamen Ursprung, Harmonie und Einheitlichkeit beruht und alles Fremde abwehrt. Auch hier gilt es eine Balance zu finden zwischen der Verwurzelung in Tradition und kulturellem Erbe einerseits und der Offenheit gegenüber anderen, fremden Lebensweisen und kulturellen Äußerungsformen andererseits. Auch das Recht von Minderheiten auf freie Ausübung und Anerkennung ihrer kulturellen Praktiken gehört in diesen Zusammenhang. Unter *Selbstkonzept* versteht man das Bild, das ein Individuum von sich selbst hat, also wie es seine eigenen Fähigkeiten, Wünsche, Interessen, Gefühle, Stimmungen, Vorlieben und Handlungen einschätzt. Besonders wichtig ist hierbei der affektive Aspekt der Selbstbewertung, der auch mit *Selbstwertgefühl* bezeichnet wird.

Personale Kompetenz umfasst ferner:
- den Besitz eigener ethischer Maßstäbe, religiöser und weltanschaulicher Überzeugungen,

Vorbildfunktion, Kath. Einrichtung

Kinder und Jugendliche erwarten nicht nur eine breite Palette von Programmangeboten, sie stellen vielmehr immer wieder die Frage nach dem „Wozu?" und damit nach Werten und Normen. Die Suche nach einer sinngebenden Weltsicht und verbindlichen Verhaltensregeln wird dadurch erschwert, dass in unserer heutigen Gesellschaft in den verschiedenen Lebens- und Entwicklungsbereichen sowie von Person zu Person unterschiedliche und zum Teil sogar widersprüchliche Wertsysteme wirksam sind. Um so mehr Bedeutung kommt in dem Orientierungsprozess der Kinder und Jugendlichen der Vorbildfunktion der Erzieher/innen zu. Dabei können nicht beliebige Werte und Normen vertreten werden. Gerade dieser Punkt erfordert eine Verständigung des Hortteams mit dem Träger und die Berücksichtigung entsprechender Zielsetzungen im einrichtungsspezifischen Konzept.

Personale Kompetenz umfasst außerdem:
- Neugier und Weltoffenheit,
- Fantasie, Kreativität und Erfindergeist,

Neugier ist ein Verhalten, das für die Entwicklung und das Lernen von entscheidender Bedeutung ist. Dieses lässt sich schon bei vielen Wirbeltieren beobachten. Zahlreiche Untersuchungen beschäftigten sich mit dem Neugierverhalten von Kindern. So werden schon in den ersten Lebensjahren alle erreichbaren Dinge genauestens untersucht, alle möglichen Experimente angestellt und später die Eltern mit vielen Fragen nach dem „Warum?" und „Wozu?" bestürmt. Ein Kennzeichen des Neugierverhaltens ist die intrinsische Motivierung: Der neugierige Mensch muss nicht zum Handeln durch Belohnungen oder Drohungen angetrieben werden, er will handeln, und der Sinn seines Handeln liegt in dem Handeln selbst. Motivationsforscher unterscheiden zwischen *spezifischem* oder *gerichtetem* und *diversivem* Neugierverhalten:

Spezifisches oder gerichtetes Neugierverhalten wird durch Situationen ausgelöst, die entweder *neu, vielfältig* oder *widersprüchlich* sind: Neues, Unbekanntes, Überraschendes, Vielfältiges, Undurchschaubares, Widersprüchliches und Verwirrendes – alle diese Merkmale machen uns deutlich, dass diese Dinge sich auf der Grundlage unserer bisherigen Erfahrungen nicht einordnen lassen. Menschen (und zum Teil auch Tiere) haben aber das Bedürfnis, ungewisse Situationen aufzuklären. Entsprechende *Erkundungsversuche* sind: Beobachten, vorsichtiges Sichannähern, Tasten, Riechen, Schmecken, Durchführen von Experimenten, Nachdenken und Fragen. Dadurch werden möglichst viele Informationen gesammelt, die mit anderen Erfahrungen verglichen werden können, um so eine geeignete Strategie für das weitere Umgehen mit dieser und ähnlichen Situationen entwerfen zu können.

Diversives Neugierverhalten tritt in Situationen auf, die der Mensch als langweilig und monoton empfindet. Gerade Kinder möchten etwas erleben, verlangen nach Abwechslung und Abenteuern. Wird ihnen dieser Wunsch nicht erfüllt, versuchen sie durch irgendwelche Sinnesreizungen sich selbst zu stimulieren (z.B. durch Herumspielen mit Arbeitsmitteln, Scharren mit den Füßen, Schaukeln auf dem Stuhl usw.), ein Verhalten, das in der Schule nur zu gut als *Störverhalten* im Unterricht bekannt ist.

Für Erzieher/innen ist bedeutsam, dass Neugierverhalten durch ein *Lernen-Wollen* gekennzeichnet ist, das die beste Voraussetzung dafür bietet, dass tatsächlich etwas gelernt wird. Allerdings kommt es darauf an, den Grad der Neuheit richtig zu dosieren. Ist eine Sache leicht zu durchschauen, ruft sie nur Langeweile hervor: „Kennen wir schon!" Ist sie zu kompliziert, kann dies leicht zu Resignation führen: „Das schaffen wir nie!" Ist sie zu fremdartig, können Angst und Abwehrreaktionen die Folge sein, meist versteckt unter abwertenden Bemerkungen wie: „Was sollen wir denn mit diesem Mist anfangen?" Kinder sollen in ihrem Neugierverhalten bestärkt und unterstützt werden. Von diesem Ansatz her ergeben sich bedeutsame Zusammenhänge zur Vermittlung einer generellen Haltung der Aufgeschlossenheit Fremdem und Unbekanntem gegen-

[handschriftliche Notiz:] Problem lösen
Wie schaffe ich ein Fi aus
Im Höhe zu werfen ohne das
es kaputt geht

über *(Weltoffenheit!)* und der Ermutigung zum Beschreiten ungewohnter Wege *(Fantasie, Kreativität und Erfindergeist!)*. Eine Querverbindung zur Förderung durch musische Angebote[22] wie auch durch Projektarbeit ist offensichtlich.

Schnitzeljagd / durch Stadt Krumbach

> Personale Kompetenz umfasst darüber hinaus:
>
> - einen bewussten Umgang mit der eigenen Gefühlswelt und dem eigenen Körper,
> - Auseinandersetzung mit geschlechtsspezifischem Rollenverhalten, Partnerschaft und Sexualität,
> - Widerstandskraft u. Frustrationstoleranz,
> - klare Vorstellungen über das Rollenverhalten in verschiedenen Lebenssituationen.

Worum es in diesem Bereich geht, lässt sich am besten durch ein Forschungsprojekt kennzeichnen, das zwischen 1995 und 1998 an der Universität Bremen im Auftrag der Bundeszentrale für gesundheitliche Aufklärung durchgeführt wurde.[23] Der Titel der von Frau Professor Dr. Petra Milhoffer betreuten Studie lautete: „Selbstwahrnehmung, Sexualwissen und Körpergefühl 8–14-jähriger Mädchen und Jungen unter Berücksichtigung von Kindern aus Migrantenfamilien". Die Ergebnisse liegen in einem Buch vor.[24] Die Autorin erläutert die angeführten Begriffe wie folgt:

- *Die Erfahrungen mit dem eigenen Körper* und seiner Sexualität sowie der Umgang mit Sexualität im Wahrnehmungsbereich von Mädchen und Jungen spielen eine wesentliche Rolle für ihren Umgang mit ihrer Geschlechtlichkeit und ihrer Persönlichkeitsentwicklung.
- *Sich im eigenen Körper wohl zu fühlen* ist eine wichtige Bedingung konstruktiven Sozialverhaltens. Dies kann Aggressionen und Diskriminierungen untereinander und zwischen den Geschlechtern verhindern oder wenigstens einschränken.
- *Körperliche Sicherheit* und ein gutes Körpergefühl sind bei Kindern beeinflussbar durch einen körperbejahenden Umgang miteinander, durch das Ernstnehmen

---

[22] vgl. die entsprechenden Beiträge in: Kaplan, K./Becker-Gebhard, B. (Hrsg.): Handbuch der Hortpädagogik. Lambertus: [2]1999, vor allem: Beisl, H.: Bretter, Schuhe, Pinsel, Farben … Ein Beitrag der Ästhetischen Erziehung (S. 310 ff.); Didrichsons, Ch.: Tanzen im Hort (S. 325 ff.); Kaplan, K.: Musikalische Angebote (S. 348 ff.); Dafner, J.: Theaterspiel im Hort (S. 368 ff.); Brietz, U.: Autogenes Training und Fantasiereisen (S. 383 ff.); Didrichsons, Ch.: Meditation und Yoga (S. 393 ff.)

[23] siehe die Angaben hierzu im Internet unter www.milhoffer.uni-bremen.de/pubertaetsstudie/studie.html

[24] Milhoffer, Petra: Wie sie sich fühlen, was sie sich wünschen: eine empirische Studie über Mädchen und Jungen auf dem Weg in die Pubertät. Juventa: Weinheim u.a. 2000

kindlicher sexueller Neugier, durch die Aufklärung über (sexuelle) Körperfunktionen und durch die Thematisierung von Problemlagen sexueller Kommunikation.

- *Sexualerziehung, verstanden als geschlechtsreflektierende Sozialerziehung* kann Körpersicherheit fördern und Aggressionsbereitschaft vermindern.

- Inwiefern *Informationen über den Körper und über Sexualität* akzeptiert, gewünscht, ertragen oder abgelehnt werden, unterscheidet sich bei Kindern nach dem Geschlecht, nach dem Alter und nach den in der Familie und im sozialen Umfeld herrschenden Erziehungsnormen.

- Nur wenn die *Schamgrenzen* von Kindern bei den Kooperations- und Präsentationsformen in der Sexualerziehung berücksichtigt werden, werden Informationen auf ihr Interesse stoßen und (kognitive, soziale und emotionale) Lernerfolge möglich sein.

Personale Kompetenz umfasst zudem die Fähigkeit und Bereitschaft

- zum Selbstmanagement, zur Eigenkontrolle, Selbstreflexion und Selbstregulation,
- zum Denken, Handeln, Urteilen und zur Auswahl/Entscheidung unter Handlungsalternativen,

- zum Ausdruck und zur Artikulation der eigenen Standpunkte,
- zur Übernahme von Verantwortung für das eigene Tun und für andere,
- zur Nutzung von Lebenschancen,

Kinder und Jugendliche wachsen heute in einer Umwelt auf, die weitgehend auf die Bedürfnisse von Erwachsenen zugeschnitten ist. Sich in dieser Erwachsenenwelt zurechtzufinden erweist sich als schwierige und mitunter auch gefährliche Aufgabe. Überall werden Kinder und Jugendliche mit einer Fülle von Vorgaben und Regeln konfrontiert, die für sie nur schwer durchschaubar und nachvollziehbar sind. Andererseits müssen sie aber Erfahrungen sammeln, um selbstständig in einem sich immer mehr erweiternden Lebensbereich zurechtzukommen.

Die Kunst des Pädagogen besteht darin, Hilfe zur Selbsthilfe zu leisten. „Erziehung zur Selbstständigkeit" und „Ernstnehmen der Kinder und Jugendlichen" – diese beiden pädagogischen Prinzipien lassen sich nur verwirklichen, wenn den Schüler/innen auch die hierfür notwendigen Freiräume gewährt werden. Schrittweise sollen die Kinder dazu geführt werden, selbst zu bestimmen, *was* sie *zu welchem Zeitpunkt mit welchen Personen* und *an welchem Ort* tun wollen. Welche Fragen sich bei der Umsetzung stellen, wird später behandelt.

Freispiel wer was mit wem macht !!??

Personale Kompetenz umfasst ferner die Fähigkeit und Bereitschaft

- zur konstruktiven Bewältigung von Übergängen und biografischen Brüchen,

Lange Zeit wurde in der Pädagogik die Grundschulzeit als eine relativ ruhige Phase betrachtet, in der sich das Kind vor dem Hintergrund familiärer Geborgenheit kontinuierlich weiterentwickelt. Neuere Forschungsergebnisse haben demgegenüber aufgezeigt, dass schon in der frühen Kindheit und in den folgenden Entwicklungsabschnitten immer wieder Übergänge und kritische Ereignisse bewältigt werden müssen. „Generell lässt sich das Leben von Kindern während der letzten drei Dekaden durch zunehmende Diskontinuität kennzeichnen. So ist es für eine Neuorientierung der Pädagogik der frühen Kindheit von grundsätzlicher Bedeutung, nicht nur auf Kontinuität zu bauen, sondern auch die Lernchancen, die in der Diskontinuität enthalten sind, stärker als bislang zu berücksichtigen."[25] Bedeutsame Übergänge (Transitionen) sind beispielsweise der Wechsel vom Kindergarten in die Schule oder später der Übertritt zu einer weiterführenden Schule. Jedoch sind auch die alltäglichen Übergänge von einem „Betreuungssetting" zum anderen – z.B. Familie, Schule, Hort, Verein – von den Kindern zu bewältigen.

„Die Kenntnis der Prozesse und Faktoren, die eine positive Entwicklung unserer Kinder begünstigen und fördern, hat während der letzten Jahre an Forschungsrelevanz gewonnen. Damit zusammenhängende Fragestellungen wurden vor allem bei solchen Kindern empirisch untersucht, die mit spezifischen Schwierigkeiten zu kämpfen haben und Hindernisse überwinden müssen – wie z.B. Scheidung der Eltern, sexueller Missbrauch, Armut und im extremen Fall Krieg –, aber dennoch nicht daran zerbrechen, sondern Kompetenzen und Strategien im Umgang mit solchen Belastungskontexten entwickeln. Die *Resilienzforschung* hat wesentlich zur Beantwortung dieser Fragen beigetragen."[26]

In einem vom Bundesministerium für Bildung und Forschung geförderten Projekt des Staatsinstituts für Frühpädagogik „Konzeptionelle Weiterentwicklung von Bildungsqualität in Tageseinrichtungen für Kinder unter 6 Jahren" fasst Fthenakis die bisher vorliegenden Ergebnisse wie folgt zusammen: „Versucht man diese Erkenntnisse zu bündeln, so lässt sich eine Reihe von Basiskompetenzen ermitteln, die Kinder brauchen, um besonderen Anforderungen gewachsen zu sein und sich zu ‚gesunden'

---

[25] Fthenakis, W.E.: Das aktuelle Stichwort: Transitionen und Resilienz. In: IFP-Infodienst 3, 1998, 1, S. 3
[26] a.a.O., S. 4

struktivem Denken (auch bei widrigen Umständen); (h) Fähigkeit, sich zu entscheiden und zu organisieren (Selbstmanagement); (i) Fähigkeit, sich in verschiedenen kulturellen und sozialen Umwelten zu bewegen und mit unterschiedlichen Rollenerwartungen konstruktiv umzugehen; (j) Fähigkeit, Konflikte gewaltlos zu bewältigen; (k) Fähigkeit, Verantwortung zu übernehmen; (l) Kreativität und Explorationslust; (m) sachbezogenes Engagement und intrinsische Motivation."[27]

Sie umfasst außerdem die Fähigkeit und Bereitschaft

- zur gesundheitsbewussten Lebensführung,
- zum Selbstschutz vor Gefahren,

Mit einer *gesundheitsbewussten Lebensführung* ist ein sehr umfänglicher Bereich angesprochen, der vor allem folgende Themen beinhaltet:

- gesunde Ernährung,
- Bewegung und Sport,
- Vermeidung von Krankheiten,
- Unfallverhütung,
- Suchtprävention.

und kompetenten Erwachsenen zu entwickeln: (a) positives Selbstkonzept; (b) Kontrollerwartung und ein Gefühl der Selbstwirksamkeit; (c) Fähigkeit zur Selbstregulation; (d) Anpassungsfähigkeit im Umgang mit Belastungen oder übermäßigen Reizen (einschließlich der Fähigkeit, sich innerlich zu distanzieren); (e) Fähigkeit, sich vor gefährdenden Einflüssen zu schützen; (f) Regelbewusstsein; (g) Fähigkeit zu kon-

---

[27] siehe die Projektbeschreibung unter www.ifp-muenchen.mwn.de

[handwritten notes in margins: Streiflichter / Vorbildfunktion / Gespräche führen / Computer / Lernen / Medienpädagogik / Demokratieerziehung / sinnvolle Gestaltung auch Fernseher / Kinderkonferenz / sich einbringen / Meinung außen / Kummer- + Wünschekasten]

Sie umfasst die Fähigkeit und Bereitschaft

- zur sinnvollen Freizeitgestaltung in einer mediengeprägten und konsumorientierten Gesellschaft,

- zur aktiven Teilnahme an der Gestaltung und Veränderung gesellschaftlicher Verhältnisse (Partizipation).

3.1.2 Wie personale Kompetenz gefördert werden kann

Wesentliche Voraussetzungen und Rahmenbedingungen für die Entwicklung personaler Kompetenz („persönliches Erfahrungswissen") sind die Vermittlung sozialer Zugehörigkeit, der Aufbau einer vertrauensvollen Beziehung zwischen Hortfachkräften und Kindern und die Beteiligung der Kinder am Hortgeschehen. Personale Kompetenz wird erworben über die Auseinandersetzung mit Erwachsenen und Gleichaltrigen, die Positionierung in der Gruppe, die Artikulation und Behauptung eigener Meinungen, in gemeinsamer Arbeit sowie durch die Übernahme eigener Verantwortung über Zeit, Raum und Material. Sie wird über Themen vermittelt, die für Kinder im Schulalter bedeutsam sind, wie z. B. Übergang vom Kindergarten in die Schule, Auseinandersetzung mit schulischen Leistungsanforderungen (Hausaufgaben, Schulaufgaben, Noten, Zeugnisse), Konflikte mit Eltern, schwierige Familienverhältnisse, Freundschaften, Bewältigung der schwierigen Phase der Pubertät, Medienkonsum, Selbstinszenierung, Gewalt und Umgang mit Suchtmitteln. Selbstbewusstsein, Ich-Identität, Handlungskonzepte oder Selbstmanagement etc. können Kinder entwickeln, wenn Hortfachkräfte als Ratgeber und Ansprechpartner zur Verfügung stehen, Kindern zuhören, ihnen Verständnis zeigen und Orientierung geben, ihnen aber gleichzeitig Raum für eigene Handlungen und Entscheidungen lassen und sie auch respektieren, wenn sie sich auf Um- und Irrwegen befinden.

Das pädagogische Verhältnis – die Beziehung und Rollen von Kindern und Hortfachkräften im Prozess des Lernens
Bernd Becker-Gebhard

Für eine Neugestaltung der Rolle von Lernenden (Kindern, Jugendlichen) und Lehrenden (Hortfachkräften) sprechen nach Auffassung der an der Delphi-Befragung beteiligten Experten drei Gründe:

1. die Notwendigkeit zu lebenslangem Lernen,

2. die gewachsenen Anforderungen an die Lernenden im Sinne einer größeren Mündigkeit und

3. die zunehmende Bedeutung von Lernkompetenzen.

Die Aufgabe des Lehrenden besteht nicht mehr in erster Linie darin, in einem überwiegend autoritätsorientierten Verhältnis rasch veraltendes Fachwissen zu vermitteln. Seine Aufgabe besteht vor allem darin, den Lernenden anzuleiten, zu unterstützen, zu beraten und ihm Gelegenheit zu größerer Verantwortung zu bieten. War die Rolle von Kindern im Lernprozess bisher eine eher passive, die Angebote des Horts eher entgegennehmende, so soll heute die Eigeninitiative des Kindes gefordert und ermöglicht werden. Lernende Kinder können „Entdeckungsreisende" sein, die zusammen mit anderen Kindern und mit Unterstützung der Hortfachkräfte, mit Forschergeist und mit einer großen Portion Neugier neues Wissen erschließen und neue Kenntnisse erwerben. Sie setzen im Rahmen von Projekten inhaltliche Schwerpunkte und bestimmen selbst den Fortgang ihrer Tätigkeit. Kinder können in gemeinsam mit Hortfachkräften geplanten und durchgeführten Projekten in bestimmten Zusammenhängen (Beispiel: Computer) auch die Rolle des Lehrenden übernehmen. Aus der Perspektive der Hortfachkräfte ergibt sich die Notwendigkeit, die Rolle eines Beraters und Moderators von Lernprozessen anzunehmen. In dieser Rolle unterstützen Erzieherinnen und Erzieher die Versuche der Kinder, verantwortlich zu handeln, und helfen dabei mit, den Kompetenzerwerb des Projektteams zu organisieren.

Gestaltung der Beziehungen von Kindern und Hortfachkräften

Bernd Becker-Gebhard

Voraussetzungen und Elemente einer tragfähigen Beziehung zwischen Kindern und Hortfachkräften sind das Annehmen und Ernstnehmen des einzelnen Kindes in seiner jetzigen Situation und Entwicklung, d.h. auch mit allen seinen Fragen und Problemen. Hortfachkräfte müssen sich über ihre Gefühle, ihre Wahrnehmung des Kindes und über die Erwartungen hinsichtlich der Entwicklungsmöglichkeiten des Kindes Klarheit verschaffen, da diese erheblich die Entwicklung ihrer Beziehung zu dem Kind beeinflussen.

Zur Gestaltung der Beziehung ist ein gemeinsames Handeln von Kindern und Hortfachkräften erforderlich, damit Zuwendung, gegenseitiges Interesse, ein Austausch von Gedanken, Meinungen, Gefühlen und auf diese Weise das Einlassen aufeinander realisiert werden können. Reden allein bewirkt wenig, um Schülerinnen und Schüler für ein Engagement zu gewinnen. Dafür ist notwendig, dass sie ihre Erzieherin oder ihren Erzieher als Menschen erleben können, der seine Überzeugungen auch in Handlungen umsetzt.

Zur Gestaltung der Beziehung von Kindern und Hortfachkräften gehören Klärungsversuche mit konstruktiven Auseinandersetzungen. Kinder brauchen Modelle und Erfahrungsmöglichkeiten bei ihren Versuchen, ihre Standpunkte darzulegen, sich zu behaupten, sich abzugrenzen, sich zu wehren, aber dabei die Meinung, die Person und Würde des anderen zu achten.

Der Aufbau einer tragfähigen Beziehung stellt gerade in der Arbeit mit älteren Schülerinnen und Schülern einen zentralen Ausgangspunkt für weitere Zielsetzungen der pädagogischen Arbeit dar. Die Entwicklung einer vertrauensvollen Beziehung zu einer Hortfachkraft, die ihnen Achtung und Verständnis entgegenbringt, aber gleichzeitig eine kritische Instanz darstellt, die Grenzen aufzeigt, kann einem Schüler dabei helfen, konstruktive Auffassungen und Verhaltensweisen zu entwickeln.

Beziehungsarbeit stellt an die Kompetenzen der Hortfachkräfte erhebliche Anforderungen und kann mitunter zu enormen Belastungen führen. Wichtige Voraussetzungen für eine erfolgreiche Gestaltung von Beziehungen – auch zu Kindern und Jugendlichen, die sich in schwierigen Lebenssituationen befinden, – sind die Fähigkeit, Hilfe und Orientierung im Team zu erlangen, Informationen und Beratung in Zusammenarbeit mit Diensten und Institutionen zu organisieren sowie die Möglichkeit, in der Supervision die Entwicklung der Beziehungen, die Erwartungen sowie die eigenen

Anteile bei der Entstehung von Konflikten zu thematisieren.

Die Beziehungsarbeit ist ein Angebot der Hortfachkräfte an Kinder und Jugendliche, das erfolgreich sein, aber auch scheitern kann. Nicht nur die Kompetenzen der Erzieherinnen und Erzieher spielen dabei eine Rolle, sondern auch die Möglichkeiten der Kinder und Jugendlichen, dieses Angebot anzunehmen oder abzulehnen.

Bereitstellung von Freiräumen
Karlheinz Kaplan[28]

Erziehung zur Selbstständigkeit und Selbstbestimmung erfordert die Bereitstellung von Freiräumen für die Kinder und Jugendlichen. Zur Erreichung dieses Zieles müssen sich die Hortfachkräfte mit folgenden Fragen auseinander setzen:

- Kennen wir die Bedürfnisse und Wünsche der Kinder und Jugendlichen? Ausgangspunkt sind hier nicht unsere Annahmen und Vermutungen, sondern die Äußerungen der Schüler/innen selbst!
- Herrscht bei allen unseren Angeboten das Prinzip der Freiwilligkeit?

---

[28] unter Einbeziehung der Anregungen von Gabriele Schratt

- Welche Möglichkeiten der Mitentscheidung räumen wir den Kindern und Jugendlichen ein?
- Welche Möglichkeiten des Rückzugs gibt es für die Schüler/innen?
- Gibt es so etwas wie eine erzieherfreie Zone in unserem Hort?
- Wann können die Kinder ihre Gruppe verlassen?
- Können die Schüler/innen ihre Freunde/Freundinnen mitbringen?
- Welche Aktivitäten können Kinder und Jugendliche außerhalb der Horteinrichtung wahrnehmen?
- Wie eng sind die Schüler/innen an einen Wochenplan bzw. Tagesablauf gebunden?

Es muss hier nochmals betont werden, dass es sich bei der Erziehung zur Selbstständigkeit um einen langen Entwicklungsprozess handelt, der die Freiräume der Kinder Schritt um Schritt erweitert. Die Schüler/innen lernen dabei, dass sie mit dem ihnen entgegengebrachten Vertrauen auch ein Stück Selbstverantwortung für ihr Tun übernehmen. In diesem Zusammenhang wird oft der Einwand erhoben, dass der Bereitstellung von Freiräumen für die Kinder und Jugendlichen durch die Aufsichtspflicht und die entsprechenden versicherungsrechtlichen Bestimmungen enge Grenzen gesetzt seien.[29] In der Tat gibt es manche Anweisungen der Träger, die ganz die juristische Absicherung in den Vordergrund rücken und dabei die pädagogischen Belange stark vernachlässigen. Anstelle einer Auflistung von Verboten muss hier in Zusammenarbeit mit den Hortfachkräften nach Wegen zu einer verantwortungsbewussten Umsetzung des Zieles der Selbstständigkeitserziehung gesucht werden.

Eine Verletzung der Aufsichtspflicht liegt nur dann vor, wenn mögliche Gefahren für die Kinder und Jugendlichen fahrlässig außer Acht gelassen werden. Die Erziehung zur Selbstständigkeit darf nicht mit einem „Laissez-faire-Stil" verwechselt werden. Sie erfordert vielmehr sehr intensive pädagogische Überlegungen, Planungen und das Treffen entsprechender Vorsichtsmaßnahmen. Von einer Verletzung der Aufsichtspflicht kann dann nicht die Rede sein, wenn folgende Voraussetzungen erfüllt sind:

- im Konzept der Einrichtung ist die Erziehung der Kinder und Jugendlichen zur Selbstständigkeit klar verankert;
- die Bereitstellung entsprechender Freiräume ist genau auf die Bedürfnisse und Fähigkeiten der jeweiligen Altersstufe abgestimmt;

---

[29] vgl. hierzu auch Textor, M.R.: In jedem Fall verantwortlich? Zur Aufsichtspflicht in der Kita und im Kindergarten. In: Kindergarten heute 28, 1998, 4, S. 32–36

- schon bei der Anmeldung werden die Eltern mit den konzeptuellen Vorstellungen vertraut gemacht und um ihr Einverständnis gebeten; für Aktivitäten der Schüler/innen außerhalb der Horteinrichtung liegt eine schriftliche Erklärung der Erziehungsberechtigten vor, dass sie diese Maßnahme wünschen bzw. ihr zustimmen;
- im Team wird die Umsetzung in konkrete Aktivitäten beraten und entsprechende Projekte werden sorgfältig geplant;
- mit den Kindern und Jugendlichen werden gemeinsam Regeln erarbeitet, die bei der Bereitstellung von Freiräumen zu beachten sind;
- bei allen Vorhaben werden im Team und gemeinsam mit den Schüler/innen mögliche Gefahrenpunkte analysiert, Vorkehrungen zur Vermeidung getroffen und ein entsprechendes Verhalten eingeübt;
- alle Aktivitäten der Schüler/innen sind mit den Erzieher/innen abgesprochen; bei Aufenthalten von Kindern und Jugendlichen außerhalb der Einrichtung werden die Abwesenheiten schriftlich festgehalten und die vorgesehene Rückkehr wird kontrolliert;
- erzieherfreie Zonen respektieren den Wunsch der Kinder und Jugendlichen nach Rückzug und Eigenständigkeit; dies bedeutet zwar den Verzicht auf einengende Überwachung, nicht jedoch eine völlige Vernachlässigung; im Team gibt es Absprachen, wer zu welcher Zeit auch diesen Zonen eine gewisse Aufmerksamkeit schenkt, um bei ungewöhnlichen Vorfällen sofort eingreifen zu können; die Schüler/innen wissen, dass im Notfall immer ein/e Erzieher/in in der Nähe ist;
- mit dem Träger ist das gesamte Vorgehen abgesprochen; auch ist sichergestellt, dass für die Hortgruppe eine Haftpflichtversicherung besteht, durch die eventuelle Schäden abgedeckt sind.

Aus diesen Ausführungen wird deutlich, dass die Förderung von Selbstbewusstsein und Selbstmanagement der Kinder von den Hortfachkräften sehr viel Engagement, umsichtige Planung und Konsequenz in der Durchführung verlangt. Auf Dauer lohnen sich aber diese Anstrengungen: Die so gemeinsam erarbeiteten Regeln und Vereinbarungen werden von den Schüler/innen bejaht und mitgetragen, so dass die Erzieher/innen nicht das Gefühl zu haben brauchen, ständig „gegen den Strom schwimmen" zu müssen.

Freizeitkompetenz

Bernd Becker-Gebhard

Freizeitkompetenz bedeutet die Fähigkeit von Kindern und Jugendlichen, für die Gestaltung ihrer freien Zeit eigene Verantwortung zu übernehmen. In diesem Sinne sollten kompetente Schülerinnen und Schüler aus dem vielfältigen Angebot der Konsumindustrie und der Medien diejenigen auswählen können, die eine „sinnvolle" und „aktive" Beschäftigung darstellen – betrachtet aus der Sicht von Eltern bzw. Pädagogen. Untersuchungen zur Lebenssituation von Schulkindern[30] zeigen, dass der Tagesablauf zahlreicher Schülerinnen und Schüler mit seinen komplexen Anforderungen dem von Erwachsenen gleicht:

- Aufstehen um ca. 6.30 Uhr,
- ca. 15 Minuten Schulweg, etwa um 7.45 Uhr in der Schule,
- Schulunterricht von 8.00 bis ca. 13.00 Uhr,
- danach in den Hort gehen, Mittagessen,
- eine halbe Stunde Zeit bis zu den Hausaufgaben, die mindestens eine Stunde dauern,
- evtl. ein Kurs am Nachmittag, ein Projektangebot des Hortes, vielleicht ein Fußballspiel, Zeit für ein Gespräch,
- zwischen 16.30 und 17.00 Uhr nach Hause;

- eventuell Treffen mit Freunden, Fernsehen, Abendessen, wieder Fernsehen und
- ab ca. 20.45 Uhr Beginn der Nachtruhe.

Dies bedeutet, dass Schulkinder etwa 7 bis 8 Stunden Zeit für Schulweg, Schulunterricht und Hausaufgaben aufwenden und etwa 1,5 Stunden Zeit im Hort zur freien Verfügung bzw. zur Annahme von Angeboten des Hortes haben.

Die unterschiedlichen Bedürfnisse der Kinder hinsichtlich der Gestaltung ihrer Freizeit sollten die Inhalte, die Offenheit und die Struktur der Freizeitangebote bestimmen. Einige Kinder benötigen ein großes Maß an Vorgaben und Überschaubarkeit, andere bevorzugen es, ihre Zeit selbst zu gestalten, mit Freundinnen und Freunden ihre Themen zu besprechen, andere brauchen sehr viel Bewegung, wollen ihre Kräfte messen, während eine Anzahl von Kindern und Jugendlichen ihre Zeit mit Lego-Spielen, Computerspiel oder Musikhören verbringen will. Weitere Kinder wollen nur mit der Erzieherin spielen. Es gibt auch Kinder, die einfach nur allein, für sich sein wollen und andere, die während ihrer Freizeit jede Gele-

---

[30] vgl. Becker-Gebhard, B.: Lebensbedingungen und Lebensqualität von Schülerinnen und Schülern in bayerischen Horten. Ergebnisse der Befragungen von Schülerinnen und Schülern, Eltern und Hortfachkräften. München 2002 (im Druck)

genheit nutzen, mit anderen Kindern Streit zu beginnen.

Kinder und Jugendliche zeigen in ihrem Freizeitverhalten ihre Bedürfnisse, ihre Stärken und Schwächen. In der Gestaltung ihrer Freizeit äußern sie auch ihre aktuelle Befindlichkeit, eventuell vorhandene Konflikte, ihre Stimmungen und Ängste. Gerade im Hort haben sie – im Gegensatz zum Unterricht in der Schule und oft auch zum Elternhaus – die Gelegenheit, ihre innere Welt zum Ausdruck zu bringen, was nicht selten eine große Herausforderung für die Hortfachkräfte im Hinblick auf ihre Belastbarkeit darstellt.

Das Thema Freizeit ist ein gemeinsames Thema von Kindern und Hortfachkräften. Freizeitkompetenz lässt sich sowohl aus der Perspektive von Pädagogen als auch aus der

Perspektive von Kindern bestimmen. Es kommt darauf an, dass beide miteinander verbunden werden. Zu einer aktiven und sinnvollen Gestaltung ihrer Freizeit durch eine kompetente Wahl unter den zahlreichen vorhandenen Möglichkeiten kommen Kinder und Jugendliche dann, wenn es ihnen gelungen ist, eigene Erfahrungen zu machen und eine eigene Orientierung, z.B. für den Umgang mit Computerspielen, aufzubauen.

Dies bedeutet, dass die Entwicklung von Freizeitkompetenz durch die Bereitstellung von Entfaltungsmöglichkeiten, die von der Hortfachkraft begleitet und getragen werden, gefördert werden kann. Begleitung und Tragen der Erfahrungsmöglichkeiten erfordert die Diskussion und Auseinandersetzung zwischen Kindern und Hortfachkräften über Vorzüge und Nachteile bzw. Gefährdungen der verschiedenen Formen im Bereich der Freizeitgestaltung: Fernsehen, Video-Filme anschauen, Computerspielen, Billard-Spiel, Tischtennis, Fußball, Disco-Besuch etc. Dazu gehört, dass Kinder und Hortfachkräfte gemeinsam Regeln für Fernsehzeiten, Auswahl von Sendungen, Computerspiel etc. erarbeiten und Verantwortung für die Einhaltung dieser Regeln übernehmen.

Folgende Überlegungen von Krappmann[31] könnten in diesem Zusammenhang eine Orientierung für die Tätigkeit von Hortfachkräften bieten: „Der Hort übernimmt die Kinder während des größten Teils der Zeit, die ihnen sonst zur eigenen Gestaltung zur Verfügung stehen würde. Er muss seine Aufgabe treuhänderisch begreifen. Er muss ihnen diese Zeit zurückgeben. Angesichts unserer Lebensverhältnisse sollte der Hort sich das Ziel setzen, den Kindern die Zeit gestaltbarer, beziehungsintensiver, erfahrungsstimulierender zurückzugeben, als viele Kinder außerhalb des Hortes sie erfahren können."

Bereitstellung von Freizeitangeboten
Karlheinz Kaplan[32]

Mit „Freizeit" bezeichnen wir die Zeit, in der wir kein Pflichtprogramm zu absolvieren haben, in der wir also tun können, was wir wollen. Von daher ergibt sich für die Freizeitangebote des Hortes die Notwendigkeit, das Selbstbestimmungsrecht der Kinder und Jugendlichen zu achten. Dieser Gedanke wird jedoch noch längst nicht überall konsequent in die Praxis umgesetzt.

---

[31] Krappmann, L.: Die Entwicklung der Kinder im Grundschulalter und die pädagogische Arbeit des Hortes. In: Berry, G./Pesch, L. (Hrsg.): Welche Horte brauchen Kinder? Neuwied/Berlin 1966, S. 85–98

[32] unter Nutzung der Materialien von Petra Lachnit, Günter Elzenbeck und Jens-Peter Säbel

Eine Hortleiterin berichtet über die in ihrer Einrichtung bisher üblichen Freizeitangebote:

„Freizeit oder Freispielzeit verdiente diesen Namen eigentlich nicht. Alle Kinder waren stets unter Aufsicht mindestens einer Erzieherin. Das große und vielfältige Raumangebot des Hortes wurde nur eingeschränkt genutzt, einzelnen Kindern oder kleineren Kindergruppen wurde die Möglichkeit, sich alleine in einen Raum zurückzuziehen oder dort in Kleinstgruppen zu spielen, verwehrt. Vor allem bei schönem Wetter und nach der Hausaufgabenstunde entschieden die Erzieher/innen für die Kinder, was für sie am besten sei. Mit Argumenten wie „Ihr geht alle an die frische Luft, dort könnt ihr euch austoben, und frische Luft ist zudem gesund für euch …" wurden die Kinder regelmäßig „überzeugt", ihre Freizeit auf dem Außenspielgelände zu verbringen. Beschäftigungen wurden in den Teambesprechungen für die Kinder geplant … Den Kindern und Jugendlichen wurden Angebote unterbreitet, ohne dass sie auch nur einmal jemand nach ihren Wünschen gefragt hatte. … Freitags war der gemeinsame Ausflugstag. … Kein Kind oder Jugendlicher hatte die Wahlmöglichkeit, im Hort zu bleiben …"

Die gleiche Hortleiterin schildert aber auch, wie ihr Team heute mit Freizeitangeboten umgeht:

„Je nach Freundeskreis der Kinder oder nach Bedürfnislage finden sich vor und nach der Hausaufgabenzeit kleinere Gruppen, die sich zum CD-Hören oder zum Tanzen in der Musikecke treffen, zum Hallenfußball im Rhythmikraum verabreden oder im Garten spielen. Für alle Kinder besteht eine so genannte „Abmeldepflicht", d.h. das Kind, das einen Raum nutzen will, in dem sich kein/e Erzieher/in aufhält, muss über sein Vorhaben informieren. Für die meisten Jugendlichen bestehen ab der fünften Klasse Sonderrechte. Nach Absprache mit den Eltern dürfen die Jugendlichen einmal wöchentlich Ausgang nehmen; sie verlassen in einem solchen Fall den Hort meist mit Freunden für einen vorher festgelegten Zeitraum, um beispielsweise in der Stadt Besorgungen zu erledigen oder etwas außerhalb des Hortes zu unternehmen. Zweimal wöchentlich bietet unser Hort Aktionstage an. Mittwochs laufen meist solche Aktionen oder Projekte im Haus oder auf dem Gelände, die durch Kinderbefragungen und mit Planung der Kinder auf den regelmäßig stattfindenden Kinderkonferenzen zustande kommen. … Immer freitags steht die Freizeit in unserem Hort im Mittelpunkt. Aus diesem Grunde finden freitags im Hort niemals Hausaufgaben statt. Jeweils am letzten Freitag im Monat nutzen wir die Räume des Jugendzentrums in unserem Stadtteil, um eine Kinderdisco zu veranstal-

ten. *Sonstige Aktionen, die freitags am Nachmittag angeboten werden, bestimmen die Kinder selbst mit, z.B. Schlittschuh fahren, Schwimmen, Besuch der Kinder- und Jugendfarm; Abenteuerspielplätze und Fußballturniere gegen andere Einrichtungen erfreuen sich bei den Kindern und Jugendlichen großer Beliebtheit. ...*"[33]

Das Selbstbestimmungsrecht der Kinder und Jugendlichen zu achten macht die Erzieher/innen keineswegs überflüssig. Zwar schreiben sie kein Programm von Beschäftigungen vor, erfüllen aber trotzdem wichtige Aufgaben im Freizeitbereich:

- sie unterstützen die Kinder und Jugendlichen bei dem Bestreben, ihre Bedürfnisse und Wünsche herauszufinden und in die Wirklichkeit umzusetzen;
- sie überlegen gemeinsam mit den Schüler/innen, wie die vorhandenen Räumlichkeiten und das Außengelände am besten genutzt werden können und erarbeiten möglichst flexible Lösungen;
- sie beteiligen die Kinder und Jugendlichen an der Ausarbeitung entsprechender Regelungen;
- sie beziehen Freizeitangebote des Umfelds in ihre Überlegungen und Planungen ein;
- sie sorgen für die ausreichende Bereitstellung anregender Materialien (Spiele, Bücher, CDs, Sportgeräte, Werkmaterialien ...);

- sie nehmen Anteil am weiteren Fortgang der Aktionen und Projekte und vermitteln den Schüler/innen zusätzliche Erfolgserlebnisse, indem sie sie bei der Darstellung ihrer Ergebnisse nach außen unterstützen.

Im Zusammenhang mit den Freizeitangeboten kommt den Schulferien eine besondere Bedeutung zu. Eltern, insbesondere Alleinerziehende, haben gerade zu den Ferienzeiten einen erhöhten Betreuungsbedarf für ihre Kinder, da viele Institutionen zeitgleich mit den Schulen geschlossen sind und der eigene Urlaub sich nicht mit den Ferienzeiten deckt. Jedoch sollte das Ferienprogramm des Hortes nicht nur unter dem Aspekt einer Notfallhilfe betrachtet werden. Sozialpädagogisch eröffnet sich hier für das Hortteam die Chance, gemeinsam mit den Kindern und Jugendlichen richtige Freizeit ohne die sonst vorherrschenden Zwänge von Schule und Hausaufgaben zu verbringen. Besondere Attraktionen ermöglichen es Schüler/innen und Erzieher/innen, die Gruppe und den Hort völlig neu zu erleben:

- Jugendherbergs- oder Schullandheimaufenthalte;
- gemeinsames Übernachten und Frühstück im Hort;

---

[33] Petra Lachnit, Kinder- und Jugendhort Grombühl, Würzburg

- Durchführen größerer Projekte (z.B. im kulturellen und musischen Bereich);
- Rad- und Wandertouren;
- Besuch von (Abenteuer-)Spielplätzen, Skatebahn;
- Ausflüge ins Schwimmbad, in den Zoo, das Museum usw.;
- sportliche Turniere mit Nachbareinrichtungen;
- Nutzen von Ferienangeboten der Städte und Gemeinden.

Eine Bereicherung des Freizeitangebots bieten erlebnispädagogisch orientierte Ansätze. In Verbindung mit beziehungs- und projektorientierten Angeboten tragen sie dazu bei, die Stärkung der Kompetenzen von Kindern und Jugendlichen zu verwirklichen. Sie setzen vor allem auf das gemeinsame Erleben und Bewältigen von Situationen in neuer Umgebung und in neuen inhaltlichen Zusammenhängen, in denen die bei den Schüler/innen und Hortfachkräften vorhandenen Kompetenzen koordiniert bzw. weiterentwickelt und neue Fähigkeiten sowie Kenntnisse erworben werden.

Bekannte Beispiele für erlebnispädagogische Maßnahmen sind die Begehung von gesicherten Seilwegen (Förderung der Sinneswahrnehmung und des Vertrauens in die Gruppe), die Überwindung eines Netzes aus Seilen (Förderung kooperativer Problemlösungsstrategien und kommunikativer Fähigkeiten), Klettertouren mit Anseilen (Förderung der Fähigkeit zu systematischer Vorbereitung, gemeinsame Bewältigung einer Anforderungssituation, Förderung des Selbstvertrauens usw.) oder mehrtägige Übernachtungen im Freien (Förderung von Wahrnehmungsfähigkeit, Kooperation und Selbstvertrauen).

Unerlässlich ist eine professionelle Vorbereitung und Durchführung erlebnispädagogischer Angebote:

- Leitung durch eine ausgebildete Fachkraft,
- sorgfältige Planung,
- Erkundung des Geländes,
- Bereitstellung des benötigten Materials,
- umfassende Beteiligung der Teilnehmer/innen in allen Phasen der Planung,
- Berücksichtigung des Entwicklungsstands der Gruppe und der einzelnen Kinder bzw. Jugendlichen bei jedem Element der geplanten Maßnahme.

Zu überprüfen ist vor allem, ob der Hort und die verantwortlichen Fachkräfte auch tatsächlich bereit und fähig sind, das vorgesehene erlebnispädagogische Angebot durchzuführen. Hierzu sind folgende Fragen zu stellen:

- Ist unsere Zielsetzung realistisch?
- Haben wir die personellen Voraussetzungen?
- Ist das notwendige Material vorhanden?

- Welche organisatorischen Maßnahmen sind zu treffen?
- Welchen Zeitrahmen benötigen wir für die Aktion?
- Welcher Zeitpunkt der Durchführung ist für unsere Einrichtung und die entsprechenden Gruppen günstig?
- Wie können die Kinder und Jugendlichen bzw. auch Eltern in Planung und Durchführung optimal einbezogen werden?

Mit diesen Hinweisen ist die Gestaltung von Freizeitangeboten keineswegs erschöpfend behandelt. So könnten weitere Möglichkeiten beispielsweise durch eine Verbindung mit den Aspekten der Förderung interkultureller Kompetenz, Umweltkompetenz oder Medienkompetenz aufgezeigt werden. Unter dem Bildungsaspekt besteht die Chance, im Freizeitbereich besondere Stärken der Kinder zu entdecken und zu fördern, an die sich dann auch im schulischen Bereich oder bei den Forderungen des Alltags anknüpfen lässt. Im Rahmen dieses Buches müssen wir uns mit einer exemplarischen Betrachtungsweise begnügen. Wir vertrauen hier einerseits der Fantasie und Kreativität der Hortfachkräfte, andererseits soll ja – wie bereits zu Beginn aufgezeigt – die Freizeit der Kinder und Jugendlichen nicht völlig verplant werden; mit entsprechender Förderung und Unterstützung werden diese ihre Wünsche schon von selbst einbringen.

Förderung kreativer und ästhetischer Kompetenz im Hort
Horst Beisl

Was will Ästhetische Erziehung?
Ein hoher Anspruch soll eingelöst werden, ob dies möglich ist, bleibt ungewiss. Denn von vornherein ist nicht klar, ob es tatsächlich möglich ist, Kinder im Hort in ihrer kreativen Kompetenz in Verbindung mit dem Bereich der Ästhetischen Erziehung zu fördern. Der Bereich der Ästhetischen Erziehung erweitert und entideologisiert den ehemaligen Bereich der Kunsterziehung, die darauf abgestimmt war, die Schüler auf die Kunst hin zu erziehen bzw. von der Kunst zu lernen. Kurzum, es ging dabei hauptsächlich um Imitation statt um Kreation. Ästhetische Erziehung dagegen versucht, Kinder in der Schule beziehungsweise im außerschulischen Bereich für Wahrgenommenes im Inneren und im Äußeren zu sensibilisieren und das Wahrgenommene in gestalterischen Prozessen zu realisieren.

Kreativität – Künstler – Spiel
Mit Guilford ist vor etwa 50 Jahren die Kreativität zum Forschungsgegenstand der Psychologie des Lernens geworden und hat zunächst beim Militär, später in der Forschung im Schulwesen, in der Fort- und Weiterbildung, im Bereich der Betriebsfüh-

rung bis hin in die Werbung Fuß gefasst.[34] Inzwischen gibt es auch in der Hortpädagogik kaum ein Konzept, das die Kinder nicht in ihrer Fähigkeit zur Kreativität fördern und verstärken will.

Ausgangspunkt im pädagogischen Feld für die Verbindung von kreativer Leistung und deren Förderung durch Aktivitäten im Bereich der Ästhetischen Erziehung ist u.a. die Veröffentlichung von Edward de Bono: Kinderlogik löst Probleme.[35] De Bono ist der Überzeugung, dass Kinder „ihre Einfälle oft nicht gut in Worte fassen können; zwänge man sie dazu, so könnte das ihre Einfälle beschränken."[36] Zeichnungen sind jedoch seiner Ansicht nach relativ eindeutig. „Voraussetzung für eine Zeichnung ist eine klare, präzise Vorstellung: In einer Zeichnung kann man nicht sagen: ‚Die Ziegelsteine werden schneller als gewöhnlich gelegt: Man muss genau darstellen, wie das gemacht wird." … „Aus einem neueren Bericht geht über Erfinderpersönlichkeiten hervor, dass die Verwendung von Zeichnungen und Skizzen bezeichnenderweise das einzige Charakteristikum dieser Persönlichkeiten war."[37] Diese Einschätzung klingt m. E. bei Wassily Kandinsky (Maler und Begründer der abstrakten Malerei, 1866–1944) an: „Das Praktisch-Zweckmäßige ist dem Kind fremd, da es jedes Ding mit ungewohnten Augen anschaut und noch die ungetrübte Fähigkeit besitzt, das Ding als solches aufzunehmen

… So entblößt sich in jeder Kinderzeichnung (z.B.) ohne Ausnahme der innere Klang des Gegenstands von selbst."[38]

Bei Paul Klee finden wir einen ähnlichen Verweis, der die Freiheit bzw. Fantasie im Bereich des Ästhetischen hervorhebt: „Während seiner gesamten künstlerischen Laufbahn experimentierte Klee mit neuen Techniken, doch seit 1917 etwa und in den 20-er Jahren galt sein besonderes Interesse den Materialien und Erfindungen, die von kleinen Kindern verwendet werden. Das haptisch ansprechende *Tor im Garten* (1926) mutet wie eine Fingermalerei an, obwohl es keine ist. Das Ölbild *Kosmische Komposition* (1919) zeigt – unabhängig von seiner

---

[34] Guilford, J.P.: Creativity: Its measurement and development. In: Parnes/Harding (Eds.): A scoure book of creative thinking. Scribners, N.Y., 1962; Köstler, Arthur: Der göttliche Funke. Der schöpferische Akt in Kunst und Wissenschaft. Scherz: Bern/München 1966; Levi-Strauss, Claude: Das wilde Denken. Frankfurt/Main 1968; Ulmann, Gisela: Kreativität. Beltz: Weinheim 1968; Csikszentmihalyi, Mihaly: Kreativität. Klett-Cotta: Stuttgart 1997

[35] de Bono, E.: Kinderlogik löst Probleme. Kindler: München 1975

[36] a.a.O., S. 12

[37] a.a.O.; vgl. Schuster, Martin: Kunstpsychologie. Kreativität. Bildkommunikation. Schönheit. Schneider Verlag Hohengehren: Baltmannsweiler 2000, S. 248–250

[38] Fineberg, Jonathan: Mit dem Auge des Kindes: Kinderzeichnung und moderne Kunst. Helmut Friedel/Josef Helfenstein (Hrsg.). Hatje: München 1995

kindlich inspirierten Darstellungsweise – Parallelen zu der an Schulen verbreiteten Schabetechnik, bei der ein heller, bunter Untergrund unter einer schwarzen Oberfläche freigelegt wird. Der vergrößerte Kopf und der schmächtige Körper mit dünnen Armen in *Schreck eines Mädchens* (1922) und bei einigen Figuren verweisen auf die Gewohnheit von kleinen Kindern, die konzeptuell wichtigen Teile, typischerweise den Kopf oder die Hände, ohne die Gesamterscheinung überzubetonen."[39] Wobei Klee selbst zur Aufgabe der Kunst, in unserem Sinn der Ästhetischen Erziehung, folgendes Statement abgibt: „Kunst gibt nicht das Sichtbare wieder, sondern macht sichtbar."[40]

Offenbar klingt hier an, was Sigmund Freud in seiner *Traumdeutung* als diejenigen Mechanismen beschreibt, die zur Entstehung von Traumbildern führen. Ähnliche Vorgänge liegen auch den Fantasien der wachen Person und deren schöpferischen Leistungen zugrunde.[41] Grund für diesen Vorgang ermöglicht das Spiel. Spielende Kinder sind Künstlern ähnlich, sie erschaffen sich beim Spiel ihre eigene Welt, weil es nicht von außen gesteuert wird. Das spielende Kind benötigt für sein Spiel greifbare und sichtbare Dinge: Materialien unterschiedlichster und verschiedenster Art und Werkzeuge.[42]

Unter Berücksichtigung des Spiels als Prinzip ist die Möglichkeit für kreative Leistungen gegeben. Insofern ist das kreative Produkt als Ergebnis einer kreativen Leistung etwas Einmaliges, vorher noch nie da Gewesenes. Wobei anzumerken ist, dass im pädagogischen Feld zwischen objektiver und subjektiver kreativer Leistung zu unterscheiden ist. Objektiv meint eine Leistung, ein Produkt, das es vorher noch nie gegeben hat, z.B. das Rad, den Blitzableiter, elektrische Glühlampe, das Auto usw. Subjektiv meint eine Leistung, ein Produkt, das für das jeweilige Kind oder die jeweilige Gruppe etwas ist, das es vorher noch nie gegeben hat bzw. nie vorher hergestellt worden ist. Im zweiten Fall heißt dies für die verantwortlichen Erwachsenen, den kreativen Prozess nicht durch Besserwisserei zu behindern in dem Sinne: „Das musst du so machen, dann bist du schneller fertig" oder „Schau, wenn du das so machst, wird es viel schöner". Tritt

---

[39] vgl. a. a. O., S. 98
[40] Klee, Paul: Schöpferische Konfession. In: Edschmid, K. (Hrsg.): Tribüne der Kunst und Zeit. XIII, Berlin 1920 (entstanden 1918), S. 28. Nachdruck: Kraus Reprint: Neudeln/Liechtenstein 1973, Bd. 3
[41] Holm-Hadulla, Rainer M.: Kreativität – Psychodynamik und Coaching. In: Holm-Hadulla, R.M. (Hrsg.): Kreativität. Heidelberger Jahrbücher 2000, XLIV, Springer: Berlin, Heidelberg, New York 2000, S. 268
[42] a. a. O., S. 368

dies ein, so verhindert der/die „wohlmeinende" Erzieher/in die „Selbstwirksamkeit des Lernens", die ausschließlich vom Kind ausgehen muss. Nur so wird dem Kind Realitätsbewältigung ermöglicht, die zugleich einer Neustrukturierung der psychodynamischen Entwicklung dient.

Projekt Holzhäuser
Das folgende Beispiel, aufgezeigt an einem Projekt im Hort mit dem Anspruch kreativer Förderung, soll diesen Sachverhalt verdeutlichen:[43]
Zeit: Erste Sommerferientage im Hort
Überlegungen im Team:
Welche Lern- und Fördermöglichkeiten sollen den Kindern geboten werden?
- Die Kinder sollen draußen gestalterisch tätig sein,
- fein-/grobmotorische Fähigkeiten entwickeln und stärken können,
- sozialen Umgang intensivieren,
- sinnliches Erleben erfahren können,
- Lernerfahrungen im handwerklichen Bereich ermöglichen,
- kreative Förderung erfahren.
Welche Materialien und Werkzeuge eignen sich:
- Bretter,
- Sägen, Hammer, Nägel, Beißzange.

Nachdem die Materialbeschaffung und die Werkzeuge gesichert sind, ist der nächste Schritt: „Wie planen wir zusammen mit den Kindern das Projekt?" Nahe liegend ist, eine Kinderkonferenz abzuhalten und im Gespräch zu erörtern, was mit Brettern etc. alles gemacht werden kann. Es dauert nicht lange, bis sich der Vorschlag als Plan verdichtet: „Wir könnten Häuser bauen! Große!" Ebenso könnte auch etwas ganz anderes gebaut werden, wenn ein anderer Vorschlag mehr favorisiert würde. Eindrucksvoll ist die Aussage eines Buben: „Ein Haus besteht aus Fenstern und Türen." Ein Satz, der sich mit einer Formulierung von Friedensreich Hundertwasser deckt: „Die einen behaupten, die Häuser bestehen aus Mauern. Ich sage, die Häuser bestehen aus Fenstern."[44] Weiter ergibt sich beim Vorgespräch, da der Hausbau längere Zeit dauert, dass wir verlässliche Mitarbeiter benötigen. Mit anderen Worten: Jedes Kind soll bis zum nächsten Tag überlegen, ob es mitmacht oder nicht! Eine weitere Notwendigkeit ist, dass wir uns erst mit den Materialien und Werkzeugen und mit uns selbst als Mitarbeitern vertraut machen müssen. Zum anderen: Wie sollen denn die Häuser ausschauen?

---

[43] Katz, Lilian G. / Chard, Sylvia C.: Der Projekt-Ansatz. In: Fthenakis, W.E. / Textor, M.R. (Hrsg.): Pädagogische Ansätze im Kindergarten. Beltz: Weinheim, Basel: 2000, S. 209–233
[44] Hundertwasser, Friedensreich: Hundertwasser-Haus. Wien 2000, S. 40

An dieser Stelle entsteht Ratlosigkeit, bis aus der Gruppe ein Kind sagt: „Wir könnten zunächst ganz kleine Häuser bauen." Der Vorschlag findet Zustimmung. Am nächsten Tag erklären sich alle Ferienhortkinder, Mädchen wie Buben, bereit, am Hausbau mitzuarbeiten. Für den Bau der kleinen Häuser, Modellhäuser, bilden sich vier Gruppen, wobei sich schon eine Trennung zwischen Buben und Mädchen abzeichnet. Wir haben schönes Wetter, die Stimmung ist gut. Es entstehen vier in ihrer Art sehr verschiedene Musterhäuser. Ausführliche Gespräche begleiten jeweils den Bau. Die Gruppen haben genug Platz, um ungestört zu arbeiten; auch untereinander, wenn nötig, klappt der Austausch von Ratschlägen und Werkzeugen hervorragend. Diese Phase ist für das geplante Projekt *Bau von Holzhäusern* unbedingt notwendig.

Abfallbretter aus einem Sägewerk sind ausreichend vorhanden. Eine Kollegin hat den Kontakt hergestellt und den Transport organisiert.

Gruppenbildung: Wie es sich schon ansatzweise abgezeichnet hat, kam es zu einer „Mädchen-Baufirma" und einer „Buben-Baufirma". Jede Gruppe suchte sich einen Arbeitsplatz, um ungestört arbeiten zu können. In beiden Gruppen kam es zu intensiven und lang andauernden Planungsgesprächen: Wie das jeweilige Haus ausschauen soll, wie groß es sein soll, und wie die Einzelteile erstellt werden sollen.
Bewusst haben wir uns im Vorbereitungsgespräch darauf geeinigt, kein Metermaß beim Bau zu verwenden. Das Maß der Häuser und das Aussehen, d.h. die Konstruktion und schließlich die Form, sollen ausschließlich durch die Ideenentwicklung der Gruppe und der einzelnen Kinder und die vorhandenen Bretter bestimmt werden. Nur so ist es möglich, Kinder an einen kreativen Prozess heranzuführen, diesen von den Kindern als Selbstwirksamkeit des Lernens erleben und erfahren zu lassen. Ist der Gruppenprozess dynamisch genug und wird von den verantwortlichen Erwachsenen hinreichend Material und Werkzeug zur Verfügung gestellt, dann ist die Gruppe befähigt, ausreichend Ideen zu entwickeln, um das gesteckte Ziel zu realisieren: Wir bauen ein Haus![45] Nach

vier Tagen Bauzeit war es dann soweit, dass wir ein „Mädchenhaus" und ein „Bubenhaus" hergestellt hatten. Dass ein Richtfest gefeiert wurde, ist selbstverständlich.

Planungskriterien für Projekte mit kreativem Anspruch
Ist ein Gestaltungsvorgang mit der Absicht, Kinder kreativ zu fördern, geplant, sind folgende Kriterien zu berücksichtigen:
* Er soll im Interessens- und Wissensbereich aller Beteiligten liegen.
* Er soll verschiedenartige und unterschiedliche Lösungen ermöglichen. Idealtypisch formuliert: Es sollen so viele Lösungen als Ergebnisse vorliegen, wie Beteiligte sich an dem Vorhaben engagieren.
* Er soll technisch lösbar sein, d.h. die Materialien, deren Verarbeitung und Werkzeuge sollen von allen Beteiligten gefahrlos verwendet und verarbeitet werden können. Maschinenbetriebene Werkzeuge sollen soweit als möglich ausgeschlossen sein.
* Er soll Einzel-, Partner-, Kleingruppenarbeit, wenn möglich Plenumsarbeit zulassen. Eine weitere Variante ist, dass es

---

[45] vgl. Burow, Olaf-Axel: Die Individualisierungsfalle. Kreativität gibt es nur im Plural. Klett-Cotta: Stuttgart 1999, S. 13–18

jedem freisteht, innerhalb der Gruppen zu wechseln.

- Er soll, wenn möglich, verschiedene Arbeitsformen beinhalten, so dass u. U. ein Wechsel der Arbeitsformen für jeden Einzelnen beinahe unumgänglich ist.
- Er soll die pädagogisch Verantwortlichen als Gleiche unter Gleichen einstufen, d.h. es gibt keine Hierarchie in der Gruppe. Nur insofern sollen die Verantwortlichen herausgehoben sein, dass sie durch Ratschläge und Hilfestellungen innerhalb der Aktion den Einzelnen behilflich sind.
- Er soll idealtypisch jeden Beteiligten in den Stand versetzen, ein seiner Vorstellungs- und Einbildungskraft entsprechendes Ergebnis zu erarbeiten.
- Das Material und Werkzeugangebot soll für die Beteiligten reichlich, aber überschaubar sein.
- Die Aufgabenstellung soll in keiner Weise durch Meterstab oder ähnliche metrisch genormte Einheiten bestimmt werden.

Die aufgelisteten Merkmale der Gestaltungsvorschläge sind alle als gleichwertig einzustufen. Auch der Imperativ „soll" ist verbindlich, was u. U. Erstaunen und Widerstand auslösen könnte. Ansonsten ist es nicht möglich, die weiter oben entwickelten Gedanken zum Spiel, dessen Verlauf und Ergebnis, in Verbindung zum ästhetischen Gestalten zu bringen. Reflexion muss in Realisation übergeführt werden, sonst verbleiben die theoretisch entwickelten Überlegungen im Nebulösen. [46]

Ästhetische Erziehung ist sinnliches Erleben und Realisieren

Obwohl es widersprüchlich scheint: einerseits weg von den Basteleien, den Imitationen, den Schablonen, dem allseits Schönen, andererseits formale Kriterien, gleich neun an der Zahl, sind diese nützlich und notwendig. Sie decken sich mit v. Hentigs Erfahrungen: [47] „In meiner Schule nimmt ein neuer so genannter Erfahrungsbereich ‚Wahrnehmen und Gestalten' ein Fünftel der Zeit und den gleichen Rang ein wie der Umgang mit Sprachen und Zahlen, der Umgang mit Sachen, der Umgang mit Menschen und der Umgang mit dem eigenen Körper. Hier ging und geht es um die Übung der *aisthesis* der Kinder und jungen Menschen an Gegenständen, die die Lust, den Ernst und das Wagnis des Sehens und Hörens, des Erprobens, des Simulierens, des spielerischen Verwandelns und, alles in allem, des kontrollierten Hervorbringens von Wirkungen zu wecken ver-

---

46 vgl. Beisl, H.: Bretter, Schuhe, Pinsel, Farben ... – ein Beitrag der Ästhetischen Erziehung. In: Kaplan, K./ Becker-Gebhard, B. (Hrsg.): Handbuch der Hortpädagogik. Lambertus: Freiburg i. Br. ²1999, S. 310–324

47 Hentig, Hartmut von: Kreativität – Hohe Erwartungen an einen schwachen Begriff. Hauser: München, Wien: 1998, S. 24 f.

mögen. Die Kinder erfahren dabei, was Kunst (Ästhetische Erziehung; Anm.d. Verf.) anders macht als Technik, Wissenschaft, Politik und Religion."

Kompetenz zu einer gesundheitsbewussten Lebensführung
Karlheinz Kaplan

Frühere Ansätze der „Gesundheitserziehung" stellten Krankheits- und Risikofaktoren in den Vordergrund. Vor allem im schulischen Unterricht versuchte man, den Kindern und Jugendlichen medizinisches Wissen zu vermitteln, an ihre Vernunft zu appellieren und vor der Missachtung entsprechender Verhaltensvorschriften durch abschreckende Beispiele zu warnen. Neuere Vorstellungen sehen dagegen Gesundheit als ein umfassendes Konzept, bei dem mehrere Faktoren zusammenwirken und überdies der Einzelne in einem lebenslangen Prozess an der Gestaltung dieser Bedingungen mitwirkt.

„Den Anstoß für eine Loslösung des Konzeptes Gesundheit von rein körperbezogenen Vorstellungen hatte bereits 1946 die Weltgesundheitsorganisation in einer viel beachteten Konstitution gegeben. Die WHO definierte Gesundheit als den Zustand des völli-

gen körperlichen, seelischen und sozialen Wohlbefindens und nicht nur als das Frei-sein von Krankheit und Gebrechen."[48] In Weiterentwicklung dieses Ansatzes defi-niert Hurrelmann Gesundheit für Kinder wie folgt: „Gesundheit ist dann gegeben, wenn ein Kind körperlich, biologisch, phy-siologisch, nervlich und seelisch in Balance mit den Innen- und Außenanforderungen ist, konstruktiv Sozialbeziehungen auf-bauen kann, sozial integriert ist, die eigene Lebensgestaltung an die wechselhaften Belastungen des Lebensumfeldes anpassen und dabei seine individuelle Selbstbestim-mung sichern kann. Gesundheit kann des-halb auch als das jeweils aktuelle Resultat einer ‚gelingenden' Sozialisation verstan-den werden. Gesundheit wird als Gelingen der Abstimmung von Anforderungen und Bedürfnissen dargestellt …:
a) des Körpers und des Selbst,
b) der sozialen Lebenswelt,
c) der (physischen) Umwelt."[49]

Aufgabe des Hortes ist es demnach, Kinder und Jugendliche dabei zu unterstützen,
- für Belange individuellen Wohlbefindens sensibel zu werden,
- Körperempfindungen und Gefühle zu erkennen, zu kontrollieren und angemes-sen auszudrücken,
- ein entsprechendes Selbstwertgefühl zu entwickeln,
- konkrete Erfahrungen mit gesundheits-fördernden Verhaltensweisen zu machen,
- sich bewusst zu werden, von welcher Bedeutung ihr Verhalten für die Gesund-heit ist,
- Verantwortung für die eigene Gesundheit zu übernehmen,
- selbst aktiv zu einer gesundheitsförderli-chen Umwelt beizutragen,
- fähig zu werden, mit persönlicher Krank-heit umzugehen,
- für die Situation kranker und behinderter Menschen sensibel zu werden und persön-liche Verhaltensweisen zur Integration zu entwickeln.

Das Vorbildverhalten der Hortfachkräfte spielt dabei eine entscheidende Rolle.

Gesunde Ernährung im Hort
Karlheinz Kaplan[50]

Im Zusammenhang mit einer gesundheits-bewussten Lebensführung kommt den Ess-gewohnheiten eine besondere Bedeutung

---

[48] Bründel, Heidrun / Hurrelmann, Klaus: Einführung in die Kindheitsforschung. Beltz: Weinheim / Basel 1996, S. 255
[49] a.a.O., S. 256
[50] unter Nutzung eines Beitrags von Barbara Berger sowie der Materialien von Bernadette Heiß, Marion Tutschku und Conni Siegrün

zu. In Deutschland brachte nach den Mangeljahren der Kriegs- und Nachkriegszeit die dann eintretende günstige sozioökonomische Entwicklung eine Besserung des allgemeinen Lebensstandards, die sich zwar einerseits günstig auf den Gesundheitszustand der Kinder auswirkte, andererseits aber auch neue Krankheitsbilder und Störungen des Essverhaltens im Gefolge hatte. Mehrfach war inzwischen in Zeitungen die Schlagzeile zu lesen: „Deutschlands Kinder sind zu dick!"

Während die Esssucht (Bulimie) und die Magersucht (Anorexia nervosa) überwiegend bei Jugendlichen und jüngeren Erwachsenen anzutreffen sind, begegnen wir der Erscheinungsform der Dickleibigkeit (Adipositas) häufig schon bei Kindern:[51]

---

[51] Bründel/Hurrelmann, a.a.O., S. 269 f.

„Wir schätzen, dass 15 bis 20 % aller Kinder und Jugendlichen unter Adipositas leiden, wobei der Prozentsatz mit zunehmendem Lebensalter bis etwa 14–16 Jahre besonders ansteigen kann. Ist ein oder sind beide Elternteile ebenfalls adipös, dann steigt die Verbreitungsquote auf bis zu 40 % an." Bründel/Hurrelmann kennzeichnen Adipositas als „ein ausgeprägtes Übergewicht, das gleichzeitig durch eine ungewöhnliche Ansammlung von Fettgewebe gekennzeichnet ist."[52] Diese gesundheitliche Störung wird bei einer ausschließlich medizinischen Betrachtungsweise als Folge einer Dysfunktion der Drüsentätigkeit angesehen, wobei man von der Annahme ausgeht, dass diese durch genetische Faktoren verursacht wird.

Nach dem älteren Modell von „Gesundheitserziehung" wurden die Kinder und Jugendlichen über die Bedeutung der drei Grundnährstoffe „Eiweiß, Fett und Kohlehydrate" für den Energiehaushalt des Körpers belehrt, über die richtige Zufuhr im Verhältnis von 15 : 30 : 55 informiert, auf die Gefahren bei falscher Ernährung hingewiesen und im Rahmen eines besonderen Aktionsprogramms (z. B. „Wir bauen ein gesundes Frühstücksbuffet auf") führte man ihnen das „richtige" Verhalten vor.

„Die Grundannahmen dieses Modells haben sich nur begrenzt bewährt. Verhalten ist nicht allein durch kognitiv vermittelte Informationen zu beeinflussen, es muss die Motivationslage des Einzelnen sowie sein Bild von der eigenen Person mit einbezogen werden. Kinder bewerten ihr aktuelles Wohlbefinden höher als eine potenzielle Beeinträchtigung, daher darf der Begriff Gesundheit nicht nur mit Anstrengungen, Einschränkungen und Verzicht belegt werden, sondern wenn möglich mit positiven Assoziationen. Kinder sind sehr stark gegenwartsorientiert, daher muss Gesundheitserziehung auf ihr aktuelles Wohlbefinden abgestellt werden."[53] Hurrelmann spricht in diesem Zusammenhang von der „Erziehung zur Genussfähigkeit", wobei auf individuelle Vorlieben einzugehen ist. Damit ist bereits eine wichtige Voraussetzung für eine wirksame Förderung gesundheitsbewusster Lebensführung angesprochen: die Partizipation der Kinder. Eine vom Staatsinstitut für Frühpädagogik durchgeführte Untersuchung in bayerischen Horten zeigte hinsichtlich der Beteiligung der Kinder bei der Auswahl des Mittagessens folgendes Bild: 13 % der befragten älteren Schüler/innen (ab der 5. Klasse) gaben an, meistens ihre Wünsche einbringen zu können, 28 % manchmal und 59 % wurden niemals ge-

---

[52] a. a. O., S. 270
[53] a. a. O., S. 290 f.

fragt.[54] Wie sollen Kinder das Gefühl entwickeln, dass es sich lohnt, gesund zu leben, wenn man ihnen den Eindruck vermittelt, dass ihre Wünsche gar keine Rolle spielen? Mit der Erstellung eines Wochen-Essenplans unter Beteiligung der Kinder ist es aber nicht getan. Die Schüler/innen sollen befähigt werden, mehr auf die Bedürfnisse ihres Körpers zu achten. Sie sollen bewusst wahrnehmen, wann sie etwas zu essen oder zu trinken brauchen, worauf sie gerade besonderen Appetit haben, wie viel sie von einer Speise essen möchten und wann sich bei ihnen ein Sättigungsgefühl einstellt. Sie sollen erfahren, wodurch man sich den Appetit verderben kann, welches Essverhalten ihnen am besten bekommt und lernen, den verdauungsbedingten Leistungsabfall nach einer guten Mahlzeit zu berücksichtigen. Gezielt soll ihr Geschmackssinn geschult werden. Ein ausgezeichnetes Mittel zur Förderung entsprechenden Experimentierverhaltens ist hier die Bildung einer Neigungsgruppe „Kochen". Bei Vor- und Zubereitung kommen auch Tast-, Geruchs- und Gesichtssinn („Das Auge isst mit!") nicht zu kurz. Aber auch Kinder, die sich für andere

Interessensschwerpunkte entscheiden, sollen ermuntert werden, neue und ungewohnte Gerichte auszuprobieren. Vor allem aber sollen die Schüler/innen die Mahlzeiten als einen Erlebnishöhepunkt im Tagesablauf des Hortes erleben.

Mit den bisherigen Überlegungen bewegten wir uns ausschließlich auf der individuellen Ebene der persönlichen Bedürfnisse des Körpers und des Selbst. Nach Bründel/Hurrelmann müssen aber Kinder zu einer Balance zwischen Innen- *und* Außenanforderungen finden. Wenden wir uns deshalb der zweiten Ebene, den sozialen Erwartungen zu. Dieser Bereich betrifft zwar den Aspekt der Förderung *sozialer Kompetenz*, wird aber bereits hier mit erörtert, um die ganze Bandbreite der Aufgabe einer gesundheitsbewussten Lebensführung aufzuzeigen.

Bei aller Berücksichtigung der individuellen Bedürfnisse des Kindes muss dieses auch lernen, die Wünsche der anderen zu respektieren und sich sozial in die Gruppe zu integrieren. In unserem Zusammenhang bedeutet dies z.B.:

- lernen, die sofortige Befriedigung von Hunger aufzuschieben (Frustrationstoleranz),
- mit dazu beitragen, dass die Mahlzeiten in der richtigen Atmosphäre eingenommen werden können:
  - gemeinsames Essen mindestens in der Gruppe,

---

[54] Becker-Gebhard, Bernd: Lebensbedingungen und Lebensqualität von Schülerinnen und Schülern in bayerischen Horten – Ergebnisse einer schriftlichen Befragung (I). In: IFP-Infodienst 4, 1999, 2, S. 18–24, hier S. 23

- ordentlich, zuweilen auch festlich gedeckter Tisch,
- Beachtung von Tischmanieren,
- Pflege von Tischgesprächen,
- Verantwortung für das Wegräumen und Abspülen übernehmen.

Eine besondere Bedeutung kommt in diesem Zusammenhang der Vorbildfunktion der Erwachsenen zu. Bründel/Hurrelmann zeigen hier auf, dass gestörtes Essverhalten nicht nur auf rein medizinische Faktoren zurückzuführen ist. Für unser Einstiegsbeispiel „Adipositas" führen sie hierzu an: „Die Krankheit ist zum Teil auf genetische Faktoren, aber zugleich auch meist auf die abnorme Gewohnheit zurückzuführen, einerseits zuviel von allem zu essen und andererseits einseitig, das heißt zum Beispiel zuviel Süßigkeiten, zu essen, so dass die Appetitregulation gestört wird. Süßigkeiten werden von Eltern oft als Belohnungen für erwünschtes Verhalten erteilt oder als Trostpflaster bei Kummer bzw. Tränen ihrer Kinder. Bei frustrierenden oder langweiligen Tätigkeiten greifen viele Kinder schon ganz automatisch zu Süßigkeiten oder auch bei Anspannung und Aufregung während des Fernsehens. Hier werden schon früh Ernährungsgewohnheiten und Verhaltensmuster geprägt, die ihr Vorbild im Erwachsenenverhalten haben. Adipositas ist häufig eine Folge von Erziehungsfehlern,

gekoppelt an Verwöhnung oder Bevormundung oder an hohe Anforderungen (Eggers et al. 1994).

… Das Ernährungsverhalten von Kindern ist häufig durch Übernahme der elterlichen Verhaltensweisen geprägt: Ist es in der Familie üblich, sich während der Mahlzeiten große Portionen bzw. noch eine zweite Portion zu nehmen oder zwischen den Mahlzeiten zu naschen oder während des Fernsehens zu knabbern, trifft das meistens nicht nur auf die Eltern, sondern auch auf die Kinder zu.

Adipöse Kinder zeigen auch eine spezifische Persönlichkeits- und Familienstruktur: Sie sind stark von Bezugspersonen abhängig und in ihrer Selbstständigkeitsentwicklung gehemmt; in den Familien wird häufig ein überbeschützendes Verhalten der Mütter vorgefunden, während die Väter eine eher passive und zurückgezogene Rolle spielen. Studien zur Entstehungs- und Entwicklungsgeschichte zeigen, dass adipöse Kinder oft unter einer früh erworbenen Störung der Nahrungsaufnahme leiden, die sich in einer mangelnden Wahrnehmung von Hungergefühl und Sättigung zeigt."[55]

---

[55] Bründel/Hurrelmann, a.a.O., S. 270; Eggers, C., Lempp, R., Nissen, G., Strunk, P.: Kinder- und Jugendpsychiatrie. 7. überarbeitete und erweiterte Auflage, Springer: Berlin 1994

Für Hortfachkräfte ergeben sich hier Querverbindungen zur Aufgabe der „Suchtprävention" wie auch zur Zielgruppenarbeit bei „Schüler/innen mit Auffälligkeiten und Entwicklungsstörungen". Auch die „Zusammenarbeit mit Eltern" und „psychosozialen Diensten" muss hierbei ins Blickfeld genommen werden.

Als dritte Ebene, die bei den Einflussfaktoren auf eine gesunde Lebensführung zu berück-

sichtigen ist, treten die Einflüsse der Umwelt in Erscheinung, auf die die Kinder adäquat zu reagieren haben. Noch bis in unsere Zeit hinein wurde in breiten Kreisen der Gesellschaft die Ideologie einer heilen Familie gepflegt, bei der sich Eltern und Kinder gemeinsam um den Mittagstisch versammeln, um das von der Mutter zubereitete Essen einzunehmen. An dieser Idylle wurde z. B. in deutschen Lesebüchern noch festgehalten, als für einen Großteil der Kinder schon ganz andere Lebensverhältnisse galten. In unserer schnelllebigen Zeit strukturiert sich der Tagesablauf für die einzelnen Familienmitglieder höchst unterschiedlich. Wenn beispielsweise beide Elternteile berufstätig sind, Vater und Mutter zudem unterschiedliche Arbeitszeiten haben und die Kinder zu verschiedenen Zeiten von der Schule nach Hause kommen, werden die gemeinsamen Mahlzeiten immer seltener. „Fast food" und das schnelle Aufwärmen in der „Mikrowelle", der Verzehr einer Tüte „Pommes" oder einer Pizza an einem Kiosk unterwegs, dies alles sind sehr weit verbreitete Essgewohnheiten. Auch kommt eine beträchtliche Anzahl von Kindern ohne ein ausreichendes Frühstück zur Schule.

Für den Hort ergibt sich hier die Aufgabe einer bewussten Gegensteuerung. Leider sieht aber auch hier die Realität vielfach anders aus. Die Zubereitung gesunder, abwechslungs- und ballaststoffreicher Frischkost ist zeitaufwändig und vor allem teurer als die Zulieferung von Fertigprodukten einschlägiger Essensdienste. Wie aber sollen so Kinder zur Herausbildung gesunder Ernährungsgewohnheiten gelangen, wenn der Herstellungsprozess weitgehend im Dunkeln bleibt und beim Essen der Eindruck einer raschen Abfertigung überwiegt?

Gerade die jüngste BSE-Krise zeigt: Der Grundsatz: „Hauptsache, es ist billig und macht satt!" führt zu katastrophalen Folgen. Die Träger der Einrichtungen, die verantwortlichen Politiker, vor allem aber die Eltern müssen sich fragen lassen: Ist es länger zu verantworten, dass eine Gefährdung der Gesundheit unserer Kinder bewusst in Kauf genommen wird, indem wir nur aus Kostengründen die Grundsätze einer gesunden Ernährung missachten?

Hortfachkräfte werden dazu aufgefordert, die „Umweltkompetenz" der Kinder zu fördern. Hierzu gehört auch die Sensibilisierung für einen richtigen Umgang mit Pflanzen, Tieren und der Natur überhaupt. Selbst Kinder sind dabei der kritischen Einsicht fähig, dass sich dann auch unsere Essgewohnheiten ändern müssen. Hierzu sind aber auch die notwendigen Rahmenbedingungen im Hort zu schaffen (z.B. teilzeitbeschäftigtes Küchenpersonal, Anschaffung von Kochgerät, Geschirr und Küchenmaschinen für jede Gruppe).

Wie unsere Ausführungen gezeigt haben, werden mit dem „Mittagessen im Hort" Betreuungs-, Bildungs- und Erziehungsfunktion gleichzeitig und in vielfältiger wechselseitiger Durchdringung angesprochen. Neben Wissen um wichtige Grundbedingungen der Gesundheit ergeben sich wichtige Aspekte der Beziehungsarbeit, Sozialerziehung, Sinnesschulung, Förderung von Umweltkompetenz, Suchtprävention und religiösen Erziehung, um nur einige aufzuführen. „Gesunde Ernährung" erweist sich somit als höchst aktuelles und für die sozialpädagogische Arbeit bedeutsames Thema.

Motorische Kompetenz
Heinz Krombholz

Die Lebenswelt, in der Kinder und Jugendliche aufwachsen, schränkt ihre elementaren Bewegungsbedürfnisse vielfach ein. Das Angebot an Freizeitaktivitäten, bei denen Kinder und Jugendliche eher die Rolle des passiven Konsumenten als des (körperlich) aktiv Handelnden einnehmen, wird immer größer. Daher sollten sozialpädagogische Einrichtungen versuchen – in Ergänzung zu Elternhaus und Schule –, einen Ausgleich anzubieten und Kompetenzen und Handlungsanweisungen für eine gesunde Lebensführung zu vermitteln.

Im Hort können grundlegende und gesicherte Erkenntnisse zur Bedeutung von Bewegung und Sport für die Gesundheit, das körperliche, aber auch geistige Wohlbefinden vermittelt werden. Es sollte gezeigt werden, dass Sport ein geeigneter Ausgleich zum Stillsitzen in der Schule, vor dem Fernseher, bei Computerspielen ist, als Mittel zum Abbau von Aggressionen dienen kann, die körperliche Fitness und Genussfähigkeit steigert. Beim gemeinsamen Sporttreiben können positive soziale Erfahrungen gesammelt, bei sportlichen Wettspielen können gemeinsam Erfolge und Misserfolge erlebt und verarbeitet werden. Es muss jedoch beachtet werden, dass Bewegung und Sport nicht nur zweckgebunden im Hinblick auf Gesundheitsförderung ihren Platz haben, sondern dass Bewegung, Spiel und Sport den natürlichen Bedürfnissen von Kindern entsprechen und einfach „sinnfrei" betrieben werden, weil sie Spaß machen, gerade im Kindes- und Jugendalter.

Der Hort darf sich daher keineswegs auf die Vermittlung der Kenntnisse über die positive Wirkung von Bewegung und Sport beschränken. So oft wie möglich sollte Kindern im Hort Gelegenheit zur sportlichen Betätigung geboten werden, Sport sollte ein fester Bestandteil des Hortalltages werden. Bei den Sportangeboten sind regionale und örtliche Gegebenheiten zu berücksichtigen, aber auch Interessen und Neigungen der Kinder.

Angeboten werden kann prinzipiell jede Sportart, die auf den zur Verfügung stehenden Freiflächen und Innenräumen des Hortes betrieben werden kann, angefangen von Fußball und Basketball, über Rollerblades, Skateboards, Tischtennis bis zum Jazztanz und Entspannungsübungen. Ein ausgewogenes Angebot für Jungen und Mädchen sollte gewährleistet sein und gemeinsames Sporttreiben von Jungen und Mädchen angestrebt werden. Gerade Kinder, die als „bewegungsschwach" gelten und die sportlichen Herausforderungen eher ablehnend gegenüberstehen, können im Hort durch geeignete Bewegungsangebote angesprochen werden, da – im Gegensatz zum Sportunterricht der Schule – der Leistungsdruck hier gering und die Teilnahme freiwillig ist.

Das Freigelände sollte so gestaltet sein, dass es zum Aufenthalt im Freien und zu sportlichen Aktivitäten anregt; die Sportanlagen sollten zumindest einen Bolzplatz mit Tor, einen Basketballkorb, eine Tischtennisplatte umfassen, Kleingeräte wie Bälle und Schläger müssen in ausreichender Anzahl zur Verfügung stehen. Ein Gymnastikraum oder eine Turnhalle sind notwendig. Ist der Hort einer Schule angegliedert, können und sollten natürlich die vorhandenen Sporteinrichtungen und Möglichkeiten ausgiebig genutzt werden. Hierfür sind Absprachen mit der Schulleitung erforderlich.

Daneben sollten Kontakte mit anderen Horten gesucht werden: So könnten z.B. Tischtennis- oder Badmintonturniere, Fußball- und Basketballspiele gemeinsam mit anderen Horten organisiert werden.

Der Hort kann weder das gemeinsame Sporttreiben der Kinder mit den Eltern noch den Schulsport oder den Sportverein ersetzen. Bei den Angeboten im Bereich Bewegungsförderung sind Kooperationsmöglichkeiten mit Sportvereinen denkbar, sei es beim Benutzen von Sportanlagen oder beim Heranziehen von Übungsleitern. Vielleicht lassen sich auch sportlich interessierte Mütter und Väter finden, die „ihre" Sportart gern im Hort vorstellen und die Kinder dafür begeistern möchten.

Der Sport, fast ausschließlich der professionelle und kommerzialisierte Sport, spielt im Leben unserer Gesellschaft eine gewichtige – leider keineswegs immer positive – Rolle, mit zunehmender Medienpräsenz, mit Moden und „Trends". Solche Erscheinungen, die Kommerzialisierung von Sporttrends, die sich besonders an Kinder und Jugendliche richten, die Bildung von „Fan-Clubs", Ausschreitungen bei sportlichen Großveranstaltungen und die Dopingproblematik nicht nur im Spitzensport sind kritisch zu hinterfragen, ebenso die Rolle der Fitnessstudios, die zunehmend versuchen, den „konventionellen" Sportverein mit seiner sozialintegrativen Funktion für Kinder und Jugendliche abzulösen.

Suchtprävention
Toni Mayr

Ausgangssituation
In Deutschland konsumiert bereits ein Teil der 12- und 13-jährigen gelegentlich oder regelmäßig Alkohol und Zigaretten; ein kleinerer Prozentsatz hat auch schon Erfahrung mit illegalen Drogen. Das Kennenlernen solcher Substanzen beginnt also zumindest teilweise bereits im Grundschulalter. Sowohl beim Alkohol als auch bei illegalen Drogen sind Jungen stärker gefährdet als Mädchen; sie unterscheiden sich auch, was Konsummuster und typische Konsumsituationen betrifft.

Wenn Jugendliche zu Drogen greifen, tun sie dies zunächst ganz überwiegend aus Neugierde. Bei diesem Probieren und Experimentieren handelt es sich i.d.R. um ein durchaus „normales" Phänomen. Über das reine Probieren hinaus gibt es aber auch bereits eine Form des Konsums, bei dem Drogen in unterschiedlicher Weise systematisch eingesetzt werden. Diese „Nutzung" lässt sich am besten aus der spezifischen Lebenswelt und der Biographie von Jugendlichen verstehen. Es handelt sich um eine, wenn auch problematische Form der Lebensbewältigung, die dann zum Zug kommt, wenn angemessenere, sozial akzeptierte Formen der Auseinandersetzung scheitern oder nicht verfügbar sind.

Die Folgen des Konsums bzw. Missbrauchs von legalen und illegalen Drogen gefährden eine gesunde Entwicklung der Heranwachsenden. Sie untergraben z.B. die Motivation Jugendlicher, beeinträchtigen ihre geistigen Prozesse und Leistungen und verstärken bereits bestehende psychische Probleme, erhöhen aber auch beträchtlich das Risiko, in Unfälle oder kriminelle Handlungen verwickelt zu werden. Über diese unmittelbaren Folgen hinaus besteht die Gefahr, dass sich der Drogenmissbrauch ins Erwachsenenleben fortsetzt.

Ansatzpunkte für suchtpräventive Maßnahmen

Es ist aus den oben genannten Gründen wichtig, möglichst früh präventiv tätig zu werden. Gefordert sind neben Familien und Schulen auch Einrichtungen der Tagesbetreuung wie der Hort. Dabei ist zu berücksichtigen, dass in unserer Gesellschaft

a) Drogen und Suchtmittel im Allgemeinen relativ gut für Kinder zugänglich sind,

b) die sozialen und rechtlichen Normen für den Umgang mit Suchtmitteln widersprüchlich sind und

c) aus der Sicht Heranwachsender der Konsum legaler Suchtmittel ein Symbol für das Erwachsenwerden ist.

Für konkrete Maßnahmen im Hort gibt es vier zentrale Ansatzpunkte:

(1) Früherkennung

Weil die Drogengefährdung entscheidend von der Anhäufung unterschiedlicher Entwicklungsrisiken abhängt, müssen in der Früherkennung verschiedene Ebenen berücksichtigt werden: Wichtig sind in der Kindheit zunächst bestimmte *Frühindikatoren*, wie z.B. Defizite im Sozialverhalten, Probleme in den Beziehungen zu Gleichaltrigen, mangelndes Selbstwertgefühl, geringe Belastbarkeit oder Schulprobleme. Im *Jugendalter* ist der Konsum der legalen Drogen Alkohol und Nikotin das klarste Warnsignal: Die Gefährdung ist hier um so größer, je früher der Konsum einsetzt und je gewohnheitsmäßiger er ist. Für eine konkrete Abklärung dienen dann die folgenden Fragen:

- Ist der Konsum in irgendeiner Form (Häufigkeit, Dauer, Regelmäßigkeit) exzessiv?
- Gibt es eine Tendenz zur Ausdehnung?
- Ist die Fähigkeit zur Steuerung eingeschränkt?
- Wird auf Beschränkungen unangemessen reagiert?
- Werden andere Aktivitäten übermäßig eingeschränkt, Pflichten vernachlässigt?
- Wird ein übermäßiger Aufwand für den Konsum in Kauf genommen?
- Werden Drogen systematisch eingesetzt, z.B. um sich von Problemen abzulenken?

(2) Präventive Arbeit mit den Kindern

Was die Arbeit mit den Kindern betrifft, hat der Hort zunächst primärpräventive Aufgaben, d.h. es geht vor allem um eine möglichst breite Förderung der Persönlichkeitsentwicklung der Kinder und Jugendlichen (Umgang mit Konflikten, Wahrnehmung und Ausdruck von Gefühlen, Umgehen mit Spannungen und Belastungen, Kontakt- und Beziehungsfähigkeit, Erlebnis- und Genussfähigkeit, Verantwortung für den eigenen Körper und die eigene Gesundheit). Vorbeugende Maßnahmen sollten früh ein-

setzen, möglichst noch vor dem ersten Kontakt mit Drogen, und dabei nicht abstrakt bleiben, sondern bei den Kindern ein konkretes Bewusstsein vom Missbrauch von Alltagsdrogen entwickeln.

Hat ein Missbrauch legaler oder illegaler Drogen bereits begonnen, kommt es darauf an, rasch einzugreifen, um eine Weiterentwicklung in Richtung Abhängigkeit möglichst zu verhindern. Erfolgversprechend ist es hier, an den unmittelbaren Konsequenzen anzusetzen und nach dem Prinzip der kleinen Schritte auch kleine Verbesserungen zu akzeptieren und zu bekräftigen. Gleichzeitig ist es sinnvoll, – parallel dazu – ursachenbezogen vorzugehen und zusammen mit den Jugendlichen funktional äquivalente Alternativen zu dem gesundheitsgefährdenden Missbrauch zu entwickeln.

Leitziel der Arbeit mit den Kindern sollte insgesamt nicht eine unrealistische Vorstellung von Abstinenz, sondern der kontrollierte Umgang mit legalen Drogen sein.

(3) Elternarbeit
Welches Verhältnis Kinder zu Drogen entwickeln, wird auch durch familiäre Faktoren gesteuert. Man kann hier positiv Einfluss nehmen, indem man Eltern den Einfluss der Familie klarmacht, d.h.

- Eltern konkrete Informationen über Drogen und Drogengebrauch vermittelt,
- Eltern zu einer Reflexion des eigenen Verhaltens anregt und
- Hilfen vermittelt, wenn es Suchtprobleme in der Familie gibt.

(4) Vernetzung
Weil die präventiven Möglichkeiten der Regeleinrichtung relativ beschränkt sind, kommt der Kooperation mit Fachleuten aus dem Drogenbereich ein besonderer Stellenwert zu. Dazu gehört das Wissen um kompetente Ansprechpartner für Suchtprobleme und Drogenprävention ebenso wie die Pflege funktionierender regelmäßiger Arbeitskontakte zu einschlägigen regionalen und überregionalen Organisationen (Arbeitskreise, Drogenkontaktlehrer, Beratungsstellen usw.).

3.2 Soziale Kompetenz

3.2.1 Worum es bei sozialer Kompetenz geht
Karlheinz Kaplan

Soziale Kompetenz umfasst alle Fähigkeiten zu einem konstruktiven Miteinander im sozialen Zusammenleben und im Verhältnis zwischen Mensch und Natur, insbesondere die Fähigkeit und Bereitschaft

- auf andere zuzugehen,
- sich in die Lage anderer einzufühlen und hineinzuversetzen,
- Rücksicht auf die Bedürfnisse anderer zu nehmen und eigene Bedürfnisse auch einmal zurückzustellen,
- Spielregeln im sozialen Miteinander auszuhandeln, anzuerkennen und einzuhalten,
- konstruktiv Kritik zu üben,
- miteinander streiten zu können,
- soziale Konflikte gewaltfrei und nicht diskriminierend zu lösen,
- Fehler einzugestehen und eigene Standpunkte zu revidieren, wenn sie sich als falsch erweisen,

Soziales Lernen findet vor allem im Zusammensein mit Gleichaltrigen beim Spiel, bei gemeinsamen Unternehmungen und beim Lernen zu zweit oder in Gruppen statt. Wie dies geschieht, wird sehr anschaulich im

Zehnten Kinder- und Jugendbericht geschildert, wie nachstehende Auszüge verdeutlichen sollen:

„Unter den gleichaltrigen Kindern verlangt jeder, dass seine Ansichten und Vorschläge Gehör finden. … Die offenen Situationen der Kinderwelt, in denen weniger als in Familie und Schule von vornherein feststeht, was getan werden soll, bieten mannigfaltige Gelegenheiten, unterschiedliche Absichten aufeinander abzustimmen und sich auf gemeinsame Tätigkeiten zu einigen, allerdings auch zu entdecken, was man nicht aufzugeben bereit ist und wovon man sich abgrenzt. (…) Keineswegs alle Kinder lassen sich auf geduldiges Aushandeln ein; einige wollen die anderen zwingen, andere machen unhaltbare Versprechungen, wieder andere versuchen mit Tricks ihre Pläne durchzusetzen. Fast alle Kinder regen sich gelegentlich auf, schreien und knuffen die Widerspenstigen, die ihre, wie sie meinen, vernünftigen Vorschläge nicht aufgreifen. Die meisten kennen andere, von denen sie glauben, dass es sich gar nicht lohne, mit ihnen zu reden. Die Sozialwelt der Kinder sollte, auch wenn man ihr förderliche Kräfte zuschreibt, nicht idealisiert werden."[56]

Dass jedoch auch im Streit von den Kindern wertvolle Einsichten entwickelt werden, wird im anschließenden Abschnitt noch verdeutlicht. Die in vorstehendem Kasten aufgeführten sozialen Kompetenzen sind mehr grundlegender Natur. Sie werden im folgenden Block zu anspruchsvolleren Aufgaben ausgeweitet:

Soziale Kompetenz umfasst insbesondere die Fähigkeit und Bereitschaft

- in der Gruppe mit anderen vertrauensvoll zusammenzuarbeiten,
- mit Jungen und Mädchen einen gleichberechtigten, partnerschaftlichen Umgang zu pflegen,
- mit den natürlichen Lebensgrundlagen rücksichtsvoll und schonend umzugehen, um sie für die nachfolgenden Generationen zu erhalten,
- Andersdenkenden und Angehörigen anderer Kulturen und Religionen mit Offenheit und Toleranz zu begegnen,

Die hier angestrebte Förderung betrifft die folgenden Bereiche:
- Kompetenz zur Teamarbeit,
- geschlechtsbezogene Arbeit mit Mädchen und Jungen,
- Umweltkompetenz,
- interkulturelle Kompetenz.

---

[56] Bundesministerium für Familie, Senioren, Frauen und Jugend (Hrsg.): Zehnter Kinder- und Jugendbericht. Bericht über die Lebenssituation von Kindern und die Leistungen der Kinderhilfen in Deutschland. Bonner Universitäts-Buchdruckerei: Bonn 1998, S. 35

Soziale Kompetenz umfasst insbesondere die Fähigkeit und Bereitschaft

- für andere sich zu engagieren und bei Bedarf Verantwortung zu übernehmen,
- sich mit anderen zu organisieren, um bestimmte Themen durch- und umzusetzen,
- sozial bedeutsame Entscheidungen auszuhandeln und Kompromisse einzugehen,
- enge und langfristige Beziehungen einzugehen.

Die ersten drei Punkte dieses Blocks betreffen alle die „Kompetenz zur Partizipation und Verantwortungsübernahme", der in den Empfehlungen ein eigener Abschnitt gewidmet ist.

Bei dem zuletzt genannten Punkt wird auf der Arbeit aufgebaut, die unter dem Kapitel „Personale Kompetenz" mit den Stichworten „Selbstwahrnehmung, Sexualwissen und Körpergefühl" umrissen worden war. Wesentlich ist hierbei die Ausweitung der Auseinandersetzung der Jugendlichen mit

Freundschaft, Partnerschaft und Liebesbeziehungen um die Dimensionen des Psychologischen und Ethischen: Gefühle und Wertvorstellungen rücken mit zunehmendem Alter sehr viel stärker in den Vordergrund. Auch Lebensplanentwürfe gewinnen an Bedeutung.

3.2.2 Wie soziale Kompetenz gefördert werden kann
Karlheinz Kaplan

Voraussetzung für die Vermittlung sozialer Kompetenz ist eine intensive Gruppen- und Beziehungsarbeit. Eine Hortfachkraft, die den Kindern Verständnis entgegenbringt, aber gleichzeitig eine kritische Instanz darstellt, die Grenzen aufzeigt, kann Kindern helfen, eigene und konstruktive Auffassungen und Verhaltensweisen, z.B. im Umgang mit der Freizeit, dem anderen Geschlecht, Suchtmitteln und Aggressionen zu entwickeln.

Für Schulkinder werden insbesondere die Beziehungen zu den Gleichaltrigen immer wichtiger. Dabei machen sie die Erfahrung, dass die bisher als selbstverständlich übernommenen „Familienregeln" des sozialen Miteinanders im Zusammensein mit Gleichaltrigen beim Spiel, bei gemeinsamen Unternehmungen, in der Projektarbeit und beim Lernen zu zweit oder in Gruppen nur sehr beschränkt anwendbar sind.

Kinder müssen miteinander aushandeln, welchen Vorschlägen und Ideen sie folgen wollen, sie müssen Begründungen für Entscheidungen finden, Regeln für das gemeinsame Tun aufstellen, Rollen und Handlungschancen verteilen und einen Ausgleich finden, wenn jemand sich über Benachteiligung beschwert.

Kinder müssen eine Streitkultur entwickeln. Viele Kinder entwickeln gerade im Streit die Einsicht, dass sie nicht allein im Zentrum stehen, dass sie auf die anderen angewiesen sind und dass aggressive Verhaltensweisen kontrolliert werden müssen. Sie erfahren, wie wichtig es ist, Beziehungen mit anderen zu haben, auf die man sich verlassen kann, und was man dafür tun muss.

Auch die gemeinsame Förderung behinderter und nicht behinderter Kinder trägt zur Förderung sozialer Kompetenzen bei: sie stärkt die gegenseitige Akzeptanz bei allen am Integrationsprozess Beteiligten und lässt den anderen gelten mit seinen persönlichen Stärken und Begabungen bzw. Schwächen und Grenzen. Toleranz und Wohlwollen sowie Verantwortung füreinander, Autonomiestreben und Bereitschaft, Konflikte auszutragen und zu lösen, gehören zu den spezifischen Lernchancen integrationsfördernder Arbeit in Horten.

Krappmann nennt für die Altersphase von 6–12 Jahren folgende wesentlichen Entwicklungsschritte „auf dem Weg zu sich selbst":

- selbstständig werden,
- sich anderen Menschen zuwenden,
- streiten lernen,
- Freunde finden,
- die Welt mit den Augen des Anderen sehen.[57]

Hortfachkräfte sind dazu aufgerufen, die Kinder in diesem schwierigen Lernprozess zu unterstützen. Für diese Aufgabe gibt es keine rezeptartigen Handlungsanweisungen. Jedoch können einige Hinweise zur Orientierung gegeben werden.

- Wenn Kinder sich anderen zuwenden und Freunde finden sollen, ist hierzu eine Grundatmosphäre der Akzeptanz, des Vertrauens und des Sich-wohl-fühlens erforderlich.
- Diese Grundatmosphäre bedeutet nicht, dass man ein „harmonisches Zusammenleben" zum Ideal erhebt und Konflikte möglichst vermeidet. Deshalb spricht Krappmann ja von der Aufgabe des „Streiten Lernens".
- Ebenso verkehrt wäre aber ein völliger Rückzug der Erzieher/innen nach dem

Motto: „Macht das unter euch alleine aus!" Kinder erwarten von ihren erwachsenen Bezugspersonen, dass sie ihre Probleme ernst nehmen und eindeutig Stellung beziehen.

- Dies heißt nun wiederum nicht, dass die Erzieher/innen den Kindern ihre Entscheidungen abnehmen sollen.
- Gefordert ist die Kunst des „aktiven Zuhörens" und vor allem die Geduld, den oft mühsamen Lösungsprozess von Konflikten durch die Kinder selbst durch Nachfragen, Bitten um Erläuterungen und sparsames Setzen von Impulsen voranzubringen.
- Bei diesem Weg kommt es vor allem darauf an, gemeinsam mit den Kindern feste Regeln zu erarbeiten, deren Einhaltung sie dann selbst mit überwachen sollen.
- Die Kinder werden bald erkennen, dass man Streitfälle nur dann lösen kann, wenn man die Standpunkte aller Beteiligten zu verstehen – was nicht mit billigen gleichzusetzen ist – sucht.
- Damit ist die zuletzt genannte Entwicklungsaufgabe „Die Welt mit den Augen des Anderen sehen" angesprochen. Erzieher/innen können dies fördern,
  - indem sie darauf achten, dass alle Seiten zu Wort kommen,
  - indem sie Rollenspiele anregen, bei denen die Position der Gegenpartei eingenommen werden soll,

---

[57] Krappmann, L.: Auf dem Weg zu sich selbst. Zur Entwicklung der Sechs- bis Zwölfjährigen. In: Welt des Kindes, 62, 1984, 4, S. 270 ff.

– indem sie nicht nur die verbale und hier eventuell einseitig die kognitive Ebene betonen, sondern vor allem auch den emotionalen Bereich in den Vordergrund rücken und hier die Möglichkeiten des Ausdrucks im kreativ-künstlerischen Bereich nutzen.

Besondere Aufmerksamkeit ist vor allem den Kindern zu schenken, „die am Rande stehen, sei es, dass sie nicht beachtet, sei es, dass sie wegen ihres störenden Verhaltens zurückgewiesen werden."[58]

---

58 Bundesministerium für Familie, Senioren, Frauen und Jugend (Hrsg.): Zehnter Kinder- und Jugendbericht. Bericht über die Lebenssituation von Kindern und die Leistungen der Kinderhilfen in Deutschland. Bonner Universitäts-Buchdruckerei: Bonn 1998, S. 36

3.3 Wissenskompetenz

3.3.1 Worum es bei Wissenskompetenz geht
Karlheinz Kaplan

Die Wissenskompetenz umfasst insbesondere
• Basiswissen über alle wichtigen Lebensbereiche, um
– sein Leben in den Bereichen Familie, Arbeit und Freizeit selbstbestimmt gestalten,
– mit Medien kompetent umgehen,
– sich umweltfreundlich verhalten,
– naturwissenschaftliche Vorgänge und Zusammenhänge verstehen,
– sich in fremden Kulturkreisen zurecht finden,
– sich an demokratischen Prozessen beteiligen und
– sich im gesellschaftlichen Diskurs und im interdisziplinären Fachaustausch einbringen
zu können,
• gute Erst-, Zweit- und Fremdsprachenkenntnisse, um sich mit Menschen aus dem eigenen und aus anderen Sprachräumen verständigen zu können, sowie
• fundierte Kenntnisse in bestimmten Lebensbereichen, die den Neigungen und Fähigkeiten eines Menschen entsprechen und für seine Lebensperspektive von besonderer Bedeutung sind.

Die Vermittlung von Kulturtechniken und Basiswissen in verschiedenen Fachdisziplinen ist der Schule vorbehalten.

Die Empfehlungen verweisen hier darauf, dass es bei Wissenskompetenz nicht um das Anhäufen von „totem Buchwissen" geht. Allerdings fällt es den Kindern oft schwer, hinter der Fülle von vermitteltem Unterrichtsstoff einen Sinn zu erkennen. Ihnen wird dann oft die klassische Weisheit entgegengehalten: „Non scholae, sed vitae discimus" – „Nicht für die Schule, für das Leben lernen wir", wobei sich die Schüler/innen aber nicht des Eindrucks erwehren können, sie würden auf ein vages „Später" vertröstet, das mit der lebendigen Gegenwart recht wenig zu tun hat. Tenorth macht hier folgende interessante Anmerkung: „An der wahrscheinlichen Ursprungsstelle, bei Seneca und in seinem 106. Brief, lautet die These – kritisch gegen die Schule gewandt – noch umgekehrt: ‚Non vitae, sed scholae discimus' – und selbstverständlich jeder, der über das Transfer-Problem schreibt, zitiert diesen Satz (und Seneca falsch)."[59]

Hortfachkräfte sollen nicht als „die besseren Lehrer/innen" in Konkurrenz zur Schule treten. Wohl aber können sie dazu beitragen, dass für die Kinder die schulischen Anforderungen nicht nur als lästige Pflichtübungen angesehen werden. Neben der Schaffung guter Rahmenbedingungen für die Hausaufgabenerledigung ist hier das Aufgreifen schulischer Themenstellungen in neuen Zusammenhängen zu nennen.

3.3.2 Wie Wissenskompetenz gefördert werden kann
Bernd Becker-Gebhard

Hortfachkräfte sollen Kinder bei der Wissensaneignung unterstützen und insbesondere Wissens- und Kenntnisbereiche in neuen Zusammenhängen thematisieren. Sie sollen ihre Art der Wissensvermittlung an der Neugier, dem Experimentierverhalten, der Unbefangenheit und der Erfinderbereitschaft der Kinder orientieren.

Dabei wird empfohlen, Interessen und Neigungen der Kinder (z.B. Computer, Musik, Kunst, Sport) angemessen zu berücksichtigen. Damit werden ihnen Zugänge zu Wissensbereichen eröffnet, mit denen sie möglicherweise weder in ihrer Familie noch in ihrer Schule in Berührung kommen. Alle Formen kreativen Gestaltens und der Förderung der Ausdrucksmöglichkeiten sollen genutzt werden. Auf diese Weise fördert die Vermittlung von Wissenskompetenz auch die Chancengleichheit.

---

[59] Tenorth, Heinz-Elmar: „Alle alles zu lehren". Möglichkeiten und Perspektiven allgemeiner Bildung. Wiss. Buchgesellschaft: Darmstadt 1994, S. 105 f.

Die Vermittlung von grundlegenden Fertigkeiten wie Lesen, Rechnen und Schreiben, die Aneignung von Kenntnissen über die Natur (Tiere, Pflanzen, Landschaften, Wasser, Luft, Feuer, Erde etc.), Bewegungserziehung als Sportunterricht sowie die Förderung der Ausdrucks- und Empfindungsmöglichkeiten im Rahmen musischer Erziehung ist in erster Linie Aufgabe des Schulunterrichts und wird anschließend zum Teil in Gestalt der Hausaufgaben auch Thema des Hortes.

Die Experten der Delphi-Studie betonen, dass die gegenwärtig vorhandenen Bildungseinrichtungen vor allem auf die Vermittlung von Spezialwissen und Wissen in Disziplinen konzentriert sind, übergreifendes Wissen und Folgewissen jedoch vernachlässigt wird. Es sollte ein größeres Gewicht darauf gelegt werden, Wissen zu vermitteln, das im Zusammenhang mit der Bewältigung von Problemen in der Natur oder in der Gesellschaft entstanden ist. Wissen über aktuelle Fragen und inhaltliche Grundlagen sollte im Vordergrund stehen.

Horte haben die Chance, Wissens- und Kenntnisbereiche in neuen Zusammenhängen zu thematisieren. Sie können ihre Art der Wissensvermittlung an der Neugier, dem Ausprobieren-Wollen, der Unbefangenheit und der Erfinderbereitschaft der Kinder orientieren. Sie können in Projekten Kinder z.B. konkret erfahren lassen, warum Wasser gefrieren kann, was geschieht, wenn es gestaut wird, woraus Wasser besteht, was untergeht und was schwimmen kann, was in kleinen Bächen an Pflanzen und Tieren zu finden ist.

Horte können Kindern durch ihre Angebote den Umgang mit Holz, mit Farbpigmenten, Gips, Flüssigkeiten, Papieren, Pflanzen, Erde, Steinen, Werkzeugen, Pinsel, Scheren, Bohrer, Sägen, Schrauben, Nägeln, Kleiderstoffen etc. ermöglichen und sie zu einem selbstständigen Erkunden ihrer Beschaffenheit und Eigenschaften durch Mischen, Zerteilen, Zerkleinern, Zerschneiden, Kleben, Zusammenfügen, Formen, Wiegen, Ausmessen, Fotografieren etc. ermutigen.

Sie können Kinder über verschiedene Ausdrucksmöglichkeiten informieren und mit ihnen über ihre eigenen Ausdrucksmöglichkeiten sprechen. Sie können mit ihnen ein Theaterstück oder einen Film anschauen, um unterschiedliche Ausdrucksformen kennen zu lernen. Über Porträtaufnahmen oder mit Videoaufnahmen von Spielszenen, in denen z.B. Gefühle wie Ärger, große Freude, Erstaunen, Traurigkeit, Angst geäußert werden, können Kinder Wissen über dieses Thema erwerben und gleichzeitig einen Zugang bzw. ein Verständnis für die eigenen Gefühle bekommen.

Donata Elschenbroich[60] hat einen Katalog über das „Welt-Wissen" von siebenjährigen Kindern erstellt, der eine Reihe von Wissensinhalten und Kenntnissen bzw. Fähigkeiten umfasst und eine Anregung für das Thema Wissen im Hort darstellen kann. Zu diesen Anregungen gehören:

- eine Nachtwanderung und die Betrachtung von Sternbildern;
- Kenntnisse von der Blindenschrift und der Gehörlosensprache;
- Erfahrungen mit dem Bau eines Musikinstruments;
- das Erleben von Stille als Musik;
- das Wickeln eines Babys;
- wissen und erleben, was dem eigenen Körper gut tut;
- Erfahrungen beim Bau einer Mauer;
- der Blick durch ein Teleskop;
- Wissen über Grundwasser;
- Erfahrungen mit dem Computer;
- Formen der Begrüßung in zwei Kulturen darstellen;
- ein Gedicht auswendig kennen;
- zwei Zaubertricks beherrschen;
- zwei Kochrezepte umsetzen;
- etwas reparieren können;
- einen Streit darstellen können;

- etwas aus dem Leben der Großeltern erzählen können;
- einen Experten oder Künstler bei der Arbeit sehen;
- ein Gotteshaus kennen;
- einem Publikum etwas vortragen;
- wissen, was eine innere Stimme ist;
- wissen, was Gastfreundschaft bedeutet;
- wissen, was ein Geheimnis ist;
- den Unterschied zwischen dem Sachwert und dem Gefühlswert von Dingen kennen.

---

[60] Elschenbroich, Donata: Forscher, Künstler und Erfinder. Ein Vorschlag zum Welt-Wissen von Siebenjährigen. In: Welt des Kindes, 1999, 3, S. 22–25

3.4 Lernkompetenz

3.4.1 Worum es bei Lernkompetenz geht
Karlheinz Kaplan

> Lernkompetenz ist das Wissen, wie man Wissen erwerben kann und die Fähigkeit zu lernen. Sie umfasst
>
> - die Bereitschaft zu und die Freude an lebenslangem Lernen,
> - das Wissen, wo und wie man sich Informationen beschaffen kann (einschließlich der Nutzung moderner Medien),
> - das Beherrschen der Kulturtechniken Lesen, Schreiben, Rechnen sowie Entschlüsseln der Bildsprache,
> - die Kenntnis von Grundmethoden der verschiedenen Fachdisziplinen,
> - das Beherrschen von Lern- und Arbeitstechniken.

Bei der Befragung von Bildungsexperten im Rahmen der Delphi-Studie hinsichtlich der Bedeutung zentraler Kernkompetenzen nahm *die lerntechnische/lernmethodische Kompetenz* im Bereich Schule/Allgemeinbildung einen Spitzenplatz ein.

„Als Argumente für diese hohe Bewertung benennen die Experten unter anderem die Notwendigkeit zu lebenslangem Lernen angesichts immer kürzerer Halbwertszeiten des Wissens, die sich stetig wandelnden Anforderungen der Arbeits- und Berufswelt und in der Gesellschaft sowie die wachsende Bedeutung eigenverantwortlichen und selbstgesteuerten Lernens. Positive Ansätze attestiert man im schulischen Bereich fast ausschließlich Reformschulmodellen; in der ‚regulären‘ Schule stünden – bei großen Unterschiede (sic!) zwischen und zum Teil auch innerhalb von Schulen – im Allgemeinen nach wie vor der Erwerb und die Vermittlung von Lernkompetenz hinter einem ‚Abfüllen‘ mit Fachinhalten weit zurück. In der Wissensgesellschaft des Jahres 2020 müsse der Einzelne lernen, die Komplexität von Informationen zu reduzieren, zu vereinfachen und sich zu Eigen zu machen, sich also in ‚unbekanntem Gelände‘ zu orientieren. Den Zugang erschließen, auswählen, sortieren, bewerten, entscheiden: Ohne diese Fähigkeiten, so die Experten, falle der Einzelne schnell durch das Netz der Anforderungen."[61]

---

[61] Stock, J., Wolff, H., Kuwan, H., Waschbüsch, E.: Delphi-Befragung 1996/1998 „Potentiale und Dimensionen der Wissensgesellschaft – Auswirkungen auf Bildungsprozesse und Bildungsstrukturen" – Integrierter Abschlussbericht – Prognos AG/Infratest Burke Sozialforschung GmbH & Co.: Basel/München 1998, S. 64

3.4.2 Wie Lernkompetenz gefördert werden kann

Kinder sollen sich im Rahmen der Hausaufgabenbetreuung im Hort Lerntechniken aneignen. Hortfachkräfte leiten die Kinder an, wie man Arbeitszeit und -aufgaben richtig einteilt, zwischen arbeitsintensiven und Entspannungsphasen wechselt, welche Hilfsmittel man einsetzen kann (z.B. Lexika, Sachbücher, Internet) und wie man den Wissensstoff besser strukturiert (Arbeit mit Farbmarkierungen, Heftführung, Zettelkästen, Computerdateien usw.).

Kinder lernen im Hort Fragen zu stellen. Wer eine Frage stellen kann, ist der Lösung seiner Aufgabe schon ein Stück näher gekommen. Fragesteller werden nicht zurückgewiesen. Hortfachkräfte lassen selbst Fragen zu, welche auf den ersten Blick wenig Sinn ergeben. Projektarbeit ist im Hort eine geeignete Methode, sich mit den Fragen der Kinder auseinander zu setzen und die Fähigkeit zu eigenverantwortlichem und selbstgesteuertem Lernen zu fördern.

Hausaufgabenbetreuung
Karlheinz Kaplan[62]

Der Hort hat die Aufgabe, Kinder und Jugendliche in ihrer Gesamtentwicklung, zu der auch der schulische Leistungsbereich gehört, bestmöglich zu fördern. Er ist aber kein verlängerter Arm der Schule, kein Nachhilfe- oder Paukstudio. Konzeptionell bedingt und personenabhängig gestaltet jeder Hort seine Hausaufgabenbetreuung unterschiedlich. In der Praxis sind vor allem drei Gestaltungsformen für die Erledigung der Hausaufgaben anzutreffen:
- direkt nach dem Mittagessen;
- nach einer Mittagspause;
- nach eigener Entscheidung der Kinder.

Bei allen drei Formen kann noch zusätzlich unterschieden werden, ob die Hausaufgabenerledigung mit oder ohne Zeitbegrenzung erfolgt.

Für die erste Form der Hausaufgabenerledigung entscheiden sich Hortfachkräfte vor allem mit dem Argument, dass dadurch die Freizeitphase nicht nochmals aufgespalten wird und daher eher gemeinsame Aktionen und Projekte ermöglicht werden. Auch gibt es viele Schüler/innen, die am liebsten ihre Schulaufgaben gleich erledigen möchten,

---

[62] unter Nutzung der Materialien von Freia Wagner

punkt geschieht. Durch die Verdauungstätigkeit sinkt die Leistungskurve stark ab. Müdigkeit, Konzentrationsstörungen und Lustlosigkeit können die Folge sein.

Die Erledigung der Hausaufgaben nach einer Mittagspause dürfte am häufigsten anzutreffen sein. Vor allem für jüngere Kinder bietet ein klar strukturierter Tagesablauf eine Orientierungshilfe und das Gefühl der Sicherheit. Gemäß der kultusministeriellen Richtlinien sollte die Hausaufgabenzeit auf ein vertretbares Maß beschränkt werden. Wenn (einzelne) Kinder in dieser Zeit nicht fertig werden konnten, kann dies in einem Mitteilungsheft für Schule und Eltern vermerkt werden. Für die Lehrer/innen ist dies eine wichtige Rückmeldung, ob die gestellten Aufgaben hinsichtlich Umfang und Schwierigkeitsgrad richtig dosiert waren. Sobald die Kinder eine gewisse Sicherheit gegenüber den für sie zunächst neuen Anforderungen der Schule erlangt und zu einer entsprechenden Arbeitshaltung gefunden haben, sollte schrittweise die Erledigung der Hausaufgaben nach eigener Entscheidung der Kinder zunächst noch mit zeitlicher Begrenzung, dann innerhalb eines weiter gespannten Zeitrahmens erfolgen. Bei älteren Kindern und Jugendlichen kann dieser dann gänzlich entfallen.

Durch die freie Entscheidung des Kindes über den Beginn der Hausaufgabenerledigung wird es ganz enorm in seiner Entwick-

damit sie dann ungestört spielen oder sonst etwas unternehmen können. Unterstützt werden sie in dieser Haltung durch Eltern, die selbst nach dem Grundsatz erzogen wurden: „Erst die Arbeit, dann das Spiel." Kritisch muss jedoch eingewendet werden, dass die Erledigung der Hausaufgaben unmittelbar oder kurze Zeit nach dem Mittagessen zu einem physiologisch ungünstigen Zeitlung zur Selbstständigkeit gefördert. Es lernt, seinen Bedürfnissen Raum zu geben, indem es seinen Tagesablauf teilweise eigenständig gestaltet. Am Anfang bedarf es sicherlich noch der Hilfestellung seitens der Erzieher/innen, da Kinder ja bekanntlich Raum und Zeit vergessen können. Mit zunehmender Übung können sie jedoch ihre eigenen Fähigkeiten bald einschätzen und wissen dann sehr genau, wie viel Zeit und wie viel Unterstützung sie brauchen. Erzieher/innen müssen durch diese Hausaufgabenform ihre Arbeit zwar anders organisieren. Es ergeben sich jedoch unbestreitbare Vorteile. Statt im Gleichschritt mit einer (häufig wenig motivierten) Großgruppe zu arbeiten, ist es in Kleingruppen möglich, einzelne Kinder gezielter zu unterstützen.

Hausaufgaben sollen von den Schüler/innen selbstständig erledigt werden. Wenn sie dazu nicht in der Lage sind, ist dies für die Lehrer/innen ein wichtiger Hinweis, dass entweder für alle Schüler/innen der Lehrstoff noch eingehender erarbeitet oder für bestimmte Gruppen besondere Fördermaßnahmen ergriffen werden müssen. Sorgen dagegen Hortfachkräfte und Eltern dafür, dass nur vollständige und fehlerfreie Aufgaben abgeliefert werden, bestärken sie die Lehrer/innen in der Annahme, dass die Schüler/innen alles verstanden haben und im Lehrstoff fortgefahren werden kann.

Die Unterstützung der Hortfachkräfte besteht vor allem in der Schaffung günstiger Lernbedingungen. Hierzu gehören:

- Bereitstellung eines ruhigen und geordneten Arbeitsplatzes mit kind- und arbeitsgerechtem Mobiliar;
- individuelle Ausgestaltung des Arbeitsplatzes, um eine Atmosphäre der Sicherheit und Geborgenheit zu erzeugen;
- als Ansprechpartner zur Verfügung stehen;
- Anleitung zu einer richtigen Arbeits- und Zeiteinteilung (Festlegen einer Rangfolge von Aufgaben, Berücksichtigung eines Wechsels von arbeitsintensiven und Entspannungs-Phasen);
- Vermittlung von Lern- und Arbeitstechniken in Absprache mit der Schule (z.B. Heftführung, Benutzung von Hilfsmitteln wie Lexika usw.);
- Angebot von Lernspielen, Sachbüchern, Anschauungsmaterial;
- Ermutigung zu gegenseitiger Hilfestellung (Partner- und Kleingruppenarbeit, ältere Schüler/innen helfen jüngeren);
- Zusammenarbeit mit Schule und Elternhaus, um bei der Hausaufgabenerledigung eine gemeinsame Linie zu verfolgen;
- nicht nur die Probleme und Schwierigkeiten bei den Hausaufgaben thematisieren sondern auch die Fortschritte und Erfolge der Kinder;

- Hospitationen der Hortfachkräfte in den jeweiligen Klassen, um das Vorgehen der Lehrer/innen kennen zu lernen;
- Einladung der Lehrer/innen zur Hospitation im Hort, damit diese sich ein realistisches Bild über die Hausaufgabensituation machen können;
- Erziehung der Schüler/innen zu Verantwortungsbewusstsein, aber auch Unterstützung darin, ihr Arbeitsergebnis gegenüber den Lehrkräften zu vertreten.

Das Thema „Hausaufgaben" enthält wegen der Vielfältigkeit der dazu von Eltern, Kindern, Lehrer/innen und Erzieher/innen vertretenen Perspektiven reichlich Zündstoff.[63] Es bleibt Aufgabe einer jeden Horteinrichtung, unter Einbeziehung aller Beteiligten wie auch im Rahmen der Schwerpunktsetzung des einrichtungsspezifischen Konzepts hier einen eigenen Weg zur Umsetzung zu entwickeln.

3.5 Besondere Schwerpunktsetzungen

Die Vermittlung von Schlüsselkompetenzen prägt als Erziehungs- und Bildungsprinzip die gesamte Hortarbeit mit Kindern. Die Einrichtungen sollen darüber hinaus thematische Schwerpunkte setzen. Von besonderer Bedeutung für eine zukunftsorientierte Arbeit in jedem Hort sind:

3.5.1 Interkulturelle Kompetenz
Michaela Ulich

Der Hort leistet einen erheblichen Beitrag zur Integration von Kindern mit Migrationshintergrund. Grundlage hierfür ist die interkulturelle Kompetenz im Sinne einer Erweiterung der sozialen Kompetenz: Es geht um das soziale Miteinander von Menschen, die verschiedenen Kultur- und Sprachgruppen angehören. Entscheidend ist die Erkenntnis, dass die eigene Sichtweise als eine Perspektive unter anderen möglichen gesehen wird. Die Hortpädagogik berücksichtigt, dass in den letzten Jahren die Zahl der Kinder mit Migrationshintergrund in Horten kontinuierlich gestiegen ist. Der Entstehung und Verfestigung von Vorurteilen entgegengewirkt.

---

[63] vgl. Rekow, A., Säbel, J.-P., Becker-Gebhard, B., Kaplan, K.: Hausaufgabenbetreuung. In: Kaplan, K./ Becker-Gebhard, B. (Hrsg.): Handbuch der Hortpädagogik. Lambertus: Freiburg i. Br. ²1999, S. 269 ff.

Interkulturelle Arbeit trägt dazu bei, Toleranz, Empathie und Kooperationsfähigkeit zu entwickeln. Erforderlich ist eine bewusste Kulturpädagogik, eine Erziehung zu sprachlicher und kultureller Aufgeschlossenheit, die die Eigenständigkeit, Wertschätzung und Präsenz anderer Kulturen und Sprachen bewusst macht.

Im Kontext von mobilen, kulturell und sprachlich heterogenen Gesellschaften und der fortschreitenden Internationalisierung des öffentlichen und privaten Lebens wird „interkulturelle Kompetenz" zu einer Schlüsselkompetenz für künftige Generationen. Interkulturelles Lernen betrifft gleichermaßen pädagogische Fachkräfte, Eltern und Kinder, „Inländer", „Ausländer" und ethnische Minderheiten. Interkulturelle Kompetenz ist ein mehr-dimensionales Konzept, das verschiedene Fähigkeiten, Einstellungen und Lernprozesse anspricht. Wesentliche Dimensionen sind:

* „*Kulturelle Aufgeschlossenheit und Neugierde*"
Hier gilt es, Distanz und Abgrenzungstendenzen abzubauen und selbstverständliche Kontakte zwischen den Kultur- und Sprachgruppen und vielfältige Formen des Kulturaustauschs einzuüben. Die Präsenz und Wertschätzung verschiedener Sprachen und Kulturen innerhalb der eigenen Gruppe, im näheren und weiteren Umkreis werden selbstverständlich.

* *Zweisprachigkeit und Mehrsprachigkeit als Entwicklungschance und Normalfall*
Zweisprachiges und mehrsprachiges Aufwachsen werden hierzulande immer noch als etwas Außergewöhnliches betrachtet, obgleich mehr als die Hälfte der Weltbevölkerung zwei- und mehrsprachig aufwächst. Pädagogische Fachkräfte benötigen ein Konzept von Sprachförderung, das sich nicht nur auf Sprachdefizite fixiert, sondern auch die spezifischen Kompetenzen von mehrsprachig aufwachsenden Kindern fördert und diese als Chance für die ganze Kindergruppe nutzt.

* „*Fremdheitskompetenz*"
Diese beinhaltet perspektivisches Denken und Ambiguitätstoleranz. Die eigene Sichtweise wird als eine Perspektive unter anderen möglichen gesehen. Unterschiede zwischen den verschiedenen Lebensformen werden dann nicht mehr geleugnet, es wird vielmehr das Bewusstsein für *verbindende* Fragen und Probleme geschärft, die jeweils *unterschiedlich* wahrgenommen werden.[64]

---

[64] Jakubeit, G./Schattenhofer K.: Fremdheitskompetenz. In: Neue Praxis, 1996, 5, S. 389–408

Nicht nur verstehende Nähe, auch respektvolle Distanz gilt es einzuüben. Dazu gehört das Bewusstsein vom Zusammenleben *verschiedener* Kulturen, die in ihren Traditionen und Lebensformen nicht gänzlich verstanden werden können. Das bedeutet, dass die Grenzen der eigenen Deutungen und Verstehensprozesse wahrgenommen und akzeptiert werden.[65]

- *Sensibilität für unterschiedliche Formen von Ethnozentrismus und Diskriminierung*

Diese betrifft nicht nur explizite Äußerungen von Fremdenfeindlichkeit, sondern auch subtilere Formen der Kränkung, des „Übersehens" oder des Deutungsmonopols im Umgang mit sozialen Randgruppen und ethnischen Minderheiten.

Die nachfolgenden Ausführungen zeigen, wie sich diese Leitvorstellungen in die Praxis umsetzen lassen.

---

[65] Hunfeld, H.: Zur Normalität des Fremden: Voraussetzungen eines Lehrplans für interkulturelles Lernen. BMW AG (Hrsg.): LIFE. Ideen und Materialien für interkulturelles Lernen. BMW AG: München, 1997, S. 1–10, Abschnitt 1.1.1;
Ulich, M.: Taking a new look at cultural attitudes in multilingual settings: Stories and storying in teacher training. International Journal of Educational Research 29, 1998, S. 25–39

Um interkulturelle Erziehung zu verwirklichen, sollen sich Hortfachkräfte mit den in ihrer Einrichtung vertretenen Sprachen, Kulturen und Religionen sowie den verschiedenen Familiensituationen ihrer Kinder auseinander setzen. Nur auf dieser Basis können sie ein entsprechend differenziertes pädagogisches Angebot vorbereiten.

Gruppenzusammensetzung – Übersicht und Dokumentation

Im SGB VIII (§ 22) wird für Tageseinrichtungen der Grundsatz formuliert, „das Leistungsangebot soll sich pädagogisch und organisatorisch an den Bedürfnissen der Kinder und ihrer Familien orientieren". Damit stellt sich sogleich die Frage nach der Gruppenzusammensetzung. Wichtig und notwendig für Fachkräfte ist eine Übersicht der in der Gruppe vertretenen Sprachen und Kulturen. Die offizielle Statistik, die Kinder nach ihrer aktuellen Staatsangehörigkeit führt, ist nicht ausreichend. Ebenso wichtig ist die Kenntnis der individuellen Migrationsbiografien von Familien – auch bei deutschen Kindern aus bilingualen Ehen oder bei Aussiedlerkindern. Ein differenziertes, familiengerechtes interkulturelles Angebot setzt eine übersichtliche Dokumentation zur Familiensituation des Kindes voraus. Leitfragen eines solchen „Kinderbogens" sind:

- Seit wann sind die Eltern in Deutschland?
- Seit wann ist das Kind in Deutschland?
- Aus welcher Herkunftskultur stammt die Familie?
- Wie ist die Religionszugehörigkeit?
- Welche Sprache (oder Sprachen) spricht die Mutter/der Vater mit dem Kind?
- Welche Sprache(n) sprechen die Geschwister untereinander?
- Wie sind die sozialen Kontakte der Familie (innerhalb der eigenen ethnischen Gruppe, mit anderen Ethnien, mit deutschen Familien und Kindern)?

Diese Art von systematischer kindbezogener und gruppenbezogener Übersicht – mit schriftlicher Dokumentation – ist bisher nicht selbstverständlich.[66] Sie ist aber ein wesentlicher Schritt, um sich einen Überblick über alle Kinder in der Gruppe zu verschaffen und ein differenziertes Angebot vorzubereiten.

Die Reflexion gängiger Bilder von Migrantenkindern – Belastungen und Entwicklungschancen

Eine Leitmetapher, die nach wie vor die Medien und die pädagogische Szene beherrscht, ist das Bild von Kindern *zwischen* zwei Welten, von Kindern, die täglich von Kulturkonflikten überwältigt werden.[67] Mit einem solchen Bild im Kopf betone ich als Pädagoge oder Pädagogin die Kluft zwischen Familie und Regeleinrichtung – sowohl in meinen Erwartungen als auch in meinem Verhalten gegenüber Migrantenkindern. Hier soll nicht geleugnet werden, dass Kulturkonflikte für viele Kinder sehr belastend, manchmal sogar überwältigend sein können. Problematisch ist vielmehr der auf Kulturkonflikte fixierte Blick des Inländers.

Einige Migrantenkinder, ebenso wie Kinder der dominanten Kultur, lernen in verschiedenen Welten zu leben. Dies gehört zu ihrer Identität, zu ihren Schwierigkeiten *und* zu ihren besonderen Kompetenzen. Wir können heute nicht mehr von bruchlosen einheitlichen Räumen und Identitäten ausge-

---

[66] Ulich, M./Mayr, T.: Beobachtung und Professionalität. In: Colberg-Schrader, H. u.a.: Kinder in Tageseinrichtungen. Ein Handbuch für Erzieherinnen. Kallmeyersche Verlagsbuchhandlung: Seelze/Velber 1999
Ulich, M./Mayr, T.: Observing Children in German Daycare Centres: Practioner's attitudes and practices. International Journal of early Years Education, Vol 7, 1999, 1, S. 25–37

[67] Ulich, M.: Woher kommen die Bilder im Kopf? In: Kindergarten heute, 24, 1994 (1), S. 3–9;
Ulich, M.: Taking a new look at cultural attitudes in multilingual settings: Stories and storying in teacher training. International Journal of Educational Research 29, 1998, S. 25–39

und zweisprachige Kinder in besonderem Maße entwickeln können. Für diese Kinder wird es schwerer, diese Fähigkeit zu entwickeln, wenn wir uns auf ihre Kulturkonflikte fixieren und ihnen unbewusst vermitteln, dass wir nur in einer einheitlichen Welt leben können oder leben sollten – in einer Welt ohne Widersprüche. Pädagogen und Eltern brauchen heute ein Konzept von kultureller Identität, das Widersprüche zulässt – dann wird es auch für die betroffenen Kinder leichter, mit Widersprüchen zu leben, mit verschiedenen Erwartungen zu spielen und konstruktiv umzugehen.

Kulturpädagogik – und nicht nur Sozialerziehung

Interkulturelle Erziehung hat grob gesprochen zwei Schwerpunkte: einen sozial-erzieherischen und einen kultur-pädagogischen – Ansätze, die eng zusammenhängen, aber nicht identisch sind. Zum Selbstverständnis von Erzieherinnen gehört vor allem der sozial-erzieherische Ansatz. Damit wird die interkulturelle Erziehung tendenziell dem größeren Komplex „Entwicklung des Sozialverhaltens" zugeordnet. Wesentliche Ziele sind hier Toleranz, Empathie, Kooperation. Dieser Zugang ist sehr wichtig, aber er ist ergänzungsbedürftig. Eine bewusste Kulturpädagogik ist erforderlich, eine Erziehung zu sprachlicher und kultureller Aufgeschlossenheit, die die Eigenständigkeit,

hen. Auch ein deutsches Kind bewegt sich häufig in ganz unterschiedlichen Systemen – bei der Oma, in der Stieffamilie und beim leiblichen Vater. Die Fähigkeit, sich in verschiedenen Welten zurechtzufinden und Übergänge zu bewältigen, ist heute eine Schlüsselkompetenz, und dies ist eine Fähigkeit, die selbstbewusste bikulturelle

Wertschätzung und Präsenz anderer Kulturen und Sprachen bewusst macht, und zwar *innerhalb* des institutionell anerkannten Rahmens, innerhalb des pädagogischen Angebots.

Die Thematisierung von Vor-Urteilen: Impulse anstelle von Belehrungen

Bereits im Vorschulalter – und noch deutlicher im Grundschulalter – entwickeln Kinder Bilder von anderen Kulturen und Rassen. Mit Kindern – und auch mit Erwachsenen – direkt über ihre Vorurteile oder über die Geringschätzung anderer Kulturen zu sprechen, ist oft schwierig, manchmal peinlich. Sinnvoller ist hier die indirekte Methode, zum Beispiel die Arbeit mit Geschichten und Bildern – ob als Foto, Film, Theater, Hörspiel oder Text.[68] Mit Geschichten und Bildern werden Kinder nicht so direkt und persönlich mit diesem Thema konfrontiert und sie werden zugleich emotional angesprochen. Fantasiewelten erlauben Distanz und lassen mehr Spielraum für individuelle Deutungen, Projektionen und

---

[68] Cohen, P.: Verbotene Spiele. Theorie und Praxis antirassistischer Erziehung. Hamburg: Argument, 1994; Ulich, M.: Von der Arbeit mit Bildern und Geschichten – Interkulturelle Begegnungen im Hort. In: Kaplan, K. / Becker-Gebhard, B. (Hrsg.): Handbuch der Hortpädagogik. Freiburg i. Br.: Lambertus 1997, S. 120–133

Reaktionen von Kindern. Sie sprechen Gefühle an, sind Impuls und nicht Belehrung.

Der Hort als Ort der Integration von Minderheiten – Zukunftsperspektiven

Integration geht von der Vorstellung einer Regeleinrichtung aus, die Minderheiten (ethnische, sprachliche, oder religiöse Minderheiten, soziale Randgruppen, Risikokinder, behinderte Kinder usw.) integriert, damit sie sich als gleichberechtigte Mitglieder in der Majoritätsgesellschaft behaupten können.

Es gibt keine zuverlässige und umfassende Statistik über den Anteil von Migrantenkindern in Horten in Bayern. Geschätzt wird ein Anteil von 35 % ausländischen Kindern im Landesdurchschnitt, 50–60 % in Ballungsgebieten. Diese Schätzungen beziehen sich nur auf Kinder mit ausländischem Pass, so dass der Anteil von Migrantenkindern de facto höher sein dürfte. In sozialen Brennpunkten, bei Hortgruppen, mit vielleicht nur 20 % deutschen Kindern und zusätzlich einem überproportional hohen Anteil von Risikokindern – stellt sich die Frage nach dem Integrationspotenzial der Einrichtung sehr dringlich. Hier sind Konzepte gefragt, die den Hort auch für Kinder der „Majorität" attraktiver machen. In anderen europäischen Ländern gibt es verschiedene Modelle von offenen Betreuungsangeboten:[69] so werden zum Beispiel zusätzlich zu der Stammgruppe auch nicht fest angemeldete Kinder unterschiedlicher Altersgruppen aufgenommen – für bestimmte Angebote oder zu bestimmten Zeiten bzw. an bestimmten Tagen. Hier könnte der Hort wichtige Anregungen aus der Jugendarbeit und der Freizeitpädagogik bekommen. Dafür müsste allerdings von Seiten der Eltern, Pädagogen und Juristen die Fixierung auf die „Aufsichtspflicht" überwunden werden zugunsten flexiblerer Modelle, die Kindern mehr Freiräume und Verantwortung zubilligen.[70]

---

[69] Netzwerk der Europäischen Kommission für Kinderbetreuung (Hrsg.): Die Betreuung von Schulkindern in der Europäischen Union. Netzwerk der Europäischen Kommission für Kinderbetreuung, o. J.

[70] Oberhuemer, P., Ulich, M., Soltendieck, M.: Kulturenvielfalt in Kindertageseinrichtungen. Empfehlungen an Träger und Trägerorganisationen. In: KiTa aktuell (BY) 1999, 11, Heft 4, S. 89–91

3.5.2 Sprachkompetenz
Michaela Ulich

Horte leisten einen wichtigen Beitrag zur Sprachförderung der Kinder. Für eine erfolgreiche Integration ist u. a. die Förderung der Ausdrucksfähigkeit von Migrantenkindern in der deutschen Sprache entscheidend. Die Förderung in der Hortgruppe geschieht nicht in Form von „Sprachkursen", sondern durch eine stärkere Betonung von sprachanregenden Angeboten und Situationen. Besonders hervorzuheben sind in diesem Zusammenhang „literacy-bezogene" Aktivitäten. Z. B. können von Kindern erzählte Geschichten zu einem Buch zusammengefasst werden. Kreative Erfahrungen rund um Erzähl- und Schriftkultur sind für sprachlich und sozial benachteiligte Kinder besonders wichtig. Dabei soll Kindern die Chance eröffnet werden, u. a. den Übergang von mündlicher Sprache zur Schriftsprache, das Geschichtenschema, den Stellenwert von Kinder- und Erzählkultur oder die Prozesse der „Dekontextualisierung" von Sprache zu erfahren. Prozesse der „Dekontextualisierung" sind beispielsweise Grundaussagen eines Textes erkennen und auf andere Lebensbereiche übertragen zu können.

Weitere sprachanregende Aktivitäten sind z. B. die Erstellung einer Hortzeitung oder eines Skripts für einen Videofilm, Malen von Comics mit Sprechblasen usw. Bei all diesen Aktivitäten geht es um die spielerische Förderung von Sprachverständnis, Sprechfreude und Ausdrucksfähigkeit.

Sprachliche Korrekturen und Verbesserungen sollten stets mit Blick auf das gemeinsame Ziel (z. B. Produktion eines Buches) erfolgen und nicht als individuelle kindbezogene Korrektur von Seiten der Hortfachkräfte.

Die öffentliche Präsenz der verschiedenen Sprachen und Kulturen

Wie präsent sind die Familiensprachen der Kinder in der Einrichtung? Sind diese für Eltern und Besucher optisch präsent – z.B. in Form von mehrsprachigen Ankündigungen, Postern usw.? Gibt es z.B. eine gut sichtbare Liste von allen Sprachen (auch Regionalsprachen), die in der Gruppe vertreten sind? All dies sind deutliche Zeichen, dass in dieser Einrichtung bzw. Gruppe Mehrsprachigkeit und Multikulturalität bewusst wahrgenommen werden. Für Kinder ist es wichtig zu erleben, wie ihre Familiensprache in der Einrichtung nicht nur in der Freundesgruppe eine Rolle spielt, sondern auch von der erwachsenen Bezugsperson – das heißt von einer anerkannten Autorität – ausdrücklich zur Kenntnis genommen und auch nach außen präsentiert wird.

Mehrsprachigkeit unter Kindern und im pädagogischen Angebot

Zweisprachigkeit und Mehrsprachigkeit sind hierzulande immer noch etwas

Besonderes, obgleich mehr als die Hälfte der Weltbevölkerung zweisprachig aufwächst und die meisten europäischen Länder sich aus mehrsprachigen Populationen zusammensetzen. Mehrsprachigkeit in Schule und Kindertageseinrichtungen als Normalfall und Lernchance zu begreifen, erfordert radikales Umdenken in einer auch heute noch grundsätzlich monolingual definierten Erzieher- und Lehrerrolle. In der Fachliteratur spricht man vom

„monolingualen Blick" auf bilinguale Kinder.[71] Ein Beispiel hierfür ist die grundsätzlich negative Sicht und Sanktionierung von Sprachmischung bzw. Sprachwechsel. Es wird übersehen, dass dies innerhalb von bilingualen oder mehrsprachigen Kinder- und Erwachsenengruppen etwas ganz Natürliches ist und dass sich dabei zum Teil sehr kreative Kommunikationsformen entwickeln, die Erzieher und Lehrer nutzen könnten.[72] Die Sprachpraxis von Migranten variiert je nach Situation, und gelegentliche Sprachmischung bedeutet nicht, dass Kinder grundsätzlich

in Bezug auf ihre verschiedenen Sprachen keine „Trennungsfähigkeit" haben. Wichtig ist vielmehr zu beobachten, ob Kinder bereit und fähig sind, in einer Sprache zu bleiben, *wenn es die Situation erfordert.* Welche Einstellungen Kinder zu anderen Sprachen und zu ihrer Familiensprache entwickeln, ist heute keine Frage des Fremdsprachenunterrichts, sie gehört in den Alltag von Kindern in Tageseinrichtungen. Es ist wichtig, dass die Familiensprachen nicht nur unter Kindern, sondern auch im Angebot einen Platz finden. Eine Möglichkeit sind fremdsprachige bzw. zweisprachige Medienangebote. Am Staatsinstitut für Frühpädagogik wurde ein solches Medienangebot für Kinder von etwa 4 bis 10 Jahren entwickelt.[73] Mit diesem Medienangebot werden nicht nur die Kinder der betreffenden Nationalität,

---

71 Baker, C.: Perceptions of Bilinguals. European Journal for Intercultural Studies, Vol. 7, 1996, No. 1, S. 45–50
Gogolin, I./Neumann, U.: Spracherwerb und Sprachentwicklung in einer zweisprachigen Lebenssituation bei monolingualer Grundorientierung der Gesellschaft. In: Arbeitskreis Neue Erziehung (Hrsg.): Erziehung – Sprache – Migration. Gutachten für den Arbeitskreis Neue Erziehung. Berlin: Arbeitskreis Neue Erziehung, 1998, S. 93–143
Grosjean, F.: The Bilingual as a Competent but Specific Speaker-Hearer. Journal of Multilingual and Multicultural Development, Vol. 6, 1985, S. 467–477
Ulich, M.: Taking a new look at cultural attitudes in multilingual settings: Stories and storying in teacher training. International Journal of Educational Research 29, 1998, S. 25–39

72 Gogolin/Neumann, a.a.O.; Dirim, I. „Var mi lan Marmelade?" Türkisch-deutscher Sprachkontakt in einer Grundschulklasse. Münster: Waxmann 1998

73 Ulich, M./Oberhuemer, P. (Hrsg.): medien interKulturell. 4 Tonkassetten und 4 Videokassetten für die interkulturelle Arbeit. Weinheim und Basel: Beltz, 1991, 1992. Zu beziehen über das Staatsinstitut für Frühpädagogik, Prinzregentenstr. 24, 80538 München; Ulich, M./Oberhuemer, P. (Hrsg.) unter Mitwirkung von Reidelhuber, A.: Es war einmal, es war keinmal... Ein multikulturelles Lese- und Arbeitsbuch. Weinheim und Basel: Beltz, 3. überarb. Aufl.1994; Ulich, M., Oberhuemer, P., Reidelhuber, A. (Hrsg.): Der Fuchs geht um... auch anderswo. Ein multikulturelles Spiel- und Arbeitsbuch. Weinheim und Basel: Beltz, 5. überarb. Aufl. 1995

sondern auch deutsche Kinder sowie Kinder anderer Sprachgruppen angesprochen. Eine weitere Möglichkeit ist die Einbeziehung von Migranteneltern oder fremdsprachigen Kollegen und Kolleginnen im pädagogischen Angebot (z.B. für die Inszenierung eines mehrsprachigen Theaterstücks); diese Erweiterung des Angebots sollte zur Regel werden und sich nicht nur auf das alljährliche Sommerfest beschränken.

Förderung der Ausdrucksfähigkeit

Die unzureichenden Deutschkenntnisse von Migrantenkindern gehören aus der Sicht von Erzieherinnen zu deren wichtigsten „Schulproblemen". Die Sprachförderung im Deutschen ist für Fachkräfte tendenziell eine Aufgabe, die sie sehr belastet.[74] Der Hort ist sicherlich nicht der richtige Ort für eine systematische Sprachförderung von Kindern. Dennoch eröffnen sich hier viele Möglichkeiten, die Ausdrucksfähigkeit von Migrantenkindern in der deutschen Sprache zu fördern. Besonders geeignet sind Aktivitäten, die Kinder dazu anregen, – ohne Angst vor Benotung – sich sprachlich zu artikulieren: Interviewspiele, eine Zeitung erstellen, ein Drehbuch schreiben, Comics mit Sprechbla-

sen usw. Wesentlich ist hier die Förderung der mündlichen und schriftlichen Ausdrucksfähigkeit mit einem gemeinsamen „nicht-schulischen" Sachbezug und Ziel (z.B. die Dramatisierung einer Erzählung für eine kleine Aufführung). Die Förderung der Ausdrucksfähigkeit ist auch ein wichtiger Beitrag zur Konfliktbewältigung – sowohl mit Blick auf die Darstellung und Mitteilung von Emotionen, als auch beim Aushandeln von Interessenkonflikten unter Kindern und in Erwachsenen-Kind-Beziehungen.

3.5.3 Kompetenz zur gewalt- und diskriminierungsfreien Konfliktbewältigung
Karlheinz Kaplan

Gewalterfahrungen in der Familie, Gewaltdarstellungen in den Medien und Gewaltanwendung unter Gleichaltrigen können Kindern den Eindruck vermitteln, dass sich soziale Konflikte handgreiflich lösen lassen. Dieser Gefahr kann durch gewaltpräventive Ansätze in allen Bildungs- und Erziehungseinrichtungen, also auch in Horten, entgegengewirkt werden.
Kinder sollen im Verlauf des Heranwachsens lernen, Handlungen, die andere schädigen, zu unterlassen. Zugleich sollen sie lernen, sich durchzusetzen. Kinder brauchen Erwachsene, die auf ihre Probleme eingehen

---

[74] Ulich, M.: Sprachförderung in mehrsprachigen Kindergruppen – Fachkräfte zwischen Anspruch und Wirklichkeit. In: KiTa aktuell, 1999, BY, Jg. 11, Heft 4, S. 83–87 oder BW Jg. 8, Heft 7/8, S. 157–161

können und mit den Kindern zusammen nach akzeptablen Konfliktlösungen suchen. Zugleich müssen Eltern in stärkerem Maße für eine gewaltfreie Erziehung sensibilisiert werden.

Es wird angeregt, in Zusammenarbeit mit Beratungsstellen und sozialen Diensten Angebote zur Gewaltprävention zu entwickeln. Da Gewalt die Kehrseite von Verhältnissen darstellt, in denen Einzelnen und Gruppen die Möglichkeit fehlt, das eigene Leben aktiv zu gestalten, ist die Beteiligung von Kindern an der Gestaltung ihrer Horträume und an der Planung der Angebote sowie des Tagesablaufs zugleich ein wichtiger Beitrag zur Gewaltprävention im Hort.

In den letzten Jahren wurde in den Medien immer wieder über Gewalt an Schulen berichtet. Die Ergebnisse zahlreicher empirischer Studien zu diesem Thema werden im Zehnten Kinder- und Jugendbericht wie folgt zusammengefasst:

„Schüler/innen, Eltern und Lehrer/innen eines beträchtlichen Teils der untersuchten Schulen waren der Auffassung, dass die Anwendung von Gewalt unter Schüler/innen und gegen Lehrer/innen zugenommen habe. Es wird auch deutlich, dass es beträchtliche Unterschiede zwischen städtischen und ländlichen Regionen gibt. Sehr oft wird geäußert, dass die Hemmschwelle heute niedriger und das Vorgehen brutaler sei. Übereinstimmung herrscht darin, dass sich Gewalt vor allem in rüdem Umgangston, Beschimpfungen und Bedrohungen äußere, also überwiegend als verbale und nonverbale Gewalt auftrete. Umfassend ist die Klage über Vandalismus, der vom nachlässigen Umgang mit Schulmaterialien über die schlechte Behandlung von Einrichtungsgegenständen bis zur gleichgültig hingenommenen Verunreinigung von Räumen und Schulhöfen reiche."[75]

Bei der Frage, wie es zu solchen Phänomenen komme, ist vor monokausalen Erklärungen zu warnen. Solche einseitigen Deutungsmuster sind etwa:

- Ein erheblicher Anteil der Kinder ist eben psychisch gestört.
- Die Kinder geben die Gewalt weiter, die sie von ihren Eltern erfahren haben.
- Die Kinder wurden von den Eltern zu rücksichtslosen Egoisten erzogen.
- Das Fernsehen mit seinen Darstellungen von Gewalt ist schuld.
- Die Schule bewirkt mit ihrem Leistungsdruck und ihren Herrschaftsstrukturen entsprechende Gegenreaktionen.

---

[75] Bundesministerium für Familie, Senioren, Frauen und Jugend (Hrsg.): Zehnter Kinder- und Jugendbericht. Bericht über die Lebenssituation von Kindern und die Leistungen der Kinderhilfen in Deutschland. Bonner Universitäts-Buchdruckerei: Bonn 1998, S. 122

Diese Reihe ließe sich noch fortsetzen. Jede dieser Behauptungen enthält natürlich einen Kern an Wahrheit, der aber nicht verabsolutiert werden darf. Vielmehr muss eine differenzierte Betrachtung erfolgen, die im konkreten Einzelfall den vorliegenden Sachverhalt genauer abklärt und sorgfältig einer Vielzahl von Faktoren nachgeht, die alle zu dem komplexen Bedingungsgefüge von Gewalt beitragen. Schließlich ist dann zu überlegen, mit welchen Maßnahmen der Entstehung von Gewalt vorgebeugt werden kann.

Zunächst stellt sich also die Frage, ob und um welche Form von Gewalt es sich eigentlich handelt. „Viele Verhaltensweisen liegen in einem Grenzbereich zwischen Gewalt und rauhem Spiel: Kinder, insbesondere Jungen, balgen miteinander, setzen Kämpfe in Szene, experimentieren damit, was andere und sie selber an Schmerz ertragen, und erkunden die Grenzen des Erlaubten nicht nur mit körperlichem Einsatz, sondern auch verbal und symbolisch. Es gehört gerade zum Reiz dieser Erfahrungen, dass sie riskant sind, extreme körperliche Beherrschung verlangen und sich in der Randzone zwischen eindeutiger Normenverletzung und eben noch hinnehmbaren Verhalten bewegen (Oswald (im Druck); Wegener-Spöhring 1995). Diese Handlungen ‚kippen' nicht selten, und es entsteht aus ihnen verletzende Gewalt."[76]

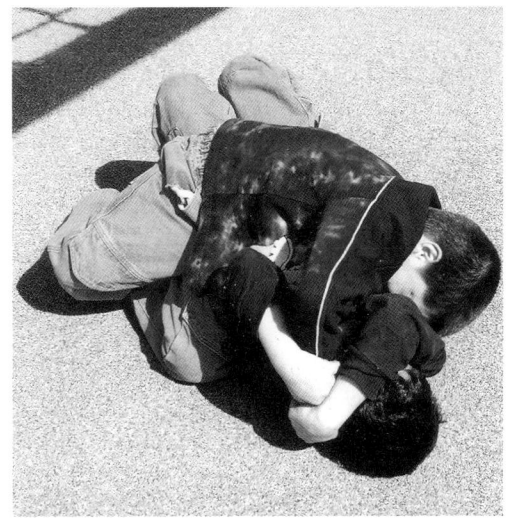

Für Kinder ist es schwierig, „dass manche Handlungen, die sie selber nur als Spiel, Spaß oder riskantes Experiment mit ihrem Können und Ertragen verstehen, von Erwachsenen unterbunden werden, oft in der wohlgemeinten Absicht, keine Gewalttätigkeit zuzulassen, aber mit der Folge für die Kinder, sich nicht verstanden zu erleben …"[77]

„Ein anderer Teil der Gewalt rührt aus misslungenen Versuchen, widerstreitende Interessen mit argumentativen Mitteln zu lösen. Dieses Misslingen kann daraus resultieren, dass ein Kind Widerspruch und Weigerung

---

[76] a.a.O., S. 120 f.
[77] a.a.O., S. 121

nicht ertragen kann, dass seine Fähigkeit, sich mit der Gegenseite konstruktiv auseinander zu setzen, nicht ausreicht oder dass Bedingungen, unter denen Streit gelöst werden muss, die Kinder überfordern (Krappmann 1994 b). Zweifellos wenden Kinder auch Gewalt an, um durch Zufügung von Schaden sowie physischem und psychischem Schmerz ein Ziel zu erreichen, eine vermeintlich gerechte Strafe zu erteilen oder durch die demonstrierte Macht, andere quälen zu können, das Selbstwertgefühl zu steigern."[78]

Bei der Analyse der Bedingungen, die zur Entstehung von Kindergewalt beitragen, geht der Zehnte Kinder- und Jugendbericht auf das Zusammenwirken insbesondere folgender Faktoren näher ein:

- *Sozioökonomische Lage der Familien*
"Schulen, die über große Probleme mit Gewalt berichten, liegen häufiger in Stadtteilbereichen, in denen die Wohnverhältnisse schlecht sind, es wenig Möglichkeiten für Aktivitäten von Kindern und Jugendlichen gibt und in denen sich Menschen mit Problemen vielerlei Art sammeln. Die Perspektivlosigkeit dieser sozialen Situation prägt vor allem die älteren Kinder und Jugendlichen."[79]

- *Beziehungen und Erziehung in Familie, Tageseinrichtung und Schule*
"Viele der Erklärungen, die Lehrern/innen und Schülern/innen zur Begründung von Gewalttätigkeiten in den Sinn kommen, verweisen auf Sozialisationsdefizite. Eine geringe Toleranz für Konflikte, die Neigung, unklaren Äußerungen oder Handlungen eher eine aggressive als eine wohlmeinende Absicht zu unterstellen (Boulton 1993), die niedrige Hemmschwelle für die Anwendung von Gewalt. Schüler sehen Gründe für Gewalt vor allem in unverarbeiteter Frustration, im Imponiergehabe von Mitschülern und in Langeweile, die Kinder und Jugendliche durch Gewalt zu vertreiben suchen (Dettenborn/Lautsch 1993). Es zeigen sich auch Zusammenhänge mit schwachen Schulleistungen."[80]

- *Schulische Einflüsse*
"Auch ein gutes Verhältnis zwischen Schülern/innen und Lehrern/innen beugt der Ausübung von Gewalt vor. Allerdings klagen Lehrerinnen und Lehrer auch über ihren Autoritätsverlust, woraus man sowohl heraushören könnte, dass diese Lehrer/innen sich nicht trauen, Grenzen zu setzen, als auch, dass sie lieber mit disziplinären Mitteln arbeiten als mit Bemühungen, die

---

[78] a.a.O.
[79] a.a.O., S. 122

[80] a.a.O., S. 122 f.

Beziehungen zu den Heranwachsenden zu verbessern. Nicht wenige Lehrkräfte fühlen sich offensichtlich im Stich gelassen, wurden und werden auf diese Aufgaben in Studium und Ausbildung nicht genug vorbereitet. Sie fühlen sich hilflos und werden auch von den Schülern so gesehen. ..." [81]

Im Folgenden sollen nun einige Wege zur Gewaltprävention in Hort und Schule aufgezeigt werden. [82] Einen guten Überblick über die Vielfalt vorhandener präventiver Ansätze und Konzepte in Deutschland bietet eine Veröffentlichung des Deutschen Jugendinstituts. [83] Es werden 16 Projekte aus verschiedenen Bundesländern vorgestellt. Dabei richten sich die präventiven Bemühungen keineswegs nur an Kinder, die bereits als delinquent aufgefallen sind. Einige Ansätze vermeiden es ganz bewusst, einzelne „böse" Kinder herauszugreifen und zu stigmatisieren. „In diesen Ansätzen geht es um die Persönlichkeitsentwicklung und Stärkung der Kinder sowie um die Stützung von Alltags-Settings. Dem Jugendhilfeanspruch, möglichst alle Kinder in ihrer individuellen und sozialen Entwicklung zu fördern, folgend, werden so ganze Schulklassen zur Zielgruppe, und delinquentes Handeln von Kindern bleibt nur eine unter mehreren möglichen Handlungsalternativen." [84]

Kritisch kann hier mit Schäfer angemerkt werden, dass bei vielen Präventionsprogrammen die verbale Auseinandersetzung mit den Kindern dominiert. „Pädagoginnen und Pädagogen setzen fast ausschließlich auf Einzelgespräche und Gesprächskreise oder Collagen und ähnliche Techniken, die auch in den Schulen vorherrschend sind. Der körperliche Aspekt, es sei denn im Sinne der Mischung von Sport- und Sozialpädagogik, wie bei KICK in Berlin oder bei KIDO® in Nürnberg, fehlt weitgehend. Nur in den erlebnispädagogischen Anteilen der Projekte scheint er etwas auf. Zaghaft wird in einigen Projekten der Kinder- und Jugendhilfe versucht, die ‚erlernte' Ausdrucksweise und Konfliktlösungskompetenz der Kinder zunächst zu akzeptieren. ... Körperliche Auseinandersetzungen zwischen Kindern (z.B. bei einer Rauferei in der Schule) werden nicht immer tatkräftig und einsatzfreu-

---

81 a.a.O., S. 123
82 Für eine vertiefte Auseinandersetzung mit der Thematik ist besonders zu empfehlen: Schubarth, Willfried: Gewaltprävention in Schule und Jugendhilfe: Theoretische Grundlagen, Empirische Ergebnisse, Praxismodelle. Luchterhand: Neuwied, Kriftel 2000
83 Arbeitsstelle Kinder- und Jugendkriminalitätsprävention (Hrsg.): Wider die Ratlosigkeit im Umgang mit Kinderdelinquenz. Präventive Ansätze und Konzepte. DJI: München 2000
84 Schäfer, H.: Zum Umgang mit delinquenten Kindern – Eine Einführung. In: Arbeitsstelle Kinder- und Jugendkriminalitätsprävention (Hrsg.), a.a.O., S. 16

dig auseinander gebracht, sondern in geregelte Bahnen gelenkt und ein fairer Kampf nach festen Regeln durchgesetzt. Erst danach wird im Gespräch mit den Kindern nach Ursachen, Hintergründen und weiteren alternativen Lösungsmöglichkeiten gesucht. Solche Ansätze gibt es bisher kaum und sie entwickeln sich derzeit eher noch im Verborgenen."[85]

Bei allen Präventionsprojekten kann hervorgehoben werden, dass der Kooperations- und Vernetzungsgedanke zu einem unverzichtbaren Prinzip geworden ist. Einen zentralen Platz nimmt hier die Zusammenarbeit mit den Eltern ein. Daneben werden aber auch Beispiele der Kooperation mit ganz unterschiedlichen Institutionen wie der Polizei und den Sportvereinen beschrieben. Das Verhältnis von Jugendhilfe und Schule wird als „fast schon traditionell eher schwierig" gekennzeichnet, wobei Schäfer auf die „strukturellen Unterschiede der verschiedenen Handlungsfelder" hinweist, die häufig nicht ausreichend berücksichtigt würden.[86]

Als ein gelungenes Beispiel der Zusammenarbeit von Hort und Schule sei demgegenüber hier von einem Projekt aus Straubing berichtet, wo an der Hauptschule der *Treff Ulrich Schmidl* (TUSCH) mit Zustimmung von Sozial- und Kultusministerium eine

spezielle Form offener Schülerbetreuung anbietet. „Hier handelt es sich um ein völlig neues – in Bayern einmaliges – Angebot, bei dem einzelne Schüler mit besonderen Konzentrationsproblemen oder mit besonderem Betreuungsbedarf auf Vorschlag des Schulleiters in der Zeit von 10.00 Uhr bis 12.00 Uhr im Hort speziell gefördert werden können. Dies kann eine intensive Einzelförderung oder eine motivierende Maßnahme, eine Beratung oder auch eine angeleitete Betätigung im Sinne einer Beschäftigungstherapie sein. Es können täglich maximal drei Schüler betreut werden."[87]
So vielfältig wie die verschiedenen Projekte sind auch die zum Einsatz kommenden Arbeitsmethoden. In der Praxis bewährt haben sich vor allem folgende Präventions-Strategien, auf die nachfolgend kurz eingegangen wird:

- Konstanzer Trainingsmodell (KTM),
- Anti-Aggressionstraining nach Franz und Ulrike Petermann,
- Schüler-Streit-Schlichtung (Mediation),
- Interventionsprogramm nach Dan Olweus.

---

[85] a. a. O., S. 17 f.
[86] a. a. O., S. 20 f.
[87] Ernst, M.: Konzept des Kinderhorts Ulrich-Schmidl. Straubing, o. J., S. 11

Konstanzer Trainingsmodell (KTM)

Das KTM wurde an der Universität Konstanz als Selbsthilfeprogramm für Lehrer/innen entwickelt, die Probleme mit störenden und aggressiven Schülerinnen und Schülern haben. Ausgehend von den subjektiven Alltagstheorien sollen die Lehrer/innen angemessene Interventions- und Präventionsmaßnahmen auswählen. Zur kritischen Überprüfung bilden zwei (oder auch mehr) Kolleg/innen ein „Trainingstandem". Bei Besuchen des Trainingspartners im Unterricht werden Entstehung von Konflikten und die Lösungsversuche protokolliert. Ein anschließendes Gespräch dient der Rekonstruktion der Situation sowie der Analyse der Reaktionen. Alternativen werden erörtert und durchgespielt. Auch die Umsetzung der Ergebnisse im Unterricht werden wieder von den Trainingspartner/innen beobachtet.

Folgende Effekte des Konstanzer Trainingsmodells wurden festgestellt: Die Lehrer/innen gewinnen mehr Selbstvertrauen für den Umgang mit Aggression und Gewalt. In Konfliktsituationen schauen sie nicht weg, sondern greifen ein. Dabei verringern sie rigide und strafende Maßnahmen, wodurch sich das Klassen- und Schulklima verbessert.

Der Nachteil des KTM liegt in seiner Konzentration auf eine Kompetenzverbesserung bei den Lehrer/innen. Zwar werden bei den Trainingselementen auch die Schüler-

sichtweisen in die Reflektionen einbezogen, die Hauptverantwortlichen für die Konfliktbewältigung bleiben aber die Lehrkräfte. Dadurch kommt der Eigenbeitrag, den die Kinder und Jugendlichen selbst zur Lösung von Problemen beitragen können, nur sehr beschränkt zur Wirkung.

Zum Konstanzer Trainingsmodell liegt eine ganze Reihe von Publikationen vor, von denen hier nur auf das vierbändige Werk von Tennstädt u. a.[88] sowie auf eine völlige Neukonzeption hingewiesen werden soll.[89]

Anti-Aggressionstraining nach Franz und Ulrike Petermann

Von dem Bremer Ärzteehepaar Petermann wurde ein Trainingsprogramm für Kinder und Jugendliche entwickelt, um Sozialkompetenz zu fördern sowie Probleme und Konflikte in Schule und Freizeit mit Gleichaltrigen oder auch mit den Eltern und Lehrer/innen zu lösen. Ausgehend von Elementen der Verhaltensmodifikation sollen aggressi-

---

[88] Tennstädt, K.-Ch., Krause, F., Humpert, W., Dann, H.-D.: Das Konstanzer Trainingsmodell (KTM). Neue Wege im Schulalltag: Ein Selbsthilfeprogramm für zeitgemäßes Unterrichten und Erziehen. Huber: Bern 1987–1995

[89] Humpert, W. / Dann, H.-D.: KTM kompakt. Basistraining zur Störungsreduktion und Gewaltprävention für pädagogische und helfende Berufe auf der Grundlage des „Konstanzer Trainingsmodells". Huber: Bern 2001

ves Verhalten abgebaut und folgende Fertigkeiten eingeübt werden:

- verbesserte Selbst- und Fremdwahrnehmung,
- Selbstkontrolle und Ausdauer,
- Umgang mit dem eigenen Körper und Gefühlen,
- Selbstsicherheit und stabiles Selbstbild,
- Fähigkeit, sich in andere einzufühlen,
- Annahme von Lob, Kritik und Misserfolg.

In fünf bis acht Einzelsitzungen wird mit den Kindern ein entsprechendes Übungsprogramm durchgearbeitet, wobei Geschichten, Cartoons, Spiele und Videofilme wie auch autogenes Training zum Einsatz kommen. Beim Gruppentraining mit drei bis sechs Kindern oder Jugendlichen werden vor allem Rollenspiele zur Einübung neuen Verhaltens durchgeführt und in einer anschließenden Auswertungsphase reflektiert. Dabei lernen die Schüler/innen, mit Situationen unterschiedlichen Schwierigkeitsgrades zurechtzukommen, in höherem Maße Argumentation und Diskussion als Mittel zur Problemlösung einzusetzen sowie durch effektives Verhalten ihre eigene Selbstwirksamkeit zu erfahren.

Empirische Überprüfungen zeigten, dass durch den Einsatz des Trainingsprogramms die aggressiven Verhaltensweisen abgebaut werden konnten und an ihre Stelle mehr kompromissbereite und kooperative Um-

gangsformen traten.[90] Kritisch kann gegen das Verfahren eingewandt werden, dass hier den Kindern und Jugendlichen ein „Behandlungsprogramm" übergestülpt wird, dem sie sich durch mehr oder minder starken Nachdruck seitens Schule oder Jugendamt zu unterziehen haben. Vor allem ältere Kinder und Jugendliche reagieren hier mit Widerstand, weshalb in vielen Einrichtungen mit zum Teil stark modifizierten Formen des Anti-Aggressionstrainings bzw. mit einer Kombination von Elementen des nachfolgend beschriebenen Mediationsmodells experimentiert wird.

Schüler-Streit-Schlichtung (Mediation)

Konflikte in der Schule berühren in erster Linie die Aufsichtspflicht der Lehrer/innen, im Hort sind dementsprechend für eine Regelung die Erzieher/innen zuständig. Diese Sichtweise herrscht in der breiten Öffentlichkeit, bei den Eltern, den Kindern und Jugendlichen, aber auch bei den Betroffenen selbst vor. Allerdings wissen viele Pädagogen nicht, wie sie sich bei gewalthaltigen Situationen angemessen verhalten sollen. In der Praxis werden daher ein Teil der Konflikte einfach ignoriert, auf andere reagiert man mehr intuitiv mit Belehrun-

---

90 Petermann, F. / Petermann, U.: Training mit aggressiven Kindern. Einzeltraining, Kindergruppen, Elternberatung. Psychologie-Verlag: Weinheim 1991

gen, Tadel, Strafen, Elternbenachrichtigung oder Verweis. Im Vordergrund steht dabei meist die Frage: Wer ist schuld? Der/die Lehrer/in bzw. Erzieher/in entscheidet, es gibt Verlierer und Gewinner. Bei dieser Vorgehensweise übernehmen die Schüler/innen selbst keine Verantwortung für die Konfliktlösung, zum Teil fühlen sie sich auch nicht richtig verstanden und ungerecht behandelt und der Konflikt schwelt weiter.

An diesem Punkt setzen die Peer-Ansätze an (Peer-Mediation, Konfliktlotsen, Streitschlichter). Peers (Gleichaltrige, Gleichrangige, zur gleichen Jugendkultur Gehörende) sollen für die pädagogische und präventive Arbeit als Mediatoren für die entsprechende Zielgruppe gewonnen werden.

„Peer-Ansätze nutzen den Vorteil, dass über sie Kinder und Jugendliche besser erreicht werden können und dass Jugendliche sich Peers als Modelle für Einstellungen und Verhaltensweisen aussuchen. Den Peer-Ansätzen liegt die Überlegung zugrunde, dass Jugendliche für Jugendliche in puncto Vermittlung von Lebenskompetenzen (sozialkommunikative Fähigkeiten, Konfliktlösung, Standfestigkeit, Risikokompetenz etc.) besser geeignet sind als Erwachsene. ... Peer-Ansätze stellen die Partizipationsidee, Freude und Spaß am gemeinsamen Tun, die besonderen Fähigkeiten und die Autonomie von Jugendlichen, die Bedeutsamkeit der

Jugendlichen für Jugendliche und vor allem das Prinzip, dass man Konfliktbearbeitung in der Schule nur *mit* den Jugendlichen und nicht (als Erwachsene) *für* die Jugendlichen machen kann, vorbildlich in den Mittelpunkt."[91]

„In der Peer-Mediation lernen SchülerInnen als so genannte Schüler-StreitschlichterInnen oder Konfliktlotsen tätig zu werden: Sie sind bewusst nicht (Schieds-)Richter, sondern allein Helfer, Begleiter, Moderatoren im Prozess der Lösungsfindung der Beteiligten. Es liegt an den Konfliktparteien selbst, ob es möglich ist, eine *win-win-Konfliktlösung* zu erarbeiten, die keine Verlierer zurücklässt. Gelingen kann dies nur, wenn zumindest ansatzweise ein Interesse an zukünftigen guten Beziehungen und nach gerechtem Ausgleich vorhanden ist. Die Betroffenen müssen genug Motivation mitbringen, um freiwillig an dem Mediationsverfahren teilzunehmen."[92] Konkret verläuft die Mediation in folgenden Phasen:

---

[91] Vogel, G.: Peer-Mediation. Charakteristika, Chancen und Grenzen. In: Akademie für Lehrerfortbildung und Personalführung: Wenn zwei sich streiten, ... – Jugendliche vermitteln bei Konflikten. Akademiebericht Nr. 342, Dillingen 2000, S. 1 u. 3

[92] Vogel, G.: SchülerInnen als Konfliktlotsen. (Peer-) Mediation an Schulen in Kooperation von Schule und Jugendhilfe. In: Aktion Jugendschutz, Landesarbeitsstelle Bayern e.V.: Mediatoren statt Gladiatoren. Tagungs-Dokumentation, München 1998, S. 33

- *Phase 1: Einleitung und Eröffnung*
  Benennung der Ziele und Darlegung der Regeln des Gesprächs (nicht unterbrechen, nicht beleidigen, zuhören und sich einbringen).
- *Phase 2: Sichtweise klären*
  Darstellung des Konflikts aus der Sicht der Betroffenen, Gemeinsamkeiten und Streitpunkte festhalten.
- *Phase 3: Konflikterhellung*
  Klärung der Motive und Gefühle der Konfliktbeteiligten, Hintergründe erarbeiten.
- *Phase 4: Problemlösung*
  Gemeinsame Suche der Konfliktbeteiligten nach Lösungsmöglichkeiten.
- *Phase 5: Übereinkunft*
  Abschluss einer einvernehmlichen Vereinbarung (Vertrag).[93]

Peer-Mediation wird als ein Baustein zur Weiterentwicklung von Schulen betrachtet.[94] Wie die Verankerung in einem Schulkonzept oder -programm erfolgen kann, schildert Ch. Simsa am Beispiel der Mediationsansätze in Hessen:
„Mediation wird in der Regel auf einem pädagogischen Tag oder in einer Schulkonferenz vorgestellt, und das Lehrerkollegium entscheidet, ob es dieses Verfahren in der Schule einführen will. Interessierte Lehrkräfte nehmen dann an einer mehrstündigen Einführung in die Aspekte der Mediation (Basistraining) teil. Soweit eine entsprechende Nachfrage besteht, wird für Lehrer, die das Basistraining absolviert haben, ein Aufbaukurs durchgeführt, in dem an Hand fiktiver oder realer aktueller Probleme der Schule die Methode der Mediation geübt wird. An die Schulung der Lehrer anschließend oder parallel dazu werden Schüler mit Mediation vertraut gemacht. ...
Beim Eingangsprogramm für 5. und 6. Klassen soll das Zusammenwachsen der neu gebildeten Klassengemeinschaft und ein kooperativer Umgang zwischen den Schülern gefördert werden. Das Regeln von Streitigkeiten ist nur ein Element der Ausbildung; in altersgemäßen spielerischen Übungen werden Themen wie ,unsere Klassengemeinschaft', ,Kennenlernen', ,miteinander reden', ,Probleme bearbeiten' und ,gemeinsame Regeln aufstellen' behandelt. Das Sensibilisierungsprogramm für die Klassenstufen 7 bis 10 dient dem Erlernen des konstruktiven Umgangs mit Konflikten

---

93 vgl. Vogel, G.: Keine Angst vor Konflikten: Der Ansatz von Peer-Mediation am Beispiel Schule. In: Aktion Jugendschutz, Landesarbeitsstelle Bayern e.V./ Stadt Regensburg, Amt für Jugend und Familie (Hrsg.): Gemeinsam gegen Gewalt. Gewaltprävention und Konfliktmanagement in Regensburg. Tagungsdokumentation, München 1999, S. 41 ff.

94 Vogel, G.: Schulentwicklung und Mediation. In: Akademie für Lehrerfortbildung und Personalführung: Wenn zwei sich streiten, ... – Jugendliche vermitteln bei Konflikten. Akademiebericht Nr. 342, Dillingen 2000, S. 103 ff.

und des Verständnisses für die Methode des Mediationsverfahrens. Das Training, das u.a. Gesprächsübungen, Rollen- und Interaktionsspiele umfasst, kann als Ausbildung für zukünftige Streitschlichter benützt werden. Beim Streitschlichterprogramm werden Schüler, die sich für die Arbeit als Streitschlichter interessieren, in einem intensiven Training (30 bis 40 Unterrichtseinheiten) zu Mediatoren ausgebildet. Das Schülervertreter- und Klassensprecher-Training soll den Schülern helfen, in ihrer Rolle als Schülervertreter oder Klassensprecher mit den an sie gestellten Anforderungen konstruktiv umzugehen. Elemente dieser Programme werden auch in Grundschulen angewandt, wobei die Thematik durch die Klassenlehrer auf die spezielle Situation der Klassen abgestimmt wird und die Förderung des Selbstwertgefühls, der Umgang mit Gefühlen und das Zusammenwirken im Klassenverband im Vordergrund stehen."[95]

Mit den Vorteilen und Grenzen von Peer-Mediation setzt sich ausführlich die Fachzeitschrift *PRO Jugend* (Nr. 4/99) der Aktion Jugendschutz auseinander.[96] Schülermediation darf nicht als Allheilmittel für alle erdenklichen Schulkonflikte missverstanden werden. „Schülermediation ist ein auf wenige Regeln und Formen vereinfachtes Gesprächsführungskonzept, mit dem besonders befähigte und ausgebildete Schüler

ihre (meist jüngeren) Mitschüler bei der Regelung kleiner und mittelschwerer Auseinandersetzungen unterstützen, und dies auf freiwilliger Basis. Sobald die Konflikte komplexer werden, sich über Monate hinziehen, Intrigen im Spiel sind, ernste Körperverletzungen passieren und bei Vandalismus sind die Grenzen der Peer-Education erreicht. Dann sind Erwachsene gefragt."[97] Auch Vogel warnt vor einer Überforderung von Peer-Mediator/innen. „Grenzen sind … dort zu sehen, wo Gewalt strukturelle Ausgangsbedingungen in Organisationen und Gruppen hat."[98] Gewaltbereite Cliquen und schwerere Gewaltfälle sind es aber, die bei

---

[95] Simsa, Ch.: Mediation an Schulen. In: Arbeitsstelle Kinder- und Jugendkriminalitätsprävention (Hrsg.): Wider die Ratlosigkeit im Umgang mit Kinderdelinquenz. Präventive Ansätze und Konzepte. DJI: München 2000, S. 60 f.

[96] Aktion Jugendschutz, Landesarbeitsstellen Bayern und Schleswig-Holstein: Jugendliche können's besser …? Peer-to-Peer Ansätze auf dem Prüfstand. PRO Jugend, Ausgabe Bayern, Nr. 4/99

[97] Grüner, Th./Hilt, F.: Die Kirche im Dorf lassen. Vorteile, Grenzen und Konsequenzen der Peer-Mediation an Schulen. In: Aktion Jugendschutz, Landesarbeitsstellen Bayern und Schleswig-Holstein: Jugendliche können's besser …? Peer-to-Peer Ansätze auf dem Prüfstand. PRO Jugend, Ausgabe Bayern, Nr. 4/99, S. 16

[98] Vogel, G.: Peer-Mediation. Charakteristika, Chancen und Grenzen. In: Akademie für Lehrerfortbildung und Personalführung: Wenn zwei sich streiten, … – Jugendliche vermitteln bei Konflikten. Akademiebericht Nr. 342, Dillingen 2000, S. 8

Kindern und Erwachsenen oft das Gefühl der Hilflosigkeit hervorrufen. Mit dieser Form von Gewalt in der Schule setzt sich die folgende Maßnahme auseinander.

Interventionsprogramm nach Dan Olweus
Der norwegische Psychologe Dan Olweus hat sich intensiv mit dem Thema „Gewaltprävention in Schulen" auseinander gesetzt und für die norwegischen und schwedischen Schulen ein umfangreiches Interventionsprogramm entwickelt. Nach seinen Untersuchungen gibt es Anzeichen dafür, dass Gewaltanwendung in schwererer Form vorkommt und heute weiter verbreitet ist als vor 10–15 Jahren. „Ganz gleich, welche Untersuchungsform angewandt wird, es besteht kaum Zweifel, dass Gewalttätigkeit ein erhebliches Problem in den Grundschulen und in der Unterstufe der weiterführenden Schulen in Norwegen (und in anderen Ländern) ist, eines, das ernst zu nehmen ist."[99] Als Antwort auf diese Situation formuliert Olweus seine zentrale Botschaft an alle Beteiligten: „Wir akzeptieren Gewalt in unserer Klasse und Schule nicht und werden dafür sorgen, dass die Gewalt aufhört."

---

[99] Olweus, D.: Gewalt in der Schule. Was wir wissen und was wir tun können. Ein Handbuch. Die Ministerin für Frauen, Bildung, Weiterbildung und Sport des Landes Schleswig-Holstein (Hrsg.), Kiel 1994, S. 15

Um diese Maxime zu verwirklichen, sind nach Olweus Maßnahmen auf drei Ebenen notwendig, und zwar auf der Schulebene, der Klassenebene und auf der persönlichen Ebene. Nur durch ein solch umfassendes Programm lassen sich nachhaltige Effekte erzielen.

* *Schulebene*
Zuerst muss bei Lehrer/innen, Eltern und Schüler/innen ein entsprechendes Problembewusstsein entwickelt werden. Durch eine Fragebogenerhebung bei allen Schüler/innen der jeweiligen Schule soll zunächst der Ist-Zustand des Gewaltproblems erfasst werden. Im Rahmen eines Pädagogischen Tags werden dann die Ergebnisse ausgewertet. Nur wenn bei Lehrer/innen und Eltern ein Zustand des „Betroffenseins" erreicht wird, lässt sich dann auch eine ernsthafte Änderung anstreben. In einer anschließenden Schulkonferenz kann dann ein entsprechendes Interventions- und Präventionsprogramm beschlossen werden.

Die meiste Gewalt findet eher in der Schule als auf dem Schulweg statt. „Wie zuvor berichtet, gibt es weniger Gewalt in den Schulen, die eine ziemlich hohe ‚Lehrerdichte' während der Pausen und der Essenszeit haben. Dementsprechend muss die Schule während der Pausen genügend Erwachsene auf den Schulhof schicken und eine *gute Aufsicht über die Schüleraktivitäten gewährleisten* – gegebenenfalls auch während der Essenspause. ... Offensichtlich reicht es nicht aus, dass Lehrkräfte und andere Erwachsene während der Pause einfach nur anwesend sind: Sie müssen auch bereit sein, *schnell und entschlossen einzugreifen* – auch in Situationen, in denen nur der Verdacht besteht, dass Gewalt stattfindet. ... Ein entschlossener und konsequenter Eingriff durch Erwachsene verrät eine *wichtige Einstellung: ‚Wir akzeptieren Gewalt nicht.'* ... Weiter lässt sich Gewalt bekämpfen, wenn *eine gut ausgestattete und attraktive Umgebung im Freien* geboten wird, die zu positiven Aktivitäten einlädt."[100]

Weitere Maßnahmen auf Schulebene sind die Einrichtung eines Kontakttelefons mit einer Vertrauensperson als Ansprechpartner für Fragen im Umgang mit Gewalt, eine verstärkte Kooperation der Lehrkräfte mit den Eltern sowie Arbeitsgruppen der Lehrer/innen und Elternbeiräte zur Verbesserung des Sozialklimas an der Schule.

• *Klassenebene*

„Eine wichtige Hilfe im Kampf gegen Gewaltprobleme und zur Schaffung eines besseren Sozial-‚Klimas' in der Klasse liegt für den Lehrer und die Schüler darin, sich über einige einfache Regeln über Gewalt zu verständigen. ...Die folgenden drei Regeln sind ein natürlicher Ausgangspunkt:

1. *Wir werden andere Schülerinnen und Schüler nicht mobben.*
2. *Wir werden versuchen, Schülerinnen und Schülern, die gemobbt werden, zu helfen.*

---

[100] a.a.O., S. 30

3. *Wir werden uns Mühe geben, Schülerinnen und Schüler einzubeziehen, die leicht ausgegrenzt werden.*" [101]

Als weitere Mittel auf Klassenebene führt Olweus den Einsatz von Lob und Strafe, regelmäßige Klassengespräche („soziale Stunde"), Rollenspiele, kooperatives Lernen, gemeinsame positive Aktivitäten sowie die Zusammenarbeit der Lehrkräfte mit dem Klassenelternbeirat an.

• *Persönliche Ebene*
„Wenn die Lehrkraft weiß oder den Verdacht schöpft, dass Gewalt in der Klasse stattfindet, sollte sie sofort eingreifen. Es ist wichtig, unverzüglich Gespräche zwischen dem gewalttätigen Kind oder den Kindern und dem Opfer herbeizuführen. ... Die Botschaft an die Mobber muss ganz klar sein: *‚Wir akzeptieren keine Gewalt in unserer Schule/ Klasse und werden dafür sorgen, dass sie aufhört'.*" [102]
Die Gespräche mit den Opfern erfordern eine besondere Sensibilität. „Jeder Fall muss restlos aufgeklärt werden, bis die Gefahr erneuter Gewaltversuche vollständig oder fast gebannt ist. Der gemobbte Schüler oder die Schülerin muss wieder darauf vertrauen können, dass Erwachsene ihm oder ihr jede gewünschte Hilfe geben wollen und geben können." [103]
Auch mit den Eltern der beteiligten Schüler sind ernsthafte Gespräche zu führen.

„Aus vielen Gründen ist es wünschenswert, ein erkanntes Gewalttäter-/Gewaltopfer-Problem an ‚Ort und Stelle' innerhalb der Klasse und der Schule mit den beschriebenen Maßnahmen zu lösen. Aber wenn das Problem trotz wiederholter Lösungsversuche weiter besteht, ist ein Wechsel der Klasse oder der Schule vielleicht die einzige Lösung. ... Als erste Lösung sollte man ins Auge fassen, die aggressiven Schüler und Schülerinnen und nicht das Opfer zu versetzen." [104]

Olweus berichtet von sehr positiven Auswirkungen seines Interventionsprogrammes: Das Gewaltproblem ging bei den untersuchten Schulen um 50 % oder mehr zurück, die Wirkungen waren nach zwei Jahren noch deutlicher als nach einem Jahr, es gab keine „Verlagerung" der Gewalt aus der Schule auf den Schulweg, asoziales Verhalten nahm ab, das Sozialklima verbesserte sich deutlich und die Zufriedenheit mit dem Schulleben nahm zu. [105] Als Allheilmittel kann jedoch auch das Interventionsprogramm von Dan Olweus nicht betrachtet werden. Jede Schule und jeder Hort muss bei der äußerst vielschichtigen Gewaltproblematik einen eigenen Weg zur Intervention und Präven-

---

[101] a.a.O., S. 32 f.
[102] a.a.O., S. 37
[103] a.a.O., S. 38
[104] a.a.O., S. 40
[105] a.a.O., S. 41 f.

tion finden. Dabei dürfte sich eine Kombination von Elementen aller vier beschriebenen Ansätze als hilfreich erweisen.

Wichtig ist, dass es sich bei allen Aktivitäten nicht nur um kurzfristig angelegte Schwerpunktsetzungen handelt. Sie müssen vielmehr in ein langfristig angelegtes Gesamtkonzept integriert werden. Auch hier zeigt der Zehnte Kinder- und Jugendbericht beispielhaft auf, dass es mehr um eine grundsätzliche Umorientierung von Schule und Tageseinrichtungen geht, die auf eine Stärkung der Kompetenzen von Kindern und Jugendlichen hinausläuft.

„Da Gewalt durch Verhältnisse begünstigt wird, in denen Erwerbsarbeit und wirtschaftliche Sicherheit fehlen, die Familienbeziehungen belastet sind und wenig Aussicht auf eine Besserung der Lebenssituation besteht, werden alle Maßnahmen, die darauf zielen, das Kind zu stärken, den Entwicklungs- und Bildungsweg von Kindern zu sichern und es in seinen Beziehungen zu stützen, Gewalt mindern. Eine entschiedenere Politik gegen alle Verherrlichung von Gewalt in Medien und Realität ist ein notwendiger Hintergrund. …

Die Erziehung, die Kinder erleben, ist in der Regel eher inkonsistent; die Erwachsenen, die ihnen Modell sein könnten, setzen sich immer wieder ohne Aushandlung gegenüber den Kindern durch. So hat Neubauer (1986) beobachtet, dass Erzieher/innen auf das, was sie für Aggression halten, mit eiligen Strafen reagieren oder das unerwünschte Verhalten übersehen. Dagegen helfen sie Kindern, die sich ohnehin schon um die Aushandlung von Lösungen bemühen, konstruktiv vorzugehen. Auf diese Weise verstärkten sie die Unterschiede unter den Kindern. Auch Nickel und Schmidt/ Denter (1980) berichten von Erzieher/ innen, die zwar einvernehmlich erarbeitete Lösungen wollten, sich in ihrem eigenen Eingreifen bei Konflikt und Streit jedoch ganz anders verhielten, weil sie oft nicht aufklärten und mit den Kindern sprachen, sondern impulsiv einschritten und abgelehntes Handeln einfach unterbanden. …

Gewaltmindernd sind Maßnahmen, die Beziehungen und Gruppen stärken. Dafür muss den Lehrern/innen mehr Zeit gegeben und sozialpädagogische Kompetenz an Schulen und Tageseinrichtungen geholt werden. Gesprächs- und Beteiligungsmöglichkeiten sind in Schulen und Tageseinrichtungen fest zu verankern und aktiv zu nutzen. …

Erforderlich ist, eine ‚Lernkultur‘ zu schaffen, die der Lernanstrengung von Kindern und Jugendlichen einen Sinn gibt und ihnen Anerkennung auch bei Schwierigkeiten nicht versagt (Hensel 1995, Mansel 1995). Diese Lernkultur kann nur entstehen, wenn die Schüler an der Gestaltung ihrer Tagesstätten- und Schulumwelt aktiv beteiligt werden und sich mit ihrer Schule, ihrem

Lernen und ihrer Klassengruppe identifizieren können. Gewalt ist die Kehrseite von Verhältnissen, in denen Einzelnen und Gruppen die Möglichkeit fehlt, das eigene Leben aktiv zu gestalten."[106]

3.5.4 Kompetenz zur Partizipation und Verantwortungsübernahme
Karlheinz Kaplan[107]

In Übereinstimmung mit der Konvention der Vereinten Nationen über die Rechte des Kindes sollten Kinder angehört und an Beschlussfassungen beteiligt werden. Sie sollten ermutigt werden, aktive und verantwortungsbewusste Bürger zu werden.

Es wird empfohlen, Kinder in Horten an allen Planungen zu beteiligen und schrittweise dazu hinzuführen, selbst zu entscheiden, welches Angebot sie an welchem Ort und zu welchem Zeitpunkt wahrnehmen wollen.

Neben den Gruppenräumen, in denen sich die Kinder und Jugendlichen heimisch fühlen sollen, sollen verschiedene Bereiche zur Auswahl gestellt werden, in denen unterschiedliche Regeln gelten: etwa Flächen und Räume zur Bewegung und zum Austoben mit entsprechenden Spiel- und Sportgeräten, Räume für konzentriertes Arbeiten, Werkräume, Disco-Raum, den die Kinder möglichst selbst gestalten und in dem sie auch laute Musik hören können, Möglichkeiten zum Rückzug und zur Stille und auch „erzieherfreie Zonen".

Notwendige Regeln für das gemeinsame Miteinander sollen mit den Kindern erarbeitet werden und deren Einhaltung von den Kindern weitgehend selbstständig kontrolliert werden.

Mit zunehmendem Alter sind immer mehr Freiheitsgrade in der Gestaltung des Tagesablaufs und der Nutzung der einzelnen Angebote einzuräumen. Auch Aktivitäten außerhalb der Einrichtung (z. B. Besuch des Jugendzentrums, Mädchentreffs, Mitgliedschaft in Vereinen, Jugendgruppen, Teilnahme an Jugendparlamenten) sollen gefördert werden.

In den letzten 30 Jahren hat sich in Deutschland ein dramatischer gesellschaftlicher Wandel vollzogen. Stichpunktartig sollen einige wichtige Veränderungen ins Gedächtnis gerufen werden:

- Übergang von der Industrie- zur Wissensgesellschaft,
- Globalisierung der Märkte,
- fortschreitende Rationalisierung und zunehmende Arbeitslosigkeit,

---

[106] Bundesministerium für Familie, Senioren, Frauen und Jugend (Hrsg.): Zehnter Kinder- und Jugendbericht. Bericht über die Lebenssituation von Kindern und die Leistungen der Kinderhilfen in Deutschland. Bonner Universitäts-Buchdruckerei: Bonn 1998, S. 125
[107] unter Einbezug der Anregungen von Gabriele Schratt

- wachsende Kluft zwischen Armut und Reichtum,
- weltweite Wanderbewegungen und kulturelle Diversität,
- drohende Zerstörung der Umwelt,
- Umorientierung bei den Ziel- und Wertvorstellungen in den Familien und in der Gesellschaft,
- Zunahme der Scheidungen, der Alleinerziehenden und Entstehung neuer Familienformen,
- drastischer Rückgang der Kinderzahlen,
- eingeschränkte Spielräume der Kinder durch zu kleine Wohnungen,
- Verinselung kindlicher Lebensräume,
- Gefährdung von Kindern durch anwachsenden Straßenverkehr,
- sexueller Missbrauch von Kindern,
- Armut auch bei Kindern,
- wachsende schulische Anforderungen,
- zunehmende Bedeutung der Medien,
- wachsende Unzufriedenheit mit dem gegenwärtigen Bildungssystem,
- Zunahme von Verhaltensauffälligkeiten, Drogenproblemen, Gewaltbereitschaft und Kriminalität.

Die Folgen dieser Veränderungen für die heranwachsenden Kinder und Jugendlichen werden im 5. Familienbericht wie folgt beschrieben:
„Zum einen scheint – wie z.B. aus der Arbeit vieler Erziehungs- und Familienberatungsstellen deutlich wird – in vielen Familien (aus unterschiedlichen Gründen) ein stabiles Beziehungsgeflecht zwischen Eltern und Kindern nicht mehr sichergestellt, was zu Folgeproblemen führt: die Belastungen und Konflikte nehmen zu (Mansel/Hurrelmann 1991). Hinzu kommt die wachsende Vielfalt von sozialisationswirksamen Einflüssen außerhalb der Familie. Neben den neuen Medien ist hier vor allem der außerfamiliale Freizeitbereich von Bedeutung. Statt einer (traditionell) eher engen Familienbindung und unmittelbaren Kontrolle des außerschulischen Kinderalltags durch Elternhaus und unmittelbare Nachbarschaft nehmen die Anteile familienunabhängig organisierter kindlicher Freizeitaktivitäten in größerer Distanz von der elterlichen Wohnung zu und tragen dazu bei, dass neben der Sozialisationswirkung der Familie auch eine Vielzahl von außerschulischen Institutionen und Einrichtungen (neben einem zunehmend expandierenden Medienangebot) das heutige Kindsein bestimmen. Die schulischen Sozialisationsbedingungen sind hingegen von diesen Entwicklungen bislang vergleichsweise wenig beeinflusst worden. Auf Seiten der Kinder entstehen bei einem derart erweiterten (und keineswegs einheitlichen) Spektrum von relevanten Sozialisationseinflüssen zwangsläufig Orientierungsprobleme, um sich in einer so gegebenen Normen- und Erwartungsvielfalt zurechtzufin-

den. Von den Kindern wird ein höheres Maß an individuellen Verarbeitungs- und Bewältigungskompetenzen erwartet, ohne dass immer klar ist, wo und wie diese Kompetenzen erworben werden können. Hurrelmann (1989) fordert deshalb nicht zuletzt auch von der Schule entsprechende Präventions- und Interventionsmaßnahmen, nachdem die erforderlichen Orientierungshilfen und ein entsprechendes (auch informelles) Unterstützungspotential von den anderen Sozialisationsinstanzen offensichtlich nicht in ausreichendem Maße bereitgestellt werden.“[108]

Für den Hort stellt sich die Frage, wie ein solcher *Orientierungsrahmen* geschaffen werden kann, der gleichzeitig die pädagogische Gestaltungsfreiheit nicht einengt und die Förderung der Selbstständigkeit der Kinder ermöglicht.

Feste Bezugspunkte vermitteln den Kindern und Jugendlichen den Eindruck von *Beständigkeit*, schaffen Vertrauen in die neue, zunächst noch fremde Umgebung, führen damit zu Selbstvertrauen und zur Bereitschaft, noch unbekannte Möglichkeiten zu erproben, schaffen ein Gruppen- und Wir-Gefühl, ermöglichen das Anerkennen von Regeln und Ordnungen.

Den Schüler/innen soll die Erfahrung der *Verlässlichkeit* vermittelt werden. Die wichtigste Voraussetzung hierzu ist zunächst auf der *personellen Ebene* zu schaffen. Ein ständiger Wechsel im Team, stark unterschiedliche Regelungen der Arbeitszeiten in der Gruppe, Unpünktlichkeit einzelner Mitarbeiter/innen, Wahrnehmung von vielfältigen Zusatzaufgaben, die bestimmte Fachkräfte der Gruppe entziehen, all dies sind Beispiele, die das Gewinnen eines Gefühls der Verlässlichkeit bei den Schüler/innen erschweren.

Auch auf der *räumlichen* und *zeitlichen Ebene* sind feste Bezugspunkte zu schaffen. Ohne eine allzu starre Handhabung – die Öffnung nach innen ist zu fördern – sollten die Kinder und Jugendlichen sich doch in den Räumlichkeiten ihrer Gruppe zu Hause fühlen. Eine gewisse Regelmäßigkeit im Tagesablauf mit der Wiederkehr von Gewohntem und Vertrautem sorgt ebenfalls für Sicherheit und Geborgenheit.

Bei den meisten Horteinrichtungen ist eine klare Struktur des Tagesablaufs zu beobachten, die im Wesentlichen folgende Elemente enthält:

- *Frühdienst* (nicht bei allen Einrichtungen): Betreuung von Kindern, deren

---

[108] Büchner, Peter: (Schul-)Kindsein heute zwischen Familie, Schule und außerschulischen Freizeiteinrichtungen. In: Peter Büchner u.a.: Kindliche Lebenswelten, Bildung und innerfamiliale Beziehungen. Materialien zum 5. Familienbericht, Band 4. Deutsches Jugendinstitut: München 1994, S. 13

Eltern vor allem wegen Berufstätigkeit auf dieses Angebot angewiesen sind;

- *Verfügungszeit:* während die Kinder im Unterricht sind, wird diese Zeit für die Vorbereitung von Angeboten, Planung von Projekten, Teambesprechungen, Anleitungsgespräche, Gespräche mit Eltern und Lehrern, zum Teil auch Hospitationen in der Schule, Öffentlichkeitsarbeit,

Kooperation mit anderen Institutionen und Diensten, Verwaltungsarbeiten, Einkäufe und Besorgungen, Zubereitung des Mittagessens u. ä. genutzt; vereinzelt werden auch Kinder betreut, die aufgrund einer Ausnahmesituation (z.B. plötzliche Erkrankung, besondere Verhaltensprobleme) weder von der Schule noch von den Eltern adäquat versorgt werden können;

- *Eintreffphase:* je nach Unterrichtsschluss kommen die Schüler/innen zu recht unterschiedlichen Zeiten in den Hort; sie werden empfangen, können sich mitteilen, ihre Erlebnisse und Sorgen aussprechen, manche brauchen auch Zuspruch und Trost; ein Teil will sich erst einmal richtig austoben, andere brauchen Rückzug und Entspannung; zum Teil beteiligen sich die Kinder beim Fertigstellen des Mittagessens;

- *Mittagessen:* aus pädagogischen Gründen wird das gemeinsame Einnehmen der Mahlzeiten angestrebt; dennoch erweist sich oft eine zeitliche Staffelung als notwendig (z.B. erst die Gruppen mit den jüngeren Kindern, dann die der älteren Schüler/innen);

- *Freizeitphase 1:* Nutzung von Angeboten des Hortteams oder selbstbestimmte Freizeitaktivitäten;

- *Hausaufgabenbetreuung;*

- *Freizeitphase 2:* wie Freizeitphase 1 mit Überleitung zur

- *Abschlussphase:* Ausklingenlassen des Tages, abschließende Gesprächsrunde, Planungen für den nächsten Tag, Verabschiedung;
- *Spätdienst* (nicht bei allen Einrichtungen): Betreuung der Kinder, deren Eltern auf dieses Angebot angewiesen sind.

Es besteht immer die Gefahr, dass ein solches Zeitschema zur starren Routine wird, die den Handlungsspielraum der Kinder, Jugendlichen und Erzieher/innen einschränkt und auf Dauer zu Unzufriedenheit führt. Um dieser Gefahr zu begegnen, haben sich in der Praxis vor allem zwei Maßnahmen bewährt:
(1) wenigstens an einem Tag in der Woche wird etwas Besonderes unternommen: ein Fußballspiel, eine Radtour, ein Schwimmbad- oder Kinobesuch, eine Fahrt zum Zoo usw.; um solche Aktivitäten zu ermöglichen, treffen die meisten Einrichtungen mit Lehrern und Eltern Absprachen bezüglich der Hausaufgaben; einige Schulen integrieren entsprechende Übungsaufgaben in ihren Unterricht und/oder geben z.B. am Freitag keine Hausaufgaben auf; bei anderen Einrichtungen übernehmen die Eltern für einen Tag der Woche die alleinige Verantwortung für die Hausaufgaben; neben spontanen Aktivitäten (z.B. Schlittenfahren bei Neuschnee) und geplanten kürzeren Aktionen kommen auch Langzeitprojekte wie

z.B. Proben für eine Theateraufführung oder eine Discoveranstaltung in Betracht;
(2) wiederholt wurde bereits auf die Bedeutung der Selbstbestimmung für Kinder und Jugendliche hingewiesen; die Schüler/innen sollen an allen Planungen beteiligt und schrittweise dazu hingeführt werden, selbst zu entscheiden, welches Angebot sie an welchem Ort und zu welchem Zeitpunkt wahrnehmen wollen; dies bedeutet:

- regelmäßige Gesprächsrunden mit den Kindern und Jugendlichen in den Gruppen und in der gesamten Einrichtung für die gemeinsamen Planungen und für alle Themen, die die Schüler/innen bewegen;
- Durchführung von Befragungen der Schüler/innen zur Erhebung der Zufriedenheit mit den Angeboten, von Wünschen, Erwartungen, und Verbesserungsvorschlägen;
- Einberufen von Kinderkonferenzen, wobei Form und Dauer auf die jeweilige Altersstufe abgestimmt werden müssen;
- Unterstützung der Kinder und Jugendlichen bei der Erarbeitung von Regeln für das gemeinsame Miteinander und den Umgang mit Konflikten;
- durchgängiges Prinzip der Freiwilligkeit für den gesamten Alltag: Beschäftigungen, Freispiel, Mittagessen, Hausaufgaben, Kontakte; es muss nicht alles gemeinsam gemacht werden; wenn das

Nein des Anderen geachtet werden soll, muss ich auch selbst Nein sagen können;

- neben den Gruppenräumen, in denen sich die Kinder und Jugendlichen heimisch fühlen sollen, gibt es verschiedene Bereiche zur Auswahl, in denen unterschiedliche Regeln gelten: Flächen und Räume zur Bewegung und zum Austoben mit entsprechenden Spiel- und Sportgeräten, Möglichkeiten zum Rückzug und zur Stille, ein eigenes Zimmer für Mädchen, Räume für konzentriertes Arbeiten (Hausaufgaben!), Werkräume, Disco-Raum, den die Schüler/innen möglichst selbst gestalten und in dem sie ihre (auch laute) Musik hören können usw.;

- statt eines starren Tagesablaufs werden gewisse Zeitzonen festgelegt, innerhalb denen bestimmte Aktionen möglich sind; z.B. können die Schüler/innen innerhalb einer Bandbreite von ca. 2 Stunden selbst bestimmen, wann sie mit ihren Hausaufgaben beginnen, ob und in welchen Intervallen sie eine Pause einschieben, auf welche Freizeitaktivität sie evtl. verzichten wollen;

- für ältere Schüler/innen werden die Gruppenstrukturen durch eine Reihe offener Angebote ersetzt, für die sie sich für einen bestimmten Zeitraum verbindlich entscheiden; zusätzliche Aktivitäten außerhalb der Einrichtung sind zu fördern (z.B. Besuch des Jugendzentrums, Mädchen-

treffs, Mitgliedschaft in Vereinen, Jugendgruppen der Kirchen u.Ä.).

Die Veränderungen unserer Gesellschaft erfordern pädagogische Konzepte, die zur Entwicklung psychisch widerstandsfähiger Kinder beitragen *(Resilienz)*. Wichtigste Voraussetzung hierfür ist es, die Schüler/innen und ihre Bedürfnisse ernst zu nehmen, ihre Meinungen und Gefühle zu respektieren, Veränderungen zuzulassen, Widerspruch zu akzeptieren, kurz: mit ihnen zu arbeiten, statt nur für sie.

3.5.5 Kompetenz zur geschlechterbezogenen Sichtweise

Das Konzept des „Gender Mainstreaming" beabsichtigt, auf allen Ebenen ein neues Denken zu etablieren, das den Aspekt der Gleichstellung zwischen Frauen und Männern, Mädchen und Jungen in allen Bereichen des öffentlichen Lebens integriert. Hortfachkräfte berücksichtigen die unterschiedlichen Lebenslagen von Mädchen und Jungen, bauen Benachteiligungen ab und fördern die Gleichberechtigung. Zugleich setzen sie in der Erziehungsarbeit aber auch die Grundlagen, damit die heranwachsenden Kinder befähigt werden, ihre künftigen Handlungen aus einer geschlechtersensiblen Perspektive heraus zu gestalten und für die Gleichstellung aktiv einzutreten. Dadurch leisten Horte einen erheblichen Beitrag zur Realisierung des auf Nachhaltigkeit ausgerichteten bildungspolitischen Konzepts der Förderung von Chancengleichheit für Frauen und Männer.

dersetzung mit individuellen Wertmaßstäben, die das eigene Handeln prägen.

Kinder in Horten sollen wahrnehmen und erfahren können, wie sich alle Hortfachkräfte am Leitbild für eine solche nachhaltige Entwicklung orientieren und damit mehr und mehr Umweltkompetenz gewinnen.

Auf diese Thematik und Möglichkeiten der Umsetzung in die praktische Arbeit wird in dem Beitrag von Kerstin Frank zur geschlechtsbezogenen Arbeit mit Mädchen und Jungen (Kapitel 4.4.2) näher eingegangen.

3.5.6 Umweltkompetenz
Almut Reidelhuber

Umweltkompetenz ist die Fähigkeit, mit den natürlichen Lebensgrundlagen schonend und rücksichtsvoll in Bezug auf nachfolgende Generationen umzugehen. Während traditionelle Umweltbildung versuchte, den Lernenden Natur unter den Aspekten der Liebe zu Lebewesen und des Erhalts der Lebensgrundlagen näher zu bringen, baut sie heute auf diesen Zielsetzungen auf. Es geht darum, Konflikte zu analysieren, Lösungsvorschläge abzuwägen, Kompromisse und Perspektiven zu konzipieren und diese in Handlungen umzusetzen. Die Forderungen schließen die Reflexion des persönlichen Lebensstils mit ein. Umweltbildung erfordert die Auseinan-

Ziele zur Weiterentwicklung von Umweltkompetenz

Umweltbildung hat in den zurückliegenden Jahren in allen Einrichtungen des Bildungswesens – damit auch in Horten – unter aktualisierten Gesichtspunkten Eingang gefunden. Fragen in diesem Zusammenhang können lauten:

- Welche Rolle schreibe ich dem Menschen in seiner Beziehung zur (belebten) Umwelt zu?
- Wie schätze ich den Zustand der Lebensgrundlagen ein?
- Was kann bzw. will ich überhaupt für eine gesunde Umwelt beitragen?
- Wie beeinflusst mein Denken mein Verhalten als Konsument?
- Empfinde ich ein freiwilliges Verzichtenkönnen oder Fürsorgetragen als unzumutbar oder sehe ich darin auch einen Gewinn?

Die Fragen nach persönlichen Werten berühren die ethische Dimension und insofern berühren sich Umweltbildung und Religionspädagogik. Umweltbildung heute macht sich zudem den Begriff der Nachhaltigkeit im Kontext der Agenda 21 [109] zu Eigen. Eine nachhaltige Entwicklung trägt dafür Sorge, dass ökologische, soziale und ökonomische Gesichtspunkte gleichermaßen berücksichtigt werden. Es gilt, die Lebensbedingungen aller heute und in naher Zukunft lebenden Menschen zu sichern und zu verbessern, ohne die natürlichen Lebensgrundlagen zu gefährden. Die Nutzung von Gütern und Ressourcen darf auf Dauer nicht größer sein als ihre Regenerationsrate, so dass sie auch nachfolgenden Generationen zur Verfügung stehen. Und weiter: Die Freisetzung von Stoffen und Energie darf auf Dauer nicht größer sein als die Anpassungsfähigkeit der natürlichen Umwelt.

Diese Selbstverpflichtung der Staaten, die die Agenda 21 unterzeichnet haben, wirkt sich auf die Intention der Umweltbildung aus, einer Bildung, die sich als Baustein auf

---

[109] Die Agenda 21 ist ein Ergebnis der Konferenz der Vereinten Nationen über Umwelt und Entwicklung 1992 in Rio de Janeiro. Rund 180 Staaten haben sich in dem Schlussdokument auf das Leitbild einer „nachhaltigen Entwicklung" verständigt. Bund und Länder der Bundesrepublik Deutschland haben sich 1994/95 verpflichtet, die Agenda 21 zur Leitlinie ihrer Politik zu machen (Bund-Länder-Kommission: Bildung für eine nachhaltige Entwicklung. Materialien zur Bildungsplanung und zur Forschungsförderung, Heft 69, Bonn 1998).

dem Weg zu einer nachhaltigen Entwicklung versteht. Bildungsinstitutionen – und damit auch Horte – haben dabei als beispielgebende Betriebe eine besondere Verantwortung. Es hängt entscheidend von der Glaubwürdigkeit ihrer Mitarbeiter und Mitarbeiterinnen ab, ob Kinder die Ziele von Umweltbildung ernst nehmen. Die Kinder in den Horten sollen wahrnehmen und erfahren können, wie sich alle Mitarbeiter der Einrichtung am Leitbild für eine nachhaltige Entwicklung orientieren und damit mehr und mehr Umweltkompetenz gewinnen.

Gestaltungsgrundsätze zur Weiterentwicklung von Umweltkompetenz

Die Ziele der Umweltbildung weisen bereits auf bestimmte Gestaltungsgrundsätze hin. Dazu zählen:

- die umwelt- und sozialverträgliche Gestaltung des Betriebes, der Räume, des Geländes und des Beschaffungswesens,
- die Entwicklung und Förderung von Dialog und Partizipation,
- der Aufbau lokaler und regionaler Kooperationen mit anderen Einrichtungen (in weiterer Entwicklung der Aufbau internationaler Partnerschaften),
- Öffentlichkeitsarbeit.

Idealer Ausgangspunkt für diese Gestaltungsgrundsätze ist die eigene Einrichtung und ihre nahe Umgebung. Mit zunehmender Entwicklung und weitergehendem Interesse der Kinder kann die entfernt liegende Umwelt – bis hin zu globaler Denkweise – einbezogen werden. Mit Blick auf die Zielsetzungen können die pädagogischen Fachkräfte und die Kinder dabei so vorgehen:

- Sie analysieren den Ist-Zustand ihrer Einrichtung. Dabei rückt ein Umweltbereich (z.B. die Gartengestaltung, die Ausstattung der Räume, die Versorgung mit Essen, die Zufahrtsstraßen zur Einrichtung) in den Mittelpunkt ihres Interesses: Was gefällt uns daran? Was vermissen wir? Wie wirkt es auf die Umwelt ein?
- Sie tauschen sich aus, diskutieren ihre Ansichten, entwickeln Perspektiven und einigen sich auf ein Vorhaben: Wie ergeht es dabei dir? Wie mir? Was ist uns allen wichtig? Wie beeinflusst es unser Sozialgefüge (Gruppe, Eltern, weitere Partner)? Mit welchen finanziellen Mitteln ist es verbunden? Auf welches Vorhaben können wir uns einigen? Was wollen wir damit erreichen?
- Sie suchen nach Lösungswegen: Was müssen wir bedenken? Was brauchen wir zur Umsetzung unseres Vorhabens? Wer kann uns helfen? Wie gehen wir vor (Aufgabenteilung)?
- Sie dokumentieren ihre Handlungen und stellen die Dokumente für eine Präsentation zusammen: Welche Medien und anderen Hilfsmittel können wir nutzen? Wie präsentieren wir unser Ergebnis in der Öffentlichkeit?

Die Fachkräfte sind dabei ebenso Lernende wie die Kinder. Sie begleiten die Kinder auf der Suche nach den Antworten der Fragen, sie übernehmen selbst einige (erwachsenenspezifische) Aufgabenbereiche, koordinieren die Vorhaben, die die Kinder beisteuern, ermuntern und ermutigen sie und nicht zuletzt: Gemeinsam mit den Kindern knüpfen sie Verbindungen zu anderen Fachleuten. Das können Mitarbeiter von Umwelt- und Naturschutzvereinen (viele haben Jugendorganisationen, die auf eine reichhaltige Erfahrung zurückgreifen können), Umweltbildungseinrichtungen, Verbraucherschutzverbänden und anderen umweltrelevanten Organisationen sein. Von großem Nutzen können die Erfahrungen anderer Tageseinrichtungen für Kinder sein (z.B. Teams und Träger, die an Energiesparprogrammen wie „Fifty/fifty"[110] teilnehmen, Kolleginnen und Kinder, die regelmä-

---

[110] Fifty-fifty-Programm bedeutet, dass unter Beteiligung des Trägers die Mitarbeiter und Mitarbeiterinnen in Schulen oder Tagesstätten den bestehenden Energie- und Wasserverbrauch feststellen. Weiter überprüfen sie Einsparmöglichkeiten und stellen den Effekt fest. Die gesparten Ausgaben kommen je zur Hälfte dem Träger und der Einrichtung selbst zugute.

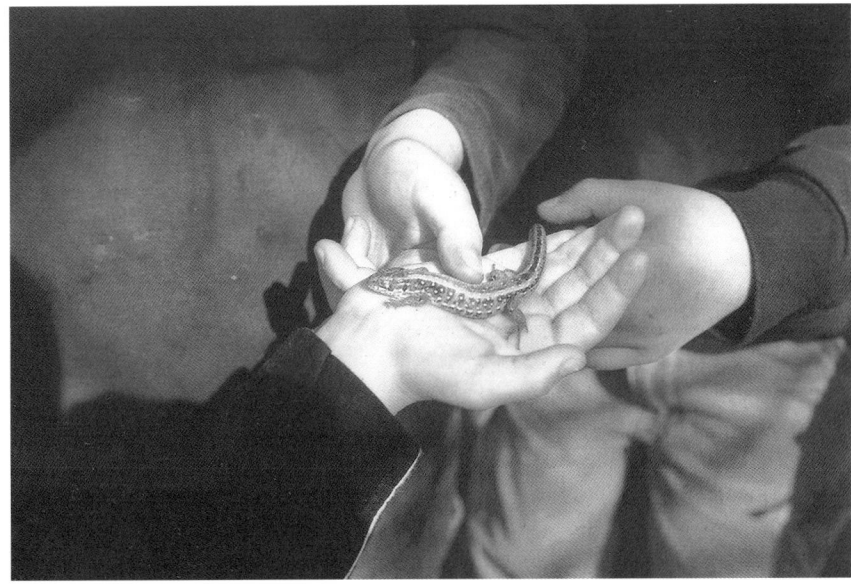

ßig Waldprojekte durchführen). Einen anderen Stellenwert haben, aber ebenso wichtig sind die Kontakte zu kommunalen Entscheidungsträgern. Das gilt vor allem dann, wenn Vorhaben außerhalb der Einrichtung durchgesetzt werden oder Ergebnisse der Öffentlichkeit präsentiert werden sollen. Wirkungsvolle Unterstützung können sich die Fachkräfte und die Kinder bei der lokalen Agenda 21 holen, die bereits in vielen Gemeinden aktiv ist. Vielleicht besteht zudem die Möglichkeit, ein Jugendparlament zu gründen (bzw. zu unterstützen), in dem auch Hortkinder teilhaben.

Jedes einzelne Vorhaben ist als ein Prozess zu verstehen, der der Weiterentwicklung der Einrichtung und ihres Umfeldes auf dem Weg zur Bildung für eine nachhaltige Entwicklung dient. Eltern und der Träger der Einrichtung werden frühzeitig und kontinuierlich einbezogen. Die Beteiligung von Eltern ist in jedem Fall dann zwingend, sobald umweltfreundliche Verhaltensweisen auf das Elternhaus übertragen werden können. Alle Beteiligten gewinnen im Laufe der Vorhaben mehr und mehr Erfahrung und Wissen und erweitern dabei ihre Umweltkompetenz.

Unter Berücksichtigung der Gestaltungsgrundsätze können sich die Horterzieherinnen und die Kinder – je nach Situation – unterschiedliche Vorhaben vornehmen.

Vorhaben zur Weiterentwicklung von Umweltkompetenz

Umwelt ist ein allumfassender Begriff. Er umfasst die belebte und die unbelebte Umgebung und meint häufig auch das Verhalten von Menschen in und mit ihrer Umwelt. Allein das legt es nahe, die Umweltbildung in mehrere Bereiche zu fassen, die – obwohl sie miteinander verknüpft sind – innerhalb eines überschaubaren Rahmens erkundet werden können. Die Begrenzung beugt einer Überforderung vor, sie erleichtert die Fassbarkeit von Zusammenhängen innerhalb eines Bereiches und erhöht die Chance, zu einem zufrieden stellenden Ergebnis zu kommen. Jeder Umweltbereich eignet sich dazu, anhand der oben angeführten Gestaltungsgrundsätze näher betrachtet zu werden. Die Benennung und die Auswahl eines Bereiches orientiert sich entweder an den Interessen der Beteiligten (z.B. die Gartengestaltung entspricht nicht den Wünschen der Kinder) oder an aktuellen Ereignissen (leider oft ein Besorgnis erregender Vorfall in der nahen Umgebung) oder an übergeordneten Bildungszielen (z.B. eine selbstkritische Konsumentenhaltung aufbauen). Auch die systematische Analyse des Ist-Zustandes der Einrichtung anhand einer Checkliste zur umweltfreundlichen Betriebsführung kann zum Aufgreifen eines Umweltbereiches anregen. Hierzu können Unternehmen, die Öko-Audits für Tagesstätten anbieten, in Anspruch genommen werden, oder die Beteiligten erstellen sich selbst eine Checkliste mit Hilfe von Literatur[111].

Ansprechpartner in Schulen, die die Hortkinder besuchen, können ein Vorhaben unterstützen, zum Beispiel über Informationen zu bestimmten, zum Thema passenden Unterrichtsinhalten oder über Erfahrungen aus einem Programm wie „Gesunde Kost in unserer Schule". Nicht zu vergessen sind die Vorerfahrungen, die einige Kinder aus dem Kindergarten mitbringen.

Kinder und Erzieherinnen können sich mit sehr unterschiedlichen Umweltbereichen auseinander setzen (in der Regel in Kooperation mit dem Träger und den Eltern). Die angeführten Fragen sind als Anregungen zu verstehen. Sie befassen sich mit der Einrichtung selbst und reichen – je nach Alter und Interessenslage der Kinder – bis in die nahe oder entfernt liegende Umwelt. Einige der Fragen deuten bereits mögliche Verknüpfungen zwischen den Bereichen an.

---

[111] Eine sorgfältig ausgearbeitete Checkliste für Schulen, die zum Teil auf Horte übertragen werden kann, befindet sich zum Beispiel in Langner, Tilman: Handreichung Umweltkonzepte für Schulen. Halle: Unabhängiges Institut für Umweltfragen e.V., 1996

Trinkwasser
- Wozu brauchen wir in unserer Einrichtung Trinkwasser?
- Welche Wasserspiele gefallen mir gut?
- Woher kommt unser Wasser?
- Wohin fließt es?
- Wie viel verbrauchen wir?
- Welche Stoffe enthält es?
- Was davon schmecken oder riechen wir?
- Können wir Wasser schonen?
- Wo herrscht Wassermangel?
- Was kann die Ursache dafür sein?
- Zu welchen Folgen kann Wassermangel (regional, saisonal, bei uns oder in bestimmten Ländern) führen?

Ernährung
- Was schmeckt uns gut?
- Woher kommen unsere Grundnahrungsmittel?
- Wer produziert sie unter welchen Bedingungen?
- Welche Transportwege legen sie zurück?
- Was bezeichnen wir als gesund – ungesund?
- Wie werden die Mahlzeiten zubereitet?
- Was brauchen Menschen zu einer ausgewogenen Ernährung?
- Wo kaufen wir vorzugsweise ein?
- Wie sind die Lebensmittel verpackt?
- Was passiert mit den Abfällen?
- Wie ernähren sich Menschen in anderen Ländern, Kontinenten?

Abfall
- Was bezeichnen wir als Abfall?
- Woher kommen die Abfälle und wie viel hinterlassen wir?
- Kennt „die Natur" Abfälle?
- Was passiert mit unseren Abfällen?
- Enthält der Abfall verborgene Schadstoffe?
- Sind bestimmte Unternehmen an Abfällen interessiert?
- Können wir unsere Abfälle reduzieren?
- Ist die Trennung bestimmter Abfallstoffe sinnvoll?
- Was heißt Recycling konkret?
- Was bringt es, wenn wir mit Abfallprodukten bestimmte Gegenstände herstellen (basteln und werken)?
- Was bedeutet anderen Menschen in bestimmten Ländern, die (aus unserer Sicht) in Ausnahmesituationen leben, der Abfall?

Luft
- Wie nehmen wir Luft wahr?
- Wie atmen wir?
- Welchen Einfluss hat frische Luft auf unser Wohlbefinden?
- Woher kommt frische Luft?
- Können wir etwas zur Frischluft beitragen?
- Wie lüften wir am sinnvollsten?
- Welche Schmutzpartikel in der Luft machen uns zu schaffen?

- Woher kommen sie?
- Wie reagieren Tiere und Pflanzen auf Luft (z. B. durch smogbedingte Verminderung der schützenden Ozonhülle)?
- Welcher Zusammenhang besteht zwischen bestimmten Luftschadstoffen und globalen Erscheinungen wie Ozonloch oder Treibhauseffekt?

Energie
- Wie funktioniert unsere Heizanlage?
- Wie wird das warme Wasser erzeugt?
- Welche elektrischen Geräte benutzen wir?
- Gäbe es dazu Alternativen?
- Können wir Heizkosten einsparen?
- Was würde das für uns bedeuten?
- Welche Energiespender kennen wir?
- Was spricht für/gegen die Nutzung alternativer Energie?
- Wer ist unser Stromanbieter, auf welche Energieerzeuger greift er zurück?
- Wie viel Energie verbrauchen Industriestaaten (private Haushalte, Industrie, Verkehrsmittel u. a. m.) im Vergleich zur Dritten Welt?
- Welche Auswirkungen sind global betrachtet mit der Energieerzeugung und ihrem Verbrauch verbunden?

Ausstattung der Räume
- Wie gefallen uns unsere Räume und ihre Ausstattung (Möbel, Spiel- und Gebrauchsgegenstände)?

- Welche Dinge verbrauchen wir in besonders großen Mengen?
- Wo und unter welchen Umständen (einschließlich der verwendeten Rohmaterialien) werden sie hergestellt?
- Wo werden sie vorzugsweise eingekauft?
- Welchen Einfluss schreiben wir der Werbung zu?
- Auf was legen wir beim Kauf besonderen Wert?
- Was brauchen wir unbedingt und auf was könnten wir verzichten?
- Was passiert mit kaputten Gegenständen?
- Und was geschieht mit den Resten (Abfällen)?
- Haben bestimmte Gegenstände über das Gefallen oder Nichtgefallen hinaus Wirkungen auf unser Wohlbefinden (z.B. Allergie auslösende Schadstoffe)?
- Falls ja, was können wir dagegen unternehmen?

Konsum
- Welche Wünsche habe ich und welche sind mir besonders wichtig?
- Was bedeuten mir Kleidung und Spielgegenstände?
- Wie und mit welchen Grundstoffen werden sie hergestellt und transportiert?
- Wer oder was beeinflusst unsere Wünsche nach bestimmten Gegenständen?
- Wie gehen wir mit unseren Besitztümern und denen anderer um?

- Wofür benutzen wir sie und wofür nutzen sie uns?
- Mit welchen Mitteln arbeitet die Werbebranche?
- Was beeinflusst mein Kaufverhalten?
- Welche Gegenstände könnte ich entbehren?
- Was passiert mit Dingen, die wir nicht mehr brauchen?
- Welchen Stellenwert nehmen bestimmte Besitztümer in anderen Kulturen ein?

Lärm
- Was bedeuten Ruhe und Stille für mich?
- Wer oder was erzeugt Lärm?
- Wie wirkt Lärm auf mich?
- Wirken die verschiedenen Lärmquellen unterschiedlich auf mich?
- Können wir dafür sorgen, dass Lärm in den Räumen reduziert wird?
- Wann macht mir Lärmen Spaß?
- Wie funktioniert unser Gehör?
- Wo (an welchem Ort, zu welcher Zeit) kann ich Stille erleben?
- Gibt es Situationen, wo ich darauf angewiesen bin?
- Können wir auf bestimmte Lärmquellen in unserem Wohngebiet Einfluss nehmen?

Außenanlagen
- Was wächst in unserem Garten und den übrigen Außenanlagen (an Zugängen, Zäunen oder Mauern)?

- Was gefällt mir, was nicht?
- Bieten die Pflanzen bestimmten Tieren Unterschlupfe und Nahrung an?
- Sind es für uns Nutz- oder Zierpflanzen?
- Wer pflegt die Pflanzen und was ist dazu nötig (Wissen, Werkzeuge, Wasser, Düngemittel oder andere Zusatzstoffe)?
- Was passiert mit so genannten Schädlingen?
- Welche Spielgegenstände stehen uns zur Verfügung?
- Macht es Spaß, sie zu benutzen?
- Woraus sind sie hergestellt bzw. woher kommen sie?
- In welchem Bezug steht die Herkunft zum Schutz der Umwelt?
- Können wir die Gestaltung des Gartens beeinflussen?

Pflanzen und Tiere
- Welche Pflanzen befinden sich in unseren Räumen? evtl. auch: Welche (Gast-)Tiere?
- Wie sieht es damit in den Außenanlagen aus?
- Und wie in der näheren Umgebung (Grünstreifen, Parkanlagen, Wiesen u.a.m.)?
- In welcher Beziehung stehen bestimmte Pflanzen zu bestimmten Tieren?
- Welche Tiere (Pflanzen) interessieren mich besonders?
- Wo kann ich sie beobachten?
- Gibt es Tiere, die Ekel oder ausgeprägten Widerwillen in mir auslösen?

- Wer oder was kann bestimmten Pflanzen oder Tieren Schaden zufügen?
- Können wir etwas zum Pflanzen- und Tierschutz beitragen?
- Wo können wir Unterstützung finden?

Wald
- Wie fühle ich mich im Wald?
- Was können wir im Wald sehen, hören, riechen, ertasten, schmecken?
- Zu welchen Spielen lädt uns ein Wald ein?
- Was weiß ich vom Wald?
- Was interessiert uns besonders (welche Pflanzen, Tiere des Waldes)?

- Wie nutzen Menschen den Wald, wie pflegen sie ihn?
- Was bedeutet ein gesunder Wald für den Erhalt von Lebensgrundlagen (Luft, Wasser, Boden)?
- In welcher Wechselbeziehung stehen bestimmte Pflanzen und Tiere mit einem Wald?
- Was können Menschen zum Erhalt von Wäldern beitragen?
- Welche Bedeutung kommt den Regenwäldern zu?
- Können wir etwas für den Erhalt von Regenwäldern tun?

Verkehrsmittel und Fragen zur Infrastruktur

- Mit welchen Verkehrsmitteln kommen wir in die Einrichtung?
- Welche Wege stehen uns zur Verfügung?
- Was gefällt mir an bestimmten Verkehrsmitteln und was nicht?
- Könnten wir auf negative Beobachtungen Einfluss nehmen?
- Welche Einrichtungen (Bibliotheken, Schwimmbäder u. a.) in unserer Umgebung finden wir schön und nützlich?
- Was vermissen wir?
- Sind die Spielplätze gut erreichbar und bieten sie interessante Möglichkeiten?
- Wo finden – trotz Bebauung – Tiere und Pflanzen angemessene Lebensbedingungen vor?
- Was bedeuten lange Transportwege und Abgas erzeugende Verkehrsmittel für unsere Umwelt?
- Können wir auf bestimmte Vorhaben oder Verhaltensweisen in unserem öffentlichen Lebensbereich Einfluss nehmen?

Jeder Umweltbereich bietet eine Fülle von Inhalten, die je nach Situation im Hort aufgegriffen werden können. Die Aspekte Soziales, Ökonomie und Ökologie sind dabei gleichermaßen zu beachten. Damit ist die Förderung der Umweltkompetenz in die Bildung für eine nachhaltige Entwicklung eingebunden.

3.5.7 Medienkompetenz
Hans Eirich

Medienkompetenz meint die Fähigkeit, Medien kritisch, reflektiert, selbstbestimmt und kreativ zu nutzen, um sich zu informieren, zu unterhalten und zu bilden, um sich Wirklichkeit anzueignen, eigene Ideen und Wünsche auszudrücken und am gesellschaftlichen Leben zu partizipieren.

Die Vermittlung von Medienkompetenz durch eine qualifizierte Medienerziehung ist ein Bildungsziel des Horts.
In der medienpädagogischen Arbeit geht es nicht nur darum, die Medienerfahrungen, die Kinder außerhalb der Einrichtung machen, verbal aufzuarbeiten. Zu einer umfassenden Medienerziehung gehört es auch, Medien aller Art in der pädagogischen Arbeit gezielt zu nutzen. Kindern und Jugendlichen sollte die Gelegenheit gegeben werden, sowohl mit vorhandenen Medienprodukten umzugehen als auch in aktiver Medienarbeit Medienprodukte selbst zu erstellen oder zu gestalten. Aufmerksam zu beobachten sind auch geschlechts- oder herkunftsspezifische Unterschiede im Medienverhalten, um daraus rechtzeitig Folgerungen für die pädagogische Arbeit ziehen zu können.

Für die medienpädagogische Arbeit im Hort wäre eine geeignete Ausstattung, z. B. mit Fernseh- und Videogeräten sowie onlinefähigen Computern wünschenswert. Zu denken ist auch an trägerübergreifende Initiativen und gemeinsame medienpädagogische Projekte. Durch die Zusammenarbeit mit Mediendiensten (z.B. Bildstellen, AV-Medien-Zentralen) können zusätzliche Ressourcen für die Geräteausstattung, Personalqualifizierung sowie die medienpädagogische Projektarbeit genutzt werden.

Gesellschaftliche und individuelle Kommunikation erfolgt heute vielfach unter Einsatz technischer Medien. Medienkompetenz als Teilbereich kommunikativer Kompetenz [112] meint die Fähigkeit, diese Medien kritisch, reflektiert, selbstbestimmt und kreativ zu nutzen [113], um sich zu informieren, zu unterhalten und zu bilden, um sich Wirklichkeit anzueignen, eigene Ideen und Wünsche auszudrücken und am gesellschaftlichen Leben zu partizipieren. Ihr Rang als „Schlüsselkompetenz" oder elementare Kulturtechnik, vergleichbar dem Lesen, Schreiben oder Rechnen, stellt auch den Hort als außerschulische Bildungseinrichtung vor neue Herausforderungen. Die Vermittlung von Medienkompetenz durch qualifizierte Medienerziehung unterstreicht die Bildungsaufgabe des Horts, die im Hinblick auf den sich abzeichnenden Übergang von der Industrie- zur Wissensgesellschaft an Bedeutung gewinnen wird.

Die Erziehung zur kompetenten Nutzung oder Rezeption des allgegenwärtigen Medienangebots folgt dem pädagogischen Grundsatz, vorhandene Fähigkeiten und Interessen des Kindes zu fördern und an ihnen anzuknüpfen, um individuelle Lösungen für Entwicklungsaufgaben zu ermöglichen und eigene Antworten auf die mit den verschiedenen Lebenssituationen verbundenen Herausforderungen zu finden. „In den Hintergrund gerückt ist die Vorstellung des Kindes als unvollendeter Persönlichkeit mit Defiziten und Schwächen, als eines Noch-nicht-Erwachsenen, der in erster Linie geschützt und vor Schaden bewahrt werden muss. Medienerziehung nach dem Leitbild des kompetenten Kindes ist präventiv ausgerichteter Kinder- und Jugendschutz". [114] Neben dem erzieherischen Kinder- und Jugendschutz mit der Leitvorstellung des kritik- und entscheidungsfähigen sowie sich selbst und anderen gegenüber verantwortlichen Kindes (§ 14 SGB VIII)

---

[112] Baacke, D., Glotz, P., Kubicek, H., Lange, B.P./Mettler-v.Meibohm, B.: Was ist Medienkompetenz? Fünf Statements zu einem facettenreichen Begriff. In: F. Schell, E. Stolzenburg, H. Theunert (Hrsg.): Medienkompetenz. Grundlagen und pädagogisches Handeln. KoPäd.: München 1999, S. 18–24

[113] Schell, F.: Elitenförderung oder Breitenarbeit? In: medien + erziehung, 1997, Heft 3, S. 143–147

[114] Eirich, H.: Medienerziehung in Kindertageseinrichtungen. In H. Rieder-Aigner (Hrsg.): Handbuch Kindertageseinrichtungen, Band 2 (Abschnitt VI: Pädagogik, Kap. 12, S. 1–16), hier S. 6. Walhalla: Regensburg 1998 (Grundwerk erschienen 1994)

steht der gesetzliche Jugendmedienschutz, der einerseits die Heranwachsenden vor Extremen bewahrt und auf den schon deshalb nicht verzichtet werden darf, weil sonst die Medienanbieter aus der Verantwortung für den Inhalt ihrer Produkte weitgehend entlassen würden. Andererseits stößt das Prinzip des Bewahrens vor möglichen Gefährdungen und Schäden und damit auch der gesetzliche Jugendmedienschutz schnell an praktische Grenzen, gerade in Zeiten des Internets und international unterschiedlicher gesetzlicher Standards.

Um Kontinuität sicherzustellen, sollte Medienerziehung im pädagogischen Konzept der Einrichtung verankert sein. In der medienpädagogischen Arbeit geht es nicht nur darum, die Medienerfahrungen, die die Kinder außerhalb der Einrichtung gemacht haben, pädagogisch aufzuarbeiten, obwohl dies auch weiterhin eine wichtige Aufgabe sein wird. Nach der vorliegenden Forschungsevidenz können elektronische Medien, wenn sie altersgemäß und dem Entwicklungsstand des Einzelnen entsprechend verwendet werden, Kinder kognitiv und in ihrem Sozialverhalten fördern. Zu einer umfassenden Medienerziehung gehört es deshalb auch, Medien in der pädagogischen Arbeit zu verwenden. Dabei sollten die Kinder Gelegenheit haben, sowohl mit fertigen Medienprodukten umzugehen als auch in aktiver Medienarbeit Medienprodukte selbst zu erstellen oder zu gestalten. Zu beachten ist, dass der Einsatz von Medien die anderen pädagogischen Angebote ergänzt, nicht ersetzt.

Der kompetente Umgang mit Medien umfasst neben technischen kommunikative und soziale Kompetenzen, er trägt zur Identitätsbildung bei und hat Sozialisationsfunktion.[115] Zur Förderung der nötigen Fähigkeiten und Fertigkeiten für den sinnvollen Gebrauch von Medien[116] ist das Selbstvertrauen der Kinder zu stärken und sind dem Kind, was den Mediengebrauch betrifft, verantwortliche Entscheidungen zu ermöglichen. Dabei wird der Erziehende das kindliche Medienverhalten aufmerksam beobachten und Grenzen setzen, wenn er es für nötig hält. Grenzsetzungen sind in der medienpädagogischen Arbeit unvermeidlich.

Medien können im Hort auch zur Wissensvermittlung eingesetzt werden. Der Hort kann auf diese Weise sein Profil als Bildungseinrichtung schärfen.

Grundlage einer umfassenden Medienerziehung ist die Ausstattung des Horts mit geeigneten Medien, etwa onlinefähigen Computern, und die medienpädagogische Qualifikation des Fachpersonals. Vom pädagogischen Urteil der Fachkräfte („Welche Geräte sollen zum Einsatz kommen?", „Was ist die richtige Software?") und der Unterstützung, die sie den Kindern beim Mediengebrauch leisten können, hängt es entscheidend ab, ob Medien zum Vorteil und mit Gewinn für die Kinder eingesetzt werden.[117] Für die medienpädagogische Arbeit im Hort besonders wichtig ist die gezielte Unterstützung von Kindern, die außerhalb der Einrichtung, z.B. in der Familie, kaum oder wenig Zugang zu potenziell nützlichen Medien haben. Des Weiteren sei an dieser Stelle auf die Förderung von Kindern mit besonderen Bedürfnissen hingewiesen. Für diese Kinder sind technische Geräte, also auch technische Medien, oft wichtige Hilfsmittel für die alltägliche Lebensbewältigung.

---

[115] a.a.O., S. 8
[116] Aufenanger, S.: Medienkompetenz oder Medienbildung? Wie die neuen Medien Erziehung und Bildung verändern. In: Bertelsmann Briefe, 1999, Heft 142, S. 21–24
[117] National Association for the Education of Young Children [NAEYC] Position Statement: Technology and Young Children – Ages Three through Eight. Young Children, 51, 1996, (6), S. 11–16

Die Einrichtungen sollten in Fragen der Medienerziehung mit den Eltern verstärkt zusammenarbeiten. Dazu muss freilich das Interesse der Eltern häufig erst geweckt werden. Pädagogische Verantwortung und das Interesse an hochwertiger Medienerziehung gebieten es jedoch, die Arbeit der Einrichtung am Wohl des Kindes auszurichten und

Medienerziehung nicht an der vermeintlichen Gleichgültigkeit der Eltern scheitern zu lassen. Erzieher und Eltern können sich gegenseitig dabei unterstützen, Medienprodukte bewusst und kritisch auszuwählen, und sich gemeinsam für die Entwicklung kindgerechter Mediensoft- und -hardware einsetzen.

Kapitel 4
Sozialpädagogische Arbeitsweisen

Kern der sozialpädagogischen Tätigkeiten in Horten ist die tägliche Arbeit mit den Kindern. Es wird empfohlen, den Tages- und Wochenablauf unter Beteiligung der Kinder zu planen. Besondere Bedeutung kommt dabei der Gestaltung der Beziehungen der Hortfachkräfte zu den Kindern und der pädagogischen Angebote, vor allem der Projektarbeit und der Arbeit mit unterschiedlichen Zielgruppen, zu.

- *Einzelfallhilfe (case-work),*
- *Soziale Gruppenarbeit (social group-work)* und
- *Gemeinwesenarbeit (community-organization)*

anwenden, andere wiederum bezeichnen damit Konzepte sozialpädagogischen Handelns, wie

- den *Situations-Ansatz,*
- die *Montessori-Pädagogik,*
- den *Lebenswelt-Ansatz* oder
- die *Themenzentrierte Interaktion.*

4.1 Grundsätzliche Überlegungen

4.1.1 Methodisches Handeln in der Sozialpädagogik
Walter Josef Engelhardt

Der Begriff *Methode* wird innerhalb der Veröffentlichungen zur Sozialpädagogik teilweise beliebig und auch widersprüchlich verwendet. So sind Aussagen zu finden, die den Begriff lediglich für die *klassischen* Methoden der Sozialarbeit/Sozialpädagogik

Der Einsatz von Arbeitsweisen, Mitteln und Techniken wird innerhalb der Sozialpädagogik durchaus auch als *eine Methode* bezeichnet. Die Ursachen und Folgen dieses Phänomens sollen hier nicht diskutiert werden, der Hinweis soll genügen, um darzulegen, dass es für das Verständnis angezeigt erscheint, mit dem Begriff des *methodischen Handelns* in der Sozialpädagogik zu operieren. Verschiedene Aspekte methodischen Handelns in der Sozialpädagogik sind in folgendem Schaubild dargestellt.

Methodisches Handeln in der Sozialpädagogik

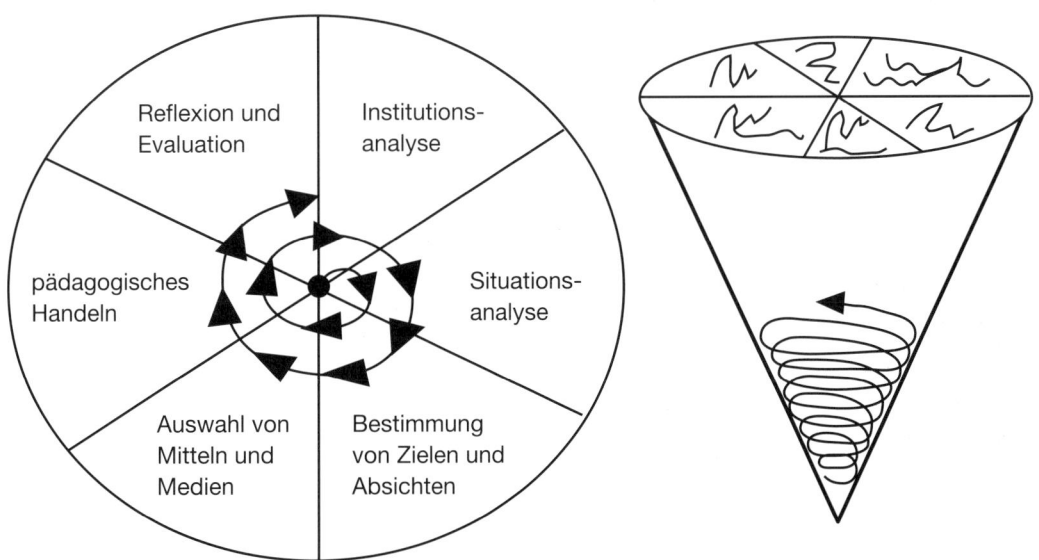

• *Institutionsanalyse*

sollte am Anfang eines jeden methodischen Prozesses stehen; hierbei ist es von Bedeutung, die Bedingungsfaktoren der jeweiligen Institution zu beschreiben und zu analysieren. Dabei kann beispielsweise durch ein Organigramm die innere Gliederung dargestellt werden. Das Eingebundensein der Institution in örtliche und soziale Gegebenheiten und die Vernetzung mit anderen Institutionen sind dabei ebenso zu berücksichtigen.

• *Situationsanalyse*

bedeutet dabei die Beschreibung und Analyse der *sozialpädagogischen Situation*; dabei dient als Orientierung der Situative Ansatz.[118] Zur Beschreibung und Analyse der Beziehungsstrukturen in einer Gruppe eignet sich das Soziogramm.

---

[118] Colberg-Schrader, C. / Krug, A.: Lebensnahes Lernen im Kindergarten. Kohlhammer: München 1980
Krenz, A.: Der „Situationsorientierte Ansatz" im Kindergarten. Lambertus: Freiburg i. Br. 1991

- *Bestimmung der Absichten oder Zielformulierung*
bezeichnet den Vorgang, mit dem zukünftiges pädagogisches Handeln angegeben wird, um zielgerichtetes und absichtsvolles Handeln zu ermöglichen und das Erreichen des beabsichtigten Zustands definieren zu können. Neben dem üblicherweise gebräuchlichen Begriff *Ziele* soll durch den Begriff *Absichten* vermittelt werden, dass eine Vielzahl von angestrebten *Zielen im sozialpädagogischen Alltag* und damit in der *Praxis* durch eine gewisse Vorläufigkeit gekennzeichnet und letztlich nicht endgültig operationalisierbar sind.

- *Auswahl von Mitteln und Techniken (bzw. „Methoden")*
bezeichnet die *Diskussion und Entscheidung* über die Auswahl und Bereitstellung bestimmbarer sozialpädagogischer, materieller und räumlicher Gegebenheiten, um auf der Basis der vorhergegangenen Prozesse geeignete Interventionen einzuleiten.

- *Sozialpädagogisches Handeln* oder *Intervention*
beschreibt den *Prozess der konkreten sozialpädagogischen Interaktion,* in den die vorangegangenen Phasen einmünden. Da nicht davon ausgegangen werden kann, innerhalb der Vorplanung *alle* relevanten Gesichtspunkte erschöpfend bedacht zu haben, muss

häufig innerhalb der konkreten praktischen Handlungsphase der Prozess des methodischen Handelns für einen begrenzten Bereich neu beschritten werden.

- *Reflexion und Evaluation*
Reflexion beschreibt den Vorgang des Nachdenkens über den Prozess innerhalb einer Zusammenschau des ganzheitlichen Zusammenwirkens der verschiedenen Bedingungsfaktoren. Dabei ist immer auch die Reflexionsebene mitzubedenken, d.h. professionelle Sozialpädagogik verfügt über berufliche Werte, berufliches Wissen und über spezielle Handlungsformen – und die gilt es analytisch voneinander zu unterscheiden. Diese Unterscheidung verhindert die Beliebigkeit von Reflexionsfragen und -aussagen. *Evaluation* bedeutet in unserem Kontext „bewerten" oder hier besser „auswerten"; dies geschieht auf der Grundlage einer systematischen Informationssammlung, die sich unter anderem Verfahren der empirischen Sozialforschung bedient. [119]

Die Anordnung der verschiedenen Phasen als Segmente eines Kegels legt das inhaltlich untrennbare Zusammenwirken dar und veranschaulicht, dass es sich beim methodi-

---

[119] Schild, W.: Fachliche Qualität im Praxissystem Sozialer Arbeit. Folgerungen für die Qualifizierung der sozialen Fachkräfte. In: ForumSozial 1/1998

schen Arbeiten innerhalb der Sozialpädagogik nicht um ein mehrstufiges kausales Methodenmodell handelt. Die Spirale beschreibt den Weg, der innerhalb eines Prozesses zurückgelegt wird. Mit diesem Verfahren beschreitet die Pädagogin oder der Pädagoge im Verlauf aufeinander folgender Prozesse immer wieder aufs Neue die verschiedenen Segmente und entwickelt somit eine eigene individuelle Auslegung der Methode für die unterschiedlichen anfallenden Aufgaben.

Verschiedene Modelle menschlichen Handelns

Alle in der Sozialpädagogik professionell Handelnden legen bewusst oder unbewusst ein bestimmtes Bild vom Menschen zu Grunde.

* Das *Maschinenmodell*
begreift den Menschen als eine hochkomplizierte, nur zum Teil durchschaubare Mechanik, die im Grunde verlässlich ist und bei der man mit bestimmten Eingaben vorhersehbare Ergebnisse erzielen kann. Das zu Grunde liegende Erklärungsmodell geht von einem funktionalen, definierbaren Zusammenhang von Ursache und Wirkung aus; der Mensch wird hier als primär reflexhaft reagierend verstanden. Dabei bietet das Arbeiten mit dem Modell die Möglichkeit, mit relativer Genauigkeit zukünftiges Ver-

halten vorherzusagen und dies über gezielte sozialpädagogische Interventionen herbeizuführen.

* Das *Handlungsmodell*
wiederum ist das am weitesten in der Praxis verbreitete und wird auch mehrheitlich in den einschlägigen Ausbildungen vermittelt. Als Ausgangsüberlegung steht die Vorstellung, „dass Menschen grundsätzlich rational, mit plausiblen Gründen und auf rationale Ziele hin handeln – auch wenn es für sie und einen Beobachter zunächst nicht diesen Anschein geben mag".[120] Übertragen auf die konkrete sozialpädagogische Arbeit in der Kindertagesstätte bedeutet dies, bei dem beobachtbaren Verhalten der Kinder und Jugendlichen, aber auch bei dem eigenen und dem der Kolleginnen und Kollegen, nach Handlungsgründen und Handlungszielen zu suchen und damit das Handeln *intentional* zu beschreiben.

* Das *Erzählermodell*
dagegen lässt den Menschen als den *Erzähler* seiner persönlichen und sozialen Geschichte auftauchen. Der Mensch wird dabei als handelndes Subjekt gesehen, er kann im Rahmen seiner Entwicklung Selbstbestim-

---

[120] Körner, J./Ludwig-Körner, C.: Psychoanalytische Sozialpädagogik: eine Einführung in vier Fallgeschichten. Lambertus: Freiburg i. Br. 1997, S. 13

mung über seine Lebensbezüge erlangen. *Erzähler*modell deshalb, weil – übertragen auf die Arbeit in der Kindertagesstätte – das Kind oder der Jugendliche den sozialpädagogisch Handelnden nicht nur im Gespräch, sondern auch in anderen Formen der Interaktion Auskunft gibt, wie sein Verhalten, seine Handlungen, letztlich seine Identität zu verstehen sind. Dieser Ansatz orientiert sich an Interpretationen von beobachtbarem Verhalten und gibt den Betroffenen eher die Möglichkeit, die eigene tieferliegende Wirklichkeit zu erfassen, als dies bei Anwendung der anderen beiden Modelle möglich wäre.

Wenn wir mit dem Modell arbeiten wollen, sind wir aufgefordert, sowohl die Fragen nach Ursache-Wirkungs-Zusammenhängen, die sich möglicherweise geradezu aufdrängen, als auch die Suche nach intentionalen Absichten zurückzustellen, um dann den Besuchern der Kindertagesstätte zuzuhören und ihr Verhalten, ihre sprachlichen und nichtsprachlichen Äußerungen, die darin enthaltenen Metaphern und die „Sprache der Kids" selbst – nach Möglichkeit gemeinsam – zu interpretieren und in einen inhaltlichen Zusammenhang zu stellen, durch den wir dann die Bedeutung erschließen können.

4.1.2 Spannungsfeld Einzelarbeit – Gruppenarbeit – Institution
Walter Josef Engelhardt

Schulkinder leben – grob unterschieden – in mehreren, miteinander verbundenen und füreinander durchlässigen „Kinderwelten": Familie, Schule, Peer-Groups und in der Medienwelt, der Bereich, in dem der soziale Kontakt nicht im Vordergrund steht.[121] Für Schulkinder, die einen Hort besuchen, sind diese Kinderwelten um einen zusätzlichen Erfahrungsraum erweitert. Gleichzeitig ist auch die Anzahl der Menschen, die pädagogisch Einfluss nehmen können, erweitert. Gerade in einem Lebensabschnitt, der gekennzeichnet ist durch Entwicklung der eigenen Identität, beginnend mit der Ablösung und der Abgrenzung von der Welt der Erwachsenen, besteht subjektiv für die Hortkinder die Notwendigkeit, mit professionellen Pädagoginnen und Pädagogen in ihrem Alltag immer wieder die unterschiedlichen Vorstellungen aushandeln zu müssen.

In einem Lebensabschnitt, der solchermaßen besetzt ist, hat auch die Institution Hort darauf zu achten, die „Pädagogisierung der Lebenswelten" soweit als möglich zu reduzieren und den Hortkindern „erwachsenen-

---

[121] Baacke, D.: Die 6- bis 12jährigen. Beltz: Weinheim/ Basel 1989, S. 187

freie Zonen" zu gewähren und dies gegebenenfalls mit den erzieherischen und schulpädagogischen Ambitionen von Eltern und Schule auszuhandeln.

Spannungsdreieck – Bedingungsgefüge

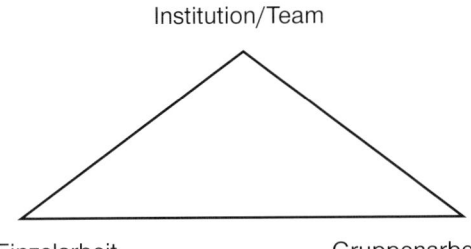

Institution/Team

Einzelarbeit   Gruppenarbeit

Wie oben bereits dargelegt, haben Horte eine spezifische Funktion und damit bestimmte Aufgaben innerhalb eines gesamtgesellschaftlichen Kontextes. Innerhalb des eigenen Lebenslaufs wird das einzelne Schulkind mit unterschiedlichen Entwicklungsaufgaben konfrontiert. Vereinfacht formuliert bietet die Institution Hort dem einzelnen Schulkind die Bedingungen, die anstehenden eigenen Entwicklungsaufgaben zu bewältigen und möglicherweise auch nicht erledigte Entwicklungsaufgaben nachzuholen. Dies kann geschehen im Einzelkontakt mit den sozialpädagogisch Handelnden und mit anderen Schulkindern – und damit in sozialen Gruppen.

Bezogen auf das Spannungsdreieck ist innerhalb der Hortarbeit immer wieder die Frage zu stellen und eine Entscheidung zu treffen, wie und an welcher Stelle die anstehende sozialpädagogische Aufgabe einzuordnen ist. So kann ein Phänomen im Zentrum des Spannungsfelds stehen und damit für die drei Bereiche gleichgewichtig sein; aber mit der gleichen Fragestellung kann auch ein Bereich herauskristallisiert werden, der genauer zu betrachten wäre.

Beispiel: *Regeln für den Hortalltag formulieren und als Orientierungsrahmen für das Zusammenleben zu Grunde legen und akzeptieren.*

Auf der Basis der konzeptionellen Bestimmungen formuliert die Institution einen Katalog von Regeln, die in der Aushandlung mit den Besuchern (und Eltern) differenziert werden (Gruppe) und für das einzelne Kind und auch Erzieherin und Erzieher verbindliche Wirkung haben. Ist nun im Alltag festzustellen, dass es immer wieder zu Konflikten wegen der Regeln kommt, so sind alle drei Aspekte abzufragen:

- Sind die Regeln durch die *Institution* oder das *Team* eher so formuliert, um den eigenen Interessen oder Bedürfnissen zu genügen und kollidiert dies mit Erwartungen und Bedürfnissen der Besucher?
- Oder wurden die Regeln in der *Gruppe* (Kinderversammlung, Besucherkonferenz etc.) nicht ausführlich genug behandelt und wurde etwa dabei versäumt, eine

tragfähige Konsensentscheidung herbeizuführen?

- Oder wird der konflikthafte Umgang mit den Regeln herbeigeführt durch *einzelne* Kinder, die auf Grund ihrer individuellen Entwicklungsaufgaben oder persönlichen Krisen und Äußerungsformen in Konflikt mit den Regeln geraten?

Als Ergebnis dieses Fragekalküls wird die Feststellung stehen, an welcher Stelle des Spannungsdreiecks die Konflikte mit Regeln einzuordnen sind und daraus ist dann abzuleiten, *wer, wie, wann* und *wo* intervenieren muss.

Einzelarbeit im Hortalltag

Ausgehend von den Lehrplänen an Fachakademien für Sozialpädagogik ist festzustellen, dass die sozialpädagogische Arbeit mit dem einzelnen Kind weitaus weniger Beachtung und inhaltliche Ausgestaltung erfährt als die Arbeit mit Gruppen.

„Er (der Lehrer oder Erzieher – Anm.d. Verf.) ist in der pädagogischen Paargruppe zweimal enthalten: als Kind und als Erzieher … So steht der Erzieher vor zwei Kindern: dem zu erziehenden vor ihm und dem verdrängten in ihm. Er kann nicht anders, als jenes so zu behandeln, wie er dieses erlebte."[122]

Bezogen auf die Arbeit im Hort bedeutet dies für den sozialpädagogisch Handelnden, über die kontrollierte Selbstreflexion hin zu dem professionellen Fremdverstehen zu gelangen. Arbeit mit einzelnen Kindern im Hort sollte auch im Hortalltag ihren Platz haben und sich nicht primär an den Formen der Sozialen Einzelfallhilfe (case-work) orientieren, um nicht einer Klientifizierung der Besucher Vorschub zu leisten. In der klassischen Sozialarbeit wird von der (Hilfs-) Bedürftigkeit der Klienten ausgegangen (Stichwort: „Hilfe zur Selbsthilfe"). Die Arbeit mit den Hortkindern sollte dagegen eher gekennzeichnet sein von Orientierung an den Prinzipien „Anfangen bei den Bedürfnissen Einzelner und der Gruppe" sowie „Orientierung am sozialen Konflikt".[123] Von den Kindern sollten die Horterzieherin und der Horterzieher auch als solche Erwachsene angesehen werden können, die eine Alternative zu den Erfahrungen mit Erwachsenen in Familie und Schule bieten können. Erwachsene, die mit den Kindern zusammen den Alltag in der Institution aushandeln, planen und durchführen und somit Orientierung sind für alternatives Verhalten und Handeln bei der Bewältigung der anstehenden Aufgaben.

---

[122] Bernfeld, S.: Sisyphos oder Die Grenzen der Erziehung. Suhrkamp: Frankfurt 1979

[123] Dantscher, R.: Arbeitsmaterial für Gruppenarbeit. Lambertus: Gelnhausen 1975

Gruppenarbeit im Hort

Die in der neueren Diskussion propagierten Modelle für die „Arbeit mit Sozialen Gruppen"[124] sind für die Arbeit im Hort ebenfalls nur begrenzt tauglich. So finden wir in der Praxisrealität der Hortarbeit Gruppen mit 20 Kindern, aber auch Großgruppen mit bis zu 100 Kindern (als 3- oder 4-gruppige Horte definiert). Während im ersten Fall die Ergebnisse der Kleingruppenforschung noch zur Erklärung von Realität geeignet sind, taugen für das zweite Beispiel eher theoretische Grundlagen aus der offenen oder teiloffenen Jugendarbeit. Gemeinsamkeiten bestehen in der relativ großen Altersspanne (6 bis ca. 12 Jahre bzw. älter), der Geschlechtermischung und der jährlich veränderten Zusammensetzung der Besucher; ein weiteres Kriterium ist die Fremdbestimmung des Hortbesuchs, in der Regel ausgesprochen durch die Eltern, teilweise empfohlen durch Lehrkräfte oder andere pädagogische Fachkräfte. Es wird sie also nicht geben können: *die* Gruppenarbeit im Hort, so wie es nicht die idealtypische Hortgruppe gibt. Unterschiedliche Konzepte für unterschiedliche Praxisbedingungen sind zu entwickeln.

---

[124] Huppertz, N./Meier-Musahl, R.: Hortpädagogik. Eine Einführung in Theorie und Praxis. PAIS: Oberried b. Freiburg 1999
Schmidt-Grunert, M.: Soziale Arbeit mit Gruppen: eine Einführung. Lambertus: Freiburg i. Br. 1997

Zumindest zu Beginn eines jeden Schuljahres ist bei der Institutionsanalyse die Analyse der *harten Daten* erforderlich, wie z.B.

- Anzahl der angemeldeten Kinder,
- Alters- und Geschlechterverteilung,
- Verteilung der Schulklassen,
- ethnische Gruppierungen,
- kulturelle Zugehörigkeiten.

Zu empfehlen ist die – analytische – Einteilung in drei „Gruppen":

- *die Horteinsteiger:*
  meist erste und zweite Klasse, aber auch Spät- oder Quereinsteiger;
- *die tragende Hortgeneration:*
  meist zweite bis einschließlich der vierten Klasse, aber auch Kinder, die weiterhin freiwillig den Hort besuchen und regelmäßige Besucherkinder;
- *die jugendlichen Hortbesucher und/oder Hortflüchter:*
  meist von sechster Klasse an aufwärts, aber auch solche Besucher, die von ihrer Selbstdefinition und ihren Selbstäußerungen her sich von den Angeboten und Erwartungen der Einrichtung deutlich, nicht selten in aggressiven Äußerungsformen abgrenzen.

In der Hortpädagogik ist zu berücksichtigen, dass unterschiedliche Entwicklungsabschnitte bei Kindern unterschiedliche Entwicklungsaufgaben und damit auch eine

leisten.[126] Die Konfrontation mit zwei Institutionen sekundärer Sozialisation, der Schule und dem Hort, erfordert in der konkreten sozialpädagogischen Arbeit ein behutsames Umgehen mit den besonderen Entwicklungsaufgaben.

Der Begriff Gruppenarbeit in der herkömmlichen Bedeutung ist vor allem auf die Gruppe der *Horteinsteiger* anwendbar. Hier ist das „Modell der Entwicklung"[127] exemplarisch in einen sozialpädagogischen Handlungszusammenhang zu stellen. Die Entwicklungsphasen sind:

andere Sicht der umgebenden Welt und einen anderen Umgang mit ihren Institutionen nach sich ziehen müssen.

Ausgehend von der Standardsituation „Aufnahme in den Hort mit Schuleintritt" bedeutet dies für die Arbeit mit den neuen *Horteinsteiger/innen,* dass sich das Schulkind in einer Phase befindet, in der es handelnd lernt, sich zwischen Tätigkeit und Leistung gegenüber Minderwertigkeitsgefühlen zu entscheiden[125] – oder anders ausgedrückt: seine Entwicklungsaufgaben darin bestehen, neben dem Erwerb der Basiskompetenzen im kognitiven Bereich das Lernen von sozialer Kooperation, Erwerb der Geschlechterrolle sowie die Entwicklung von Moral und Werten zu

1. *Voranschluss und Orientierung*
2. *Machtkampf und Kontrolle*
3. *Vertrautheit und Intimität*
4. *Differenzierung*
5. *Trennung und Ablösung*

---

[125] Erikson nach Faltermaier, T. u.a.: Entwicklungspsychologie des Erwachsenenalters. Kohlhammer: Stuttgart, Berlin, Köln; Lambertus: Freiburg i. Br. 1992

[126] Havighurst nach Faltermaier u.a., a.a.O.

[127] Bernstein, S./Lowy, L.: Untersuchungen zur Sozialen Gruppenarbeit. Lambertus: Freiburg i. Br. 1970

Überträgt man den Gedanken der Lösung von Entwicklungsaufgaben als einen aktiv zu gestaltenden Teil der eigenen Identitätsentwicklung auf das Modell der Gruppenentwicklung im Hort, so ist festzustellen, dass das Schulkind beim Einstieg in den Hort zunächst die Aufgabe des *(Vor-)Anschlusses* und der *Orientierung* zu lösen hat.

Im weiteren Verlauf gilt es, *Konflikte* (hier: *Machtkampf und Kontrolle*) anzunehmen und beim Durchstehen adäquate Bewältigungsformen zu entwickeln. Die zentralen Aspekte lauten hier: Erfahren von Autonomie über Rebellion, normative Krise und Schutz und Unterstützung durch das sozialpädagogische Personal bei der Lösung der Entwicklungsaufgaben.

Die Entwicklung von *Vertrautheit und Intimität* als folgende Entwicklungsaufgabe ist gekennzeichnet durch eine neue Erfahrung von Vertrautheit, mit der die Intimitätserfahrungen aus der familialen Sozialisation erweitert werden. Möglicherweise können auch problematische Intimitätserfahrungen aus früheren Lebenszusammenhängen bewusst gemacht und damit einer Bearbeitung erschlossen werden. Dabei besteht hier auch die Möglichkeit, ausgehend von den erlebten Konfliktbewältigungen in der *Konfliktphase*, Konflikte und Vertrautheit nicht als Gegensätze zu erleben, sondern zu erfahren, dass beide Lebensäußerungen zusammen-

gehören und die Bewältigung von Konflikten persönliche Entwicklung und Gruppenwachstum ermöglichen.

Eine *Phase der Differenzierung*, die vor allem dadurch gekennzeichnet ist, dass die bestehenden Unterschiede (Differenzen) von den Gruppenmitgliedern respektiert werden und dass sich die sozialpädagogisch Handelnden entbehrlich machen können, lässt sich vor allem mit der *tragenden Hortgeneration* erreichen. Mit der beginnenden Pubertät gilt es hier, die psychosoziale Krise von Identität gegenüber Rollendiffusion zu bewältigen[128] oder die Entwicklungsaufgaben „Erwerb einer Geschlechtsrollen-Identität" und das „Gestalten von Peer-Beziehungen" zu lösen. Dies ist der Zeitraum, in dem durch offenere Modelle und Konzepte – z.B. Lebenswelt-Ansatz, offenes Gruppenkonzept, Neigungsgruppen, Kinderkonferenzen – der Unterschiedlichkeit bei den Bedürfnissen und Entwicklungsgeschwindigkeiten entsprechend Programm und Interventionsmodelle institutions- und situationsadäquat ausgewählt werden können. Ebenso ist hier die Erweiterung einer „erwachsenen-

---

[128] Erikson nach Faltermaier, T. u.a.: Entwicklungspsychologie des Erwachsenenalters. Kohlhammer: Stuttgart, Berlin, Köln; Lambertus: Freiburg i. Br. 1992

freien Zone" bei gleichzeitigem „Sich-entbehrlich-machen" anzustreben.

Trennung und Ablösung ist die Phase, die meist in der konkreten sozialpädagogischen Praxis – nicht nur im Hort – die geringste Aufmerksamkeit erfährt. Trennung geschieht meist auf Grund der zeitlich befristeten Dauer (z. B. Kindergarten) oder wegen Abmeldungen aus unterschiedlichen Gründen. Zu beobachten ist dabei häufig, dass die Trennung einhergeht mit einer Negativierung des Vergangenen und einer positiven Besetzung des Zukünftigen. Bei einer derartigen Konstruktion haben Gefühle des Bedauerns und der Trauer keinen Platz, solche Empfindungen also, die in reflektierter Form für die Entwicklung einer tragfähigen Identität von wesentlicher Bedeutung sind. Auch aus solchen Überlegungen heraus ist es für die „ausscheidenden Hortkinder oder Jugendlichen" besonders wichtig, eine „verselbstständigte Gruppe" mit gezielter gruppenpädagogischer Begleitung anzubieten.

Zusammenfassung

Das Modell der Gruppenentwicklung ist wie alle anderen möglichen Modelle der Gruppenarbeit kein Ersatz für situationsorientiertes Handeln in und mit Gruppen. Ein solches Modell eignet sich vor allem als Reflexionshilfe für Phänomene aus der konkreten Realität. Es ermöglicht die Zuordnung anderer theoretischer Erklärungsaussagen, wenn es als eine Folie über menschliche Entwicklung in Gruppen verwendet wird. Im Hortalltag sollte den *Horteinsteigern* besondere Beachtung gewidmet werden, die vor allem darin besteht, ihnen die Möglichkeit zu geben, sich als eigene Gruppe zu erleben und ihre Entwicklung zu machen. Dazu sind neben einer bestimmten Bezugsperson als Gruppenleiterin oder Gruppenleiter ein bestimmter Ort (am besten ein eigener Raum) und eine bestimmte Zeit (Gruppenzeit) wesentliche Voraussetzungen. Von der solchermaßen gesicherten Position ist das Hortkind eher in der Lage, sich behutsam in den Alltag der Institution zu wagen und sich gegebenenfalls auch wieder zurückzuziehen, wenn es sich vom umgebenden Betrieb überfordert fühlt. Bedürfnis- und situationsangemessen Konzepte ermöglichen der *tragenden Hortgeneration* notwendige Erfahrungen zur Lösung ihrer Entwicklungsaufgaben. Hier ist die Auflösung von überkommenen, nicht funktionalen Gruppeneinteilungen anzustreben; die Hortpädagogik sollte dabei auch die Konzepte der Jugendarbeit mit in die Überlegungen aufnehmen. Für die Kinder und Jugendlichen, die den Hort *verlassen* (werden), sind gesonderte Überlegungen anzustellen. Nicht immer ist es möglich, ein spezielles Gruppenangebot bereitzustellen; allerdings sollte der Gedanke der *Ablösung* unbedingt in die konzeptionellen Überlegungen aufgenommen werden.

Für die Hortpädagogik gilt es nicht, besondere Arbeitsweisen, Mittel und Techniken zu entwickeln; vielmehr sind die vorhandenen und vielfach publizierten Methoden in einen inhaltlich einrichtungsadäquaten Zusammenhang zu stellen und zu diskutieren.

4.2 Planung und Gestaltung des Alltags unter Beteiligung der Kinder und Jugendlichen

Lernarrangements und Lernmethoden
Bernd Becker-Gebhard

Der Erfolg pädagogischer Maßnahmen des Hortes hängt von einer Reihe von Faktoren ab, die zwar wohlbekannt sind, jedoch bei der Planung und Durchführung von Vorhaben häufig nicht beachtet werden.

Das Interesse der Kinder an einem Angebot sowie ihre Motivation zur Mitarbeit können vor allem dadurch geweckt werden, dass die Inhalte dieses Angebots an den Themen anknüpfen, die im Leben der Kinder eine Rolle spielen. Wenn ein vom Hort vorgeschlagenes Projekt oder das Thema einer Arbeitsgruppe sich auf ein konkretes Anliegen der Kinder beziehen lässt, wie es z.B. bei

der Anschaffung eines Computers oder der Neugestaltung eines Raumes für die Kinder anzunehmen ist, erhalten die dazu erforderlichen Arbeits- und Lernschritte – es muss verhandelt werden, Entscheidungen sind erforderlich, jemand muss ein Protokoll führen etc. – eine praktische Bedeutung. Man muss z.B. ein paar englische Vokabeln lernen, wenn man die Möglichkeiten des Computers besser nutzen will, und man muss einen Plan entwerfen, wenn man für sich einen neuen Raum haben will.

Ein weiterer wichtiger Faktor für den Erfolg des Lernens im Hort ist die Erfahrung, mit eigenem, selbstverantwortetem Lernen ein gutes Ergebnis erzielt zu haben. Diese Erfahrung erhöht das Vertrauen der Kinder in die Wirksamkeit ihrer Anstrengungen. Da gerade zu Beginn einer Arbeit leicht Misserfolge eintreten können, wenn die Anforderungen zu hoch gestellt werden, sollten Hortfachkräfte darauf achten, dass Kinder sich realistische Ziele stellen. Kinder brauchen von Erwachsenen eine glaubwürdige Rückmeldung über den Erfolg ihrer Anstrengungen. Sie benötigen Unterstützung bei dem Versuch, die eigene Person einzuschätzen.

Gestaltungsfreiräume sind unverzichtbar, wenn Kinder in der Entwicklung eigener Verantwortung gefördert werden sollen. Kinder brauchen Spielräume, um Inhalte zu erkunden und Methoden auszuprobieren.

Das gemeinsame Lernen in Kleingruppen ist eine weitere wichtige Grundlage für den Lernerfolg von Kindern, da in diesem Arrangement Kinder ihre unterschiedlichen Fähigkeiten und Kenntnisse einbringen und dabei erleben, dass die einzelnen Kompetenzen erstaunlich viel bewirken, wenn sie zusammengebracht und koordiniert werden.

Durch die Möglichkeit der Kommunikation über Internet haben Kinder und Jugendliche im Hort auch die Möglichkeit, hortübergreifende Interessensgruppen zu bilden, mit Kindern aus weit entfernten Gemeinden und Städten Kontakte zu pflegen, Erfahrungen und Probleme zu besprechen und gemeinsam Lösungen zu finden.

4.3 Gestaltung pädagogischer Angebote

Projektorientiertes Arbeiten
Bernd Becker-Gebhard[129]

Projektorientiertes Arbeiten stellt neben der Beziehungsarbeit einen weiteren zentralen Bestandteil sozialpädagogischer Grundlagen für die Konzeptualisierung der Hortarbeit dar. Projekte bieten eine hervorragende Möglichkeit, die Perspektive der Schülerinnen und Schüler einzubeziehen und die von allen Beteiligten (Kinder, Jugendliche und Erwachsene) benötigten Kompetenzen zur Kooperation weiterzuentwickeln. In der Vorbereitung und Durchführung von Projekten unternehmen Kinder und Jugendliche in Kooperation mit Hortfachkräften eine Abfolge von Schritten und organisieren sich individuelle Erfolge auf ihrem Weg zum Projektziel. Solche Erfahrungen sind für die Bewältigung künftiger Aufgaben in verschiedenen Lebensbereichen von großer Bedeutung.[130] Das folgende Modell stellt dar, in welchen Schritten systematisch Projektarbeit im Hort geplant, durchgeführt und bewertet werden kann.

Situationsanalyse
- Situation des Hortes, der Gruppe, einzelner Kinder, Ressourcen vor Ort, bisherige Erfahrungen etc.
- Auswahl der Projektthematik
- Teambesprechungen, Einbeziehung von Unterlagen, Thematisierung in der Hortgruppe, Einbeziehung von Kooperationspartnern (Schule, Eltern etc.)

---

[129] unter Einbezug der Anregungen von Christa Rembart
[130] Zur Projektplanung vgl. Raster und Projektbeispiel von Kaplan, K./Säbel, J.-P.: Schwerpunkte der Arbeit mit Grundschulkindern. In: Kaplan, K./Becker-Gebhard, B. (Hrsg.): Handbuch der Hortpädagogik. Lambertus: Freiburg i. Br. ²1999, S. 84 ff.

Zielfindung

- Konkretisierung der Projektthematik durch Auswahl der Projektziele und Projektinhalte
- Differenzierung der Ziele im Hinblick auf Hort, Gruppe, Kind, Hortfachkräfte, Umfeld etc.
- Besprechung im Hortteam, Beteiligung der Hortgruppe und der Kooperationspartner
- Gemeinsame Zielvereinbarungen

Planung des Projekts

- Besprechung und Darstellung des Ablaufs (wer, was, wozu, wie, wann)
- Zielsetzungen
- Verantwortlichkeiten und Beteiligung
- Inhalte, konkrete Maßnahmen
- Zeitraum, Termine
- Orte, Räumlichkeiten
- benötigte Materialien
- Art der Dokumentation

Durchführung des Projekts

- Umsetzung des Planes
- Dokumentation der Ereignisse
- regelmäßige Besprechung des Verlaufs im Team, mit der Hortgruppe und den Kooperationspartnern
- gemeinsame Besprechung von erforderlichen Korrekturen etc.

Auswertung und Bewertung

Gemeinsame Aufgabe von Hortteam, Hortgruppe und Kooperationspartnern. Grundlage hierfür sind:

- Vereinbarungen, Dokumentation des Projektverlaufs
- Einbeziehung der individuellen Beobachtungen und Erfahrungen der Hortfach-

kräfte, der Kinder und Jugendlichen sowie der Kooperationspartner
- gemeinsame Einschätzung des Erfolges und Schlussfolgerungen für weitere Projekte
- Pressemitteilungen, Publikationen etc.

Projekte verlangen eine Vielfalt von Fähigkeiten und Kenntnissen sowie die Bereitschaft (Motivation) zur Überwindung von Hindernissen. Da ihr Ablauf und ihre Inhalte sehr facettenreich sind, gibt es genügend Handlungsmöglichkeiten nicht nur für sehr kompetente Projektteilnehmer/innen, sondern auch für solche mit weniger Wissen, Erfahrung oder Selbstvertrauen. So erhalten auch „schwächere" Kinder ihre Position im Projekt und machen die Erfahrung, dass auch sie zum Gelingen beitragen.

Die auf den verschiedenen Ebenen (Kindergruppe, Hortteam, Eltern, Lehrkräfte etc.) vorhandenen „personellen Ressourcen" stellen einen Faktor dar, von dem jede Projektplanung ausgehen muss. Gerade Projekte ermöglichen aber durch ihre zeitliche Dimension und die Kooperationsnotwendigkeit die Förderung und Weiterentwicklung der benötigten Kompetenzen in verschiedenen Bereichen: Fähigkeiten, Wissen, soziale Kognition (Empathie und Perspektivenübernahme), ökonomische Arbeitshaltung, Motivation, Vertrauen in die eigenen Fähigkeiten etc.

Wichtig ist, dass diese Veränderungen nicht nur im Hinblick auf einzelne Kinder oder die Hortgruppe, sondern auch für die beteiligten Hortfachkräfte, für das Team oder die Zusammenarbeit mit Partnern aus anderen Bereichen erwartet und dokumentiert werden.

Da die Gelegenheit zur Beobachtung positiver Modelle eine Voraussetzung menschlicher Entwicklung darstellt, ist es für Kinder und Jugendliche sehr wichtig mitzuerleben, dass Erwachsene oder Gleichaltrige gemeinsam Aufgaben, Konflikte und Probleme lösen können, indem sie miteinander sprechen, über verschiedene Alternativen verhandeln, ihre jeweiligen Bedürfnisse und Interessen artikulieren, ihre Kompetenzen einbringen, gemeinsame Ziele aushandeln und sich auf ein gemeinsames Vorgehen einigen. Dabei können sie erfahren, dass die Betrachtung von Dingen und Themen sowie auch der eigenen Probleme meistens aus verschiedenen Perspektiven möglich ist, die abgewogen und miteinander verknüpft werden können.

Für die Hortgruppe, die beteiligten Schülerinnen und Schüler als Individuen sowie für das Team der Fachkräfte ist die Erfahrung einer gemeinsamen emotionalen Grundlage (z.B. Begeisterung für ein Projekt) mit positiven Auswirkungen auf Motivation, Arbeitshaltung und Engagement für künftige Aufgaben verbunden. Vor allem Kinder und Jugendliche benötigen Identifikationsmöglichkeiten, damit sie sich zugehörig fühlen können. Dazu kann ein gemeinsam erlebtes Projekt mit den jeweiligen Inhalten, Erlebnissen und Erfolgen („Das hätte ich nicht geglaubt, dass wir das schaffen!") wesentlich beitragen.

4.4 Arbeit mit unterschiedlichen Zielgruppen

Die Arbeit mit Zielgruppen berücksichtigt die unterschiedlichen Bedürfnisse von Kindern (z.B. Mädchen und Jungen, ältere und jüngere Kinder, Kinder unterschiedlicher nationaler Herkunft). Sie entwickelt pädagogische Angebote, die speziell auf diese jeweiligen Bedürfnislagen zugeschnitten sind.

4.4.1 Jüngere und ältere Schüler/innen
Bernd Becker-Gebhard

Hortfachkräfte müssen die wichtigsten Entwicklungsstufen und individuellen Entwicklungsschritte der Kinder kennen, um auf die mit dem Größer- und Stärker-Werden, dem zunehmenden Wissen, den vielfältigen Ausdrucksmöglichkeiten, den wachsenden Fähigkeiten und sozialen Kompetenzen, dem Wunsch nach Verantwortung, der Differenzierung der Gefühle und dem

Eintritt in die Pubertät sich verändernden Bedürfnisse eingehen zu können.

Horte mit Grundschulkindern haben eher feste Mittags-, Hausaufgaben- und Spielzeiten etc., während Einrichtungen mit älteren Kindern und Jugendlichen einen flexibleren Tagesablauf benötigen. Jüngere Schulkinder brauchen mehr Raum und Zeit für Funktions-, Bewegungs-, Rollen- und Regelspiele, um Anspannungen und belastende Erlebnisse zu verarbeiten, um ihre Fantasien auszuleben und um neue Ausdrucksmöglichkeiten zu finden. Ältere Schülerinnen und Schüler benötigen einen anderen Rahmen zur Entfaltung ihrer Eigenständigkeit als jüngere Kinder. Sie sind eher bereit, sich mit einem Thema zu beschäftigen, wenn sie bei der Planung, bei der Vorbereitung eines Projektes mitwirken und bei der Durchführung für eine bestimmte Aufgabe Verantwortung übernehmen können. Sie brauchen klare Grenzziehungen, um eigene Orientierungen entwickeln zu können.

Die Arbeit mit jüngeren bzw. älteren Schülerinnen und Schülern unterscheidet sich auch in den Inhalten. Bei Grundschülern kann es um den Übergang vom Kindergarten zur Schule oder um den Übertritt in eine weiterführende Schule gehen, bei Hauptschülern steht mitunter schon die Vorbereitung auf das Praktikum in einem Betrieb auf der Tagesordnung. Bei den Grundschülern sind Rivalitäten der Mädchen ein Thema, während die älteren Jungen bereits erste Erfahrungen mit Alkoholtrinken und Zigarettenrauchen machen.

4.4.2 Orientierungspunkte für eine geschlechtsbezogene Arbeit mit Mädchen und Jungen
Kerstin Frank

Gleichbehandlung führt nicht zur Gleichberechtigung

Das Kinder- und Jugendhilfegesetz (KJHG) macht in § 9 Abs. 3 der „allgemeinen Vorschriften" die Förderung der Gleichberechtigung von Mädchen und Jungen ausdrücklich zur Aufgabe aller Einrichtungen und Angebote der Jugendhilfe. Damit betrifft diese Aufgabe auch die Tageseinrichtungen. Untersuchungen zur Geschlechtersozialisation sowie Untersuchungen zur Umsetzung des § 9 Abs. 3 in Horten machen deutlich, dass nach wie vor die Notwendigkeit besteht, Gleichberechtigung zu fördern. Das in Tageseinrichtungen vertretene Konzept der Gleichbehandlung trägt nicht automatisch zur Gleichberechtigung bei. In Horten bestehen jedoch gute Voraussetzungen für die Förderung von Gleichberechtigung. Grundsätzlich weiß man aus der Entwicklungspsychologie, dass das Hortalter – die so genannte „mittlere Kindheit" – hinsichtlich der Geschlechtsidentitätsentwicklung gute

Chancen für eine Erweiterung der Geschlechtsrollen bietet. In dieser Altersphase besteht grundsätzlich eine größere Offenheit hinsichtlich der Ausgestaltung der Geschlechtsrollen als im Kindergarten und später in der Pubertät. Außerdem entwickeln sich im Hortalltag durch die Kontinuität und die Gruppenstruktur intensive Beziehungen zwischen Mädchen, Jungen und Erzieher/innen, die Anlässe sowie die notwendige Vertrauensbasis für Lernprozesse darstellen können.

Was heißt Förderung von Gleichberechtigung?

In Bezug auf den Hortalltag heißt die Förderung von Gleichberechtigung, Mädchen und Jungen darin zu unterstützen, unabhängig von ihrer Geschlechtszugehörigkeit möglichst die ganze Bandbreite ihrer individuellen Persönlichkeit entwickeln zu können. Das heißt zu lernen, auch Verhaltensweisen und Gefühle zuzulassen und ausdrücken zu können, die nicht als „typisch" für ein Mädchen oder für einen Jungen gelten, und nicht nur den Ausschnitt zu zeigen, der innerhalb der jeweiligen Geschlechtsnorm erlaubt ist.

Für die Förderung von Gleichberechtigung müssen Erzieher/innen keine neue Methode lernen. Es geht darum, den Blick für die Geschlechterverhältnisse in der eigenen Gruppe zu schulen und neugierig zu sein, welche Bedürfnisse bei den einzelnen Kindern jenseits der Rollenvorgaben sichtbar werden.

Emanzipatorische Geschlechterarbeit statt Gleichbehandlung – Was können Handlungsschritte sein?

1. Schritt: Durch gezielte Beobachtungen den Ist-Zustand in der eigenen Einrichtung/ Gruppe analysieren
Der erste Schritt besteht darin, die eigene Wahrnehmung für Geschlechterverhältnisse und Rollenverhalten in der eigenen Gruppe zu schulen, das heißt auch, die Kinder als Mädchen und Jungen wahrzunehmen. Dies gelingt z.B. durch gezielte Beobachtungen im Hortalltag zu den Bereichen Spielverhalten, Spielvorlieben, Spielorte, Raumnutzung, Konfliktsituationen. Außerdem ist die Reflexion des eigenen Vorbildes für Weiblichkeit (bzw. bei Erziehern für Männlichkeit) sinnvoll. Denn die Kinder sehen die Erzieherin immer auch als Frau und damit als Vorbild für weibliches Verhalten.

2. Schritt: Passende Ziele und Angebote für die eigene Einrichtung/Gruppe entwickeln
Es ist hilfreich, dort anzusetzen, wo aufgrund der Analyse des Ist-Zustandes in der Gruppe bzw. Einrichtung Handlungsbedarf deutlich wurde. Das bedeutet, an den Situationen anzusetzen, in denen eine Einengung durch Geschlechtsrollen stattfindet, in denen Mädchen wie Jungen Hinweise geben, dass sie mit dem bestehenden rollenkonformen Verhalten unzufrieden oder unglücklich sind.
Bei der Entwicklung der Ziele und Angebote müssen die Rahmenbedingungen der jeweiligen Einrichtung berücksichtigt werden. Es können beispielsweise folgende Fragen gestellt werden:
- Lassen Räumlichkeiten und Personalsituation eine getrennte Geschlechterarbeit zu?
- Gibt es einen Bewegungs- oder Toberaum?
- Gibt es eine Küche, die man mit den Kindern benutzen darf?
- Ist ein Werk- oder ein Computerraum vorhanden?

Nicht zuletzt müssen die Erzieher/innen Ziele und Angebote entwickeln, die sie persönlich auch vertreten und umsetzen können.

Kompensatorische Angebote für Mädchen und Jungen – Orientierungspunkte

Grundsätzlich benötigen Mädchen und Jungen verschiedene Angebote, da sie entsprechend ihrer Rollen Unterschiedliches gelernt haben, bis sie in die Tageseinrichtung kommen. Die Ausgestaltung der konkreten Angebote muss in jeder Hortgruppe entsprechend der spezifischen Situation und des Unterstützungsbedarfs der jeweiligen Mädchen und Jungen entwickelt werden. Es lassen sich aber Handlungsfelder benennen, zu denen im Allgemeinen aufgrund der unterschiedlichen Sozialisation von Mädchen und Jungen kompensatorische Angebote notwendig sind.

Handlungsfeld Selbstbild/Selbstbewusstsein von Mädchen/Jungen
Bisher zeigen Untersuchungen, dass das Selbstbewusstsein von Mädchen nach wie vor stark auf ihrem Aussehen beruht. Fester Bestandteil ihres Selbstbildes ist die Annahme, Jungen körperlich unterlegen zu sein. Für Jungen hingegen hat physische Stärke, Kampfbereitschaft und Verteidigungsfähigkeit für ihre Selbstdefinition eine zentrale Bedeutung. Gefühle von Angst und Unsicherheit, auch Traurigkeit, sollen möglichst überspielt werden. Hier können Erzieher/innen ansetzen und im Hortalltag den „heimlichen Erziehungslehrplan" durchbrechen, indem diese Rollenvorgaben mit den Kindern problematisiert und kompensatorische Angebote entwickelt werden.

Handlungsfeld Konfliktverhalten
Das unterschiedliche Selbstbild hat Konsequenzen für den Umgang mit Konflikten.

Die meisten Mädchen wissen nicht, wie sie sich erfolgreich wehren können. Unter Jungen gilt häufig das Recht des Stärkeren. Ein Ziel in diesem Handlungsfeld kann daher sein, Mädchen darin zu unterstützen, wirkungsvolle Strategien zu entwickeln, ihre Grenzen zu verteidigen, ihre Interessen selbstbewusst zu vertreten und durchzusetzen. Hier reicht es nicht aus zu sagen: „Wehrt euch doch!" Jungen hingegen brauchen gezielte Angebote zum Erlernen sozialer Kompetenz. Sie müssen teilweise lernen, sich in andere hineinzuversetzen sowie ein Gefühl der Achtung für ihre eigenen und die Grenzen anderer zu bekommen. Mit ihnen müssen Alternativen zum „Recht des Stärkeren" entwickelt werden.

Handlungsfeld Kompetenzerwerb durch Spielvorlieben
Es hat sich gezeigt, dass Mädchen und Jungen durch ihre unterschiedlichen Spielvorlieben jeweils unterschiedliche Kompetenzen ausbilden und andere Bereiche stark vernachlässigt werden. Auch hier sind kompensatorische Angebote notwendig. Wichtig ist hierbei auch, Rahmenbedingungen zu schaffen, in denen Mädchen und Jungen ermutigt werden, auch „Untypisches" auszuprobieren, ohne das Risiko einzugehen, dafür ausgelacht oder abgewertet zu werden.

Handlungsfeld Zukunftsvorstellungen/ Berufsorientierung

Traditionelle Geschlechtsrollen zeigen sich auch in Zukunftsvorstellungen von Mädchen/Jungen hinsichtlich ihrer Ideen zu Beruf und Familie. Für Mädchen spielt die Vereinbarung von Beruf und Familie eine weitaus größere Rolle als für Jungen. Beide Geschlechter orientieren sich nach wie vor in ihren Berufswünschen stark an den jeweiligen Rollensstereotypen – Jungen noch mehr als Mädchen. Berufsorientierung/ Lebensplanung, die auch die Geschlechtsrollen reflektiert, wäre also auch für den Hort ein lohnendes Thema.

Handlungsfeld Material- und Medienangebot

Hinsichtlich des Medienangebotes bietet sich häufig eine Erweiterung des vorhandenen Angebotes um Bücher, Kassetten, Videofilme an, in denen von starken Mädchen, berufstätigen Frauen und von Männern, die sich für Haus- und Familienarbeit verantwortlich fühlen, die Rede ist. Auch in Medien, in denen auf den ersten Blick geschlechtsneutrale Tiere die Heldenrolle übernehmen, sind diese häufig doch als männlich identifizierbar. Die traditionellen „Ecken" – soweit vorhanden – können unter dem Aspekt Kompetenzerweiterung überdacht und evtl. erweitert werden. Wenn in jedem Bereich vielfältiges Spielmaterial angeboten wird, so sinkt die Schwellenangst der Kinder, auch mit bisher „Untypischem" zu experimentieren.

Handlungsfeld Elternarbeit

Günstig für die Förderung von Gleichberechtigung ist sicherlich, die diesbezügliche Arbeit den Eltern transparent zu machen. Gerade wenn es beispielsweise bei Mädchen um das Lernen von Nein-Sagen und um die Entwicklung neuer Konfliktstrategien geht, ist die Einbeziehung der Eltern häufig notwendig und sinnvoll, um die Kinder nicht widersprüchlichen Verhaltensanforderungen auszusetzen. Dasselbe gilt häufig auch für das Erlernen eines bewussteren Umgangs mit den eigenen Gefühlen bei Jungen.

Handlungsfeld
Persönliche Verantwortungsübernahme

In manchen Horten kann die latente Abwertung von Frauen/Mädchen durch Jungen ein wichtiges Thema sein. Hier bietet sich an, dass Jungen lernen, die persönliche Verantwortung für ihre Aussagen zu übernehmen. Statt „Mädchen sind blöd" als quasi objektives Urteil im Raum stehen zu lassen, kann man den Jungen auffordern, zu sagen: „Ich finde XY blöd, weil …" und diesen konkreten Fall dann gemeinsam bearbeiten. Persönliche Verantwortungsübernahme heißt auch, als Erzieherin Jungen damit zu konfrontieren, dass Abwertungen von Frauen und Mädchen auch die Erzieherin, da auch eine Frau, treffen und von ihr abgelehnt werden.

4.4.3 Migrantenkinder (ausländische Kinder, Aussiedlerkinder, deutsche Kinder aus bilingualen Ehen, Flüchtlingskinder)
Michaela Ulich

Der Begriff „ausländische" Kinder ist heute zu eng, um die vielfältigen, durch Wanderungsbewegungen geprägten Familiengeschichten zu erfassen. „Migrantenkinder" hingegen bezieht sich auf Kinder mit ausländischem oder deutschem Pass, deren Eltern bzw. Familien aus anderen Kultur-

und Sprachkreisen nach Deutschland gewandert sind – sei es als deutsche Aussiedler, sei es als Ausländer. Seit Jahrzehnten gibt es zahlreiche Migrantenkinder im Hort, sie sind dort zum Teil keine Minderheit mehr. Mit Blick auf die spezifischen Bedürfnisse, Kompetenzen und Entwicklungsprofile dieser sehr heterogenen Gruppe sind folgende Qualifikationen und Arbeitsweisen von besonderer Bedeutung:

- *Kenntnisse über spezifische Merkmale des Zweitspracherwerbs und über die Förderung von Sprachbewusstsein bei Kindern*
- *Kenntnisse über kulturspezifische Sitten und Rituale*
  Migrantenkulturen sind vielfältig und keineswegs identisch mit den Herkunftskulturen. Kinder und ihre Familien sind die Experten ihrer kulturspezifischen Lebensform.
- *Übersichtliche und fortlaufend aktualisierte Dokumentation zur kulturspezifischen Familiensituation des Kindes*
  Leitfragen für Gespräche mit Migranteneltern sind: Aus welchem Kultur- und Sprachkreis stammt die Familie/die Eltern/ein Elternteil? Welche Sprache bzw. Sprachen werden zuhause gesprochen? Wie ist die Religionszugehörigkeit? Seit wann ist das Kind in Deutschland? War es längere Zeit im Herkunftsland? Wie sind die sozialen Kontakte der Familie

zu Deutschen und zu ihren eigenen Landsleuten? Eine solche Dokumentation ist ein wesentlicher Schritt, um Kinder besser zu verstehen und individuell fördern zu können.
- *Förderung der Ausdrucksfähigkeit im Deutschen*
  Die häufig unzureichenden Deutschkenntnisse von Migrantenkindern sind für viele Erzieherinnen eine Belastung. Nicht die systematische Sprachförderung kann das Ziel sein, sondern die Intensivierung von sprachanregenden Aktivitäten: das Gespräch, Erzählen und Vorlesen, Interviewspiele, Wandzeitung erstellen, Drehbücher schreiben, usw.
- *Kleingruppenarbeit*
  Kleingruppenarbeit ist für diese Zielgruppe besonders wichtig; sie ermöglicht u.a. das intensivere Gespräch. Wünschenswert wäre hier eine personelle Unterstützung (durch Fachkräfte und semiprofessionelle Laien).
- *Wertschätzung der Familiensprachen der Kinder auf verschiedenen Ebenen*:
  die Erzieherin und die Kinder lernen einige Ausdrücke und Redewendungen; fremdsprachige oder zweisprachige Medienangebote sind Bestandteil des pädagogischen Angebots; die Eltern werden angeregt, ein pädagogisches Angebot mitzugestalten (z.B. ein mehrsprachiges Theaterstück).

- *Eine differenzierte Sicht der Sprachpraxis von mehrsprachigen Kindern*
Dies bedeutet einerseits, dass akzeptiert wird, wenn Kinder untereinander ihre Familiensprache sprechen oder verschiedene Sprachen gleichzeitig benutzen; es bedeutet andererseits, dass klare Regeln eingeführt und Situationen festgelegt werden, wo nur Deutsch gesprochen wird.
- *Kooperation mit Eltern*
Gerade im Kontakt mit Migranteneltern ist interkulturelle Kompetenz gefordert; auch praktische Gesichtspunkte spielen hier eine Rolle, z.B die Berücksichtigung der elterlichen Arbeitszeiten und der sprachlichen Situation (bilinguale Kollegen und Kolleginnen oder Freunde könnten hier eine Unterstützung sein).
- *Die regelmäßige Information der Eltern*
Folgende Bereiche sollten ausdrücklich thematisiert werden: pädagogisches Konzept des Horts, Stellenwert der Hausaufgabenbetreuung, Sprachförderungskonzept des Hortes (kein Sprachtraining im Sinne des Fremdsprachenunterrichts, sondern Förderung durch sprachanregende spielerische Situationen), Sozialverhalten und Sprachverhalten des Kindes, Interessen oder Probleme des Kindes.
- *Zusammenarbeit mit Fachdiensten*
Vorzuziehen sind Personen, die Erfahrung haben mit Migrantenfamilien oder selbst bilingual sind.

4.4.4 Schüler/innen mit Behinderungen
Karlheinz Kaplan [131]

Behinderte Kinder und Jugendliche sollen ein Leben „so normal wie nur möglich" führen. Dies bedeutet z.B. auch, dass sie in ihrem Umfeld den Hort besuchen können. Eine Unterstützung dieses Anliegens durch das zuständige Jugendamt ist nach § 22 SGB VIII (Förderung von Kindern in Tageseinrichtungen) möglich. Darüber hinaus findet für Kinder und Jugendliche mit geistiger oder körperlicher Behinderung bzw. mit einer Mehrfachbehinderung § 39 BSHG (Eingliederungshilfe) Anwendung. Für seelisch behinderte Kinder und Jugendliche kommen heilpädagogische Betreuung im Sinne der Eingliederungshilfe oder Leistungen, die der Hilfe zur Erziehung entsprechen, in Betracht (§ 27 SGB VIII in Verbindung mit § 32 oder § 35 a SGB VIII).
Für die praktische Verwirklichung des Integrationsgedankens in der Hortarbeit sind folgende Prinzipien zu beachten:

(1) Keine Fixierung auf vorliegende Beeinträchtigungen:
- Kinder/Jugendliche mit Behinderungen sind als Individuen wahrzunehmen, die neben ihren Beeinträchtigungen eine

---

[131] unter Nutzung der Anregungen von Karin Maier und Peter Wenus

Vielzahl von Eigenschaften, Fähigkeiten, Schwächen und Stärken, Erwartungen, Wünschen, Ängsten, Vorlieben und Neigungen haben.

- Behinderte und nicht behinderte Kinder/ Jugendliche wollen in ihren Bedürfnissen ernst genommen werden; alle Schüler/ innen sollen die Zuwendung erhalten, die sie brauchen.

(2) Vorliegende Beeinträchtigungen nicht übersehen:

- Die Zielvorstellung der Integration darf nicht dazu führen, dass vorliegende Beeinträchtigungen als irrelevant abgetan werden und dadurch wichtige Hilfestellungen unterbleiben.
- Eine sorgfältige Diagnose darf sich nicht auf die Feststellung von Defiziten und Defekten beschränken. Vielmehr ist intensiv nach verbliebenen Möglichkeiten, bereits erlernten Fähigkeiten, besonderen Interessen, Vorlieben und Stärken zu forschen.
- Die Zuordnung von Kindern und Jugendlichen mit einer Beeinträchtigung zu einer Behindertenkategorie ist nicht hilfreich; sie verstärkt eher die Tendenz der Abschiebung zu Sondereinrichtungen. Stattdessen muss in jedem Einzelfall geprüft werden: Welche besondere Unterstützung braucht dieses Kind/dieser Jugendliche? Damit sind alle denkbaren

Fördermaßnahmen, Hilfsdienste, Ausstattungen, Therapien und Institutionen gemeint, die dem betreffenden Menschen helfen. Auch nicht behinderte Schüler/ innen können vorübergehend einer solchen besonderen Unterstützung bedürfen.

(3) Fördermaßnahmen sorgfältig planen: Hierzu müssen vor allem folgende Fragen bedacht werden:

- Wie ist der gegenwärtige Entwicklungsstand des Kindes/Jugendlichen zu charakterisieren?
- Welche Ziele sollen als nächstes angestrebt werden?
- Welche Teillernschritte sind dabei zu durchlaufen?
- Wie lassen sich die Maßnahmen in das Gruppengeschehen einbauen?
- Wo bieten sich Möglichkeiten zu individueller Hilfestellung?
- Welche Rahmenbedingungen können wir selbst ändern, um den Bedürfnissen der Kinder/Jugendlichen gerecht zu werden?
- Wo brauchen wir die Unterstützung von anderen (Träger, Eltern, Fachleute, Sponsoren, Politiker)?

(4) Wahrnehmung der Kooperationsaufgabe:

- Zusammenarbeit mit den Eltern: Abstimmung der Fördermaßnahmen mit den

Erziehungsvorstellungen der Eltern, Nutzen der Erfahrungen der Eltern, Einverständnis der Eltern für den Austausch wichtiger Informationen zur Förderung des Kindes/Jugendlichen zwischen Hort, Schule und Fachdiensten (Datenschutz!).

- Zusammenarbeit mit der Schule: Hier ist insbesondere zu klären, welche behinderungsspezifischen Maßnahmen und Methoden die Schule einsetzt und wie diese sinnvoll im Hort fortgesetzt bzw. ergänzt werden können.

- Zusammenarbeit mit Fachdiensten und Institutionen: Das Nutzen professioneller Hilfe ist unerlässlich. Nach Möglichkeit sollen diese Dienste in den Hort integriert werden (z.B. Mitarbeit von Heilpädagogen, Psychologen, Krankengymnastinnen; Sprechstunden von Beratungsstellen im Hort).

- Koordination und Strukturierung der Unterstützungsmaßnahmen: Wenn mehrere Personen und Institutionen unterstützend bei Kindern, Jugendlichen und deren Familien tätig sind, ist eine Abstimmung der Hilfsmaßnahmen erforderlich. Hierfür sind „Gespräche am runden Tisch" und „Helferkonferenzen" geeignet. Nach BSHG und SGB VIII ist die Erstellung eines entsprechenden Eingliederungs- bzw. Hilfeplans erforderlich.

(5) Schaffung geeigneter Rahmenbedingungen:

Um die vorstehend beschriebenen Aufgaben erfüllen zu können, sind Träger und Politiker dazu aufgerufen, die hierfür notwendigen Rahmenbedingungen sicherzustellen. Hierzu gehören insbesondere:

- *Personelle Voraussetzungen:* pro Gruppe 2 Fachkräfte, davon eine möglichst mit Zusatzausbildung (Heil- bzw. Montessoripädagogik); je nach Zusammensetzung der Gruppe und Art der Behinderung kann eine zusätzliche Hilfs- bzw. Pflegekraft erforderlich sein; hinzu kommen gruppenübergreifend therapeutische Fachkräfte (Psychologe, Heilpädagogin).

- *Gruppengröße:* In einer integrativen Gruppe kann die Kinderzahl entsprechend der behinderungsspezifischen Bedürfnisse derzeit bis zu 15 Kinder abgesenkt werden (3 bis 5 behinderte Kinder pro Gruppe mit Anspruch auf Eingliederungshilfe nach § 39 BSHG oder § 35 a SGB VIII).

- *Verfügungszeit:* Für die Planung von Fördermaßnahmen, Absprachen im Team, mit den Eltern und für die Zusammenarbeit mit Schule, Fachdiensten und Institutionen ist genügend Verfügungszeit einzuräumen (mindestens ein Viertel der Gesamtarbeitszeit).

- *Fortbildung und Supervision:* Um eine qualifizierte Arbeit zu sichern und dem

„burn-out-Syndrom" entgegenzuwirken, ist den Hortfachkräften eine regelmäßige Teilnahme an Fortbildungs- und Supervisionsveranstaltungen zu ermöglichen.

4.4.5 Schüler/innen mit Verhaltens- und Entwicklungsstörungen
Toni Mayr

Ausgangssituation

In Kindertageseinrichtungen wird eine zahlenmäßig relativ große Gruppe von Schülern mit Entwicklungsauffälligkeiten und -störungen betreut. Es handelt sich vor allem um Kinder mit umschriebenen Entwicklungsrückständen und um Kinder mit Verhaltensauffälligkeiten. Beide Problemkreise überlappen sich zum Teil. Vor allem Verhaltensprobleme können sehr unterschiedliche Ursachen haben. Sie treten zum Teil nur in bestimmten Situationen auf, sind manchmal Reaktionen auf aktuelle Belastungssituationen, z.B. in der Einrichtung, Schule oder in der Familie, haben teilweise aber auch schon eine längere Vorgeschichte. Der Anteil der Kinder, die eine Beratung oder eine andere stützende Maßnahme brauchen, wird insgesamt etwa bei 10% angesiedelt. Bei 5% erachtet man eine Behandlung als notwendig, bei weiteren 5% wird eine Beratung für ausreichend gehalten.

Obwohl solche Kinder mit besonderen Bedürfnissen zusätzliche Hilfsangebote brauchen, wird insbesondere bei Verhaltensproblemen gegenwärtig nur selten (in weniger als 20% aller Fälle) konkret etwas unternommen. Zum einen Teil erkennen Eltern, aber auch professionelle Pädagogen Probleme nicht, zu einem anderen Teil fehlt die Bereitschaft, wenn Probleme erkannt sind, geeignete Hilfen aufzusuchen; manchmal sind qualifizierte Hilfsangebote aber auch nicht erreichbar oder nur schwer zugänglich.

Leistungen der Einrichtung

Wie solchen Kindern in Tageseinrichtungen am besten geholfen werden kann, ist ein sehr zentrales pädagogisches Thema. Dabei ist klar, dass diese Kinder, wie alle anderen, ein Recht auf bestmögliche Entwicklung haben, dies heißt aber auch auf optimale Entwicklungsbedingungen. In diesem Sinn ist es ein zentrales Qualitätsmerkmal *jeder* Einrichtung, ob und wie diese Kinder dort betreut und erzogen werden. Leitend ist dabei heute das so genannte „Normalisierungsprinzip", wonach die Betreuung und Förderung das einzelne Kind nicht mehr als unbedingt notwendig in seinen normalen Lebensvollzügen einschränken darf. Als Einrichtungen der Jugendhilfe sind Horte grundsätzlich einer integrativen Zielsetzung verpflichtet.

Zusammenarbeit zwischen Fachdiensten und Kindergärten

Um rechtzeitig und effektiv helfen zu können, müssen verschiedene Voraussetzungen realisiert werden, angefangen von der spezifischen Qualifizierung des pädagogischen Personals über eine angemessene räumliche Gestaltung der Einrichtung bis hin zur Auswahl und Gestaltung eines pädagogischen Ansatzes, der sich für die Betreuung von Problemkindern wirklich eignet. Dabei gilt grundsätzlich: Es ist nicht die Aufgabe des pädagogischen Personals im Hort, solche Kinder zu „behandeln" oder zu „therapieren". Zuständig dafür sind in erster Linie therapeutische Fachkräfte, die sich durch spezielle Ausbildungen besonders qualifiziert haben. Es ist deshalb wichtig, eng mit pädagogisch-therapeutischen Fachdiensten und qualifizierten Therapeuten zusammenzuarbeiten. Dies bedeutet im Einzelnen:

- Das Fachpersonal der Einrichtung sollte einen vollständigen, detaillierten und aktuellen Überblick über das therapeutische Angebot in der Region haben.
- Die Einrichtung sollte unabhängig von jeweils aktuellen Einzelfällen kontinuierliche Arbeitskontakte zu solchen Ansprechpartnern pflegen.
- Die Einrichtung sollte im Bedarfsfall in der Lage sein, Kinder und Eltern qualifiziert zu beraten, welche Ansprechpartner

im therapeutischen Bereich in Frage kommen und sie dabei unterstützen den Kontakt aufzunehmen.

Die pädagogischen Fachkräfte sollten, wenn immer dies möglich ist, sich in Abstimmung mit den Eltern und den Kindern über Methoden, Ziele und Fortschritte einer etwaigen Behandlung kundig machen und sich mit dem zuständigen Therapeuten absprechen, wie man den Kindern im Alltag der Einrichtung am besten helfen kann.

Wenn mit einem therapeutischen Fachdienst zusammengearbeitet wird, müssen im konkreten Einzelfall die Eltern in jedem Fall darüber informiert werden und auch zustimmen. Eine solche Zustimmung ist hingegen nicht erforderlich, wenn eine Fachkraft sich Rat von einem Fachdienst holt und dabei die Anonymität des Kindes und der Familie wahrt.

Die Arbeit mit den Kindern

Über „professionelle" Behandlungsprinzipien im engeren Sinn hinaus gilt es, eine generelle Linie finden, wie man mit solchen Kindern am besten umgeht. In erster Linie geht es dabei darum, die Individualität des einzelnen Kindes und seiner Problematik zu sehen und sie in der pädagogischen Arbeit mit der Gruppe, aber auch mit dem betroffenen Kind selbst angemessen zu berücksichtigen. Darüber hinaus lassen sich in

Anlehnung an Betz und Breuninger[132] einige allgemeine Leitlinien formulieren, die bei der Arbeit mit solchen Kindern hilfreich sein können:

- dem Kind nicht ständig vermitteln, wie es sein sollte, es so annehmen, wie es ist;
- die Stärken des Kindes zur Kenntnis nehmen, seine liebenswerten Seiten (wieder) sehen (lernen);
- Misserfolge und Schwächen entdramatisieren; Kränkungen aufgreifen, Misstrauen und Misserfolgserwartungen überwinden;
- lernen, das Kind bei Überforderung zu unterstützen, ohne ihm alle Schwierigkeiten abzunehmen;
- lernen auszuhalten, dass das Kind negative Konsequenzen erfährt, und sich auch davon abgrenzen können;
- das Kind bei der Bewältigung von Schwierigkeiten ermutigen; nicht nur Leistung loben, sondern bereits den Versuch wahrnehmen und anerkennen, gleichgültig, wie er letztlich ausgeht;
- Hilfen nicht aufdrängen, sondern dann geben, wenn sie gewünscht werden; darauf vertrauen, dass das Kind weiß, wo es unsicher ist, und abwarten, bis es von sich aus Hilfe sucht.

---

[132] Betz, D./Breuninger, H.: Teufelskreis Lernstörungen. Reinhardt: München 1996

Die Einbeziehung der Eltern

Die Einbeziehung der Eltern von „Problemkindern" ist eine Herausforderung, die viel Fingerspitzengefühl und Einfühlungsvermögen verlangt. Sie erfordert aber auch Erfahrung im Umgang mit solchen Situationen und ein klares Arbeitskonzept.

- *Eltern ansprechen und gewinnen*

Die erste kritische Phase ist das Ansprechen von Eltern. Wenn die pädagogische Fachkraft zu dem Schluss kommt, es sei notwendig, einen Fachdienst einzuschalten, ist es nicht selten ihre Aufgabe, die Eltern anzusprechen und ihnen die beunruhigende Botschaft zu überbringen, mit ihrem Kind sei „etwas nicht in Ordnung". Es handelt sich hier um eine für alle Beteiligten schwierige Situation – auch weil man die Reaktionen von Eltern oft nur schwer absehen kann. Andererseits werden gerade in dieser Situation oft Weichen gestellt. Um die Reaktionen von Eltern besser verstehen zu können, muss man sich vor Augen führen:

- Eltern reagieren auf Hinweise, ihr Kind könnte Schwierigkeiten haben, oft sehr empfindlich und gekränkt; viele schämen sich, ein „Problemkind" zu haben.
- Wenn bei einem Kind Probleme auftreten, entwickeln Eltern oft Ängste, das Kind – und auch sie selbst – würden im Hort von den Fachkräften, aber auch von anderen Eltern, negativ gesehen und abgelehnt.

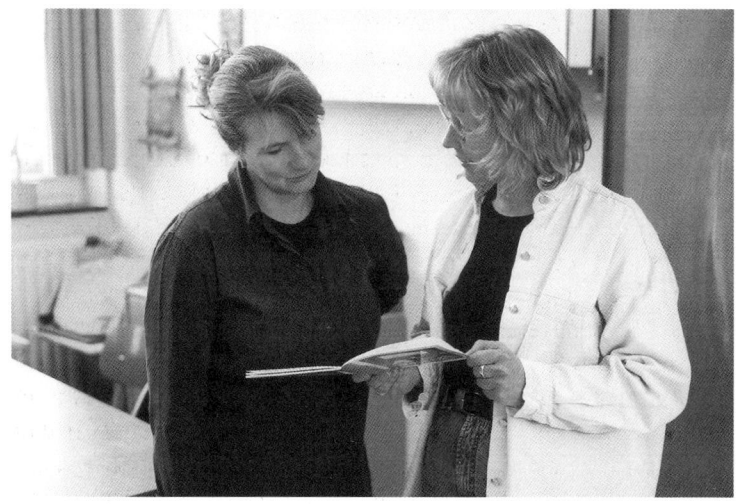

auch sein, dass Eltern das Bedürfnis haben, sich vor dem Hort – und der damit in ihren Augen verbundenen Öffentlichkeit – zu schützen, und z. B. nur mit einem Therapeuten zusammenarbeiten wollen.

Was können Fachkräfte im Hort tun, um gute Voraussetzungen zu schaffen und die Mitarbeit von Eltern zu erleichtern?

Wie Eltern konkret reagieren, hängt von einer Vielzahl unterschiedlicher Faktoren ab: Sie können z. B. einfach ableugnen, dass etwas nicht in Ordnung ist, können versuchen, auszuweichen oder abzulenken, um sich nicht weiter mit diesem unangenehmen Thema beschäftigen zu müssen, können die Probleme ihres Kindes der Einrichtung anlasten, sie können aber auch den Hinweis ernst nehmen und akzeptieren. Eine wichtige Rolle spielt dabei nicht zuletzt die Art der Auffälligkeit.

- *Mit Eltern zusammenarbeiten*
Sind Eltern informiert, dass ihr Kind einen spezifischen Hilfebedarf hat, ist der Idealfall, dass Eltern und pädagogische Fachkräfte kooperativ zusammenarbeiten. Es kann aber

Zunächst kann man sich manche Schwierigkeiten dadurch ersparen, dass man von vornherein einen tragfähigen regelmäßigen Kontakt zu Eltern aufbaut und sie rechtzeitig, d. h. schon bevor der „Ernstfall" eintritt, auf solche Situationen vorbereitet. Für den Kontakt mit Eltern empfiehlt sich ein möglichst offener Umgang mit solchen Problemen, das heißt im Einzelnen u. a.:

- Probleme ohne Schuldzuschreibungen annehmen;
- keine Interpretationen oder Mutmaßungen über Ursachen anstellen;
- eine verstehende (d. h. keineswegs immer billigende) Grundhaltung einnehmen;
- keine festen Bündnisse mit einzelnen Familienmitgliedern (Kind, Mutter) eingehen;

- nicht versuchen, für ein Kind die bessere Mutter oder der bessere Vater zu sein;
- auch eigene Sicht- und Verhaltensweisen reflektieren und zur Disposition stellen.

Bei allen Elternkontakten ist zudem immer der „offizielle" Auftrag der Einrichtung zu bedenken: Aufgabe der pädagogischen Fachkräfte ist es danach nicht, die Probleme von Familien oder Partnerschaften zu lösen, sondern sich um die bestmögliche Erziehung und Förderung des Kindes zu kümmern. Das Wohl des Kindes ist und bleibt bei allen Initiativen der Angelpunkt und der gemeinsame Bezugsrahmen mit den Eltern. Grundsätzlich dürfte sich eine systemische Grundkonzeption und der Einsatz systemischer Arbeitstechniken in diesem Feld als nützlich erweisen.

4.4.6 Schüler/innen aus armen und sozial benachteiligten Familien
Toni Mayr

Ausgangssituation
Verschiedene Erhebungen belegen, dass nicht wenige Kinder und Jugendliche in Deutschland von Armut und sozialer Benachteiligung betroffen sind; ihre Anzahl ist in den letzten Jahren deutlich gestiegen. Die Gefahren, die von Armut ausgehen, haben wesentlich damit zu tun, dass sehr niedrige Familieneinkommen häufig mit anderen Belastungen verknüpft sind (z.B. Gesundheitsprobleme, Arbeitslosigkeit, niedriger Sozialstatus, niedriges Bildungsniveau, Einelternfamilie, Obdachlosigkeit, Wohnen in einer belasteten Gegend, Zugehörigkeit zu einer diskriminierten Minorität). Das Zusammentreffen mehrerer solcher Bedingungen stellt einen im Leben von Familien praktisch allgegenwärtigen Stressor dar, dem Kinder und ihre Eltern ausgesetzt sind. Ob und wie stark die kindliche Entwicklung beeinträchtigt wird, hängt aber auch von armutsspezifischen Faktoren, etwa dem Ausmaß der Armut ab. Einen entscheidenden Einfluss hat in diesem Kontext vor allem die Dauer der Armut: *Chronische* bzw. *lang dauernde Armut* hat wesentlich schädlichere Folgen als vorübergehende Armut.

Aufgaben der Einrichtung
Wie die negativen Einflüsse von Armut und sozialer Benachteiligung im Einzelnen genau verlaufen, ist gegenwärtig nur in Ausschnitten bekannt. Es ist aber erwiesen,
(a) dass die aus Armut und sozialer Benachteiligung resultierenden Belastungen bereits früh in der Entwicklung von Kindern wirksam werden und
(b) dass sie – direkt wie indirekt – sehr vielfältige Wirkungen haben. Sie wirken sich aus auf die Gesundheit von Kindern, beeinträchtigen ihre kognitive und sozio-

emotionale Entwicklung und zeitigen negative Effekte im Bereich schulischer Leistungen: Sozial benachteiligte Kinder haben im Schnitt schlechtere Noten, schneiden bei Leistungstests schlechter ab, fallen häufiger durch, verlassen häufiger die Schule ohne Abschluss und haben ein erhöhtes Risiko für die Zuweisung zu einer Sonderschule.

Die Tagesbetreuung von Kindern im Hort kann es sicher nicht leisten, alle aus Armut und sozialer Benachteiligung resultierenden negativen Einflüsse auszuschalten oder gar ungeschehen zu machen. Sie hat aber die Aufgabe, solchen Benachteiligungen durch ein qualitativ hochwertiges Angebot an Betreuung, Erziehung und Bildung gezielt gegenzusteuern. Die Einrichtung kann dann zu einem wichtigen „Schutzfaktor" werden und – kompensatorisch zu den oft beschränkten familiären Anregungen und Möglichkeiten – zumindest in der Einrichtung optimale Entwicklungsbedingungen für Kinder gewährleisten.

Wichtige inhaltliche Ansatzpunkte für die Arbeit mit Kindern aus armen und sozial benachteiligten Familien sind:
1. ein systematisches „Monitoring" der körperlichen und psychischen Gesundheit der Kinder; Sicherstellung einer guten ärztlichen und psychosozialen Betreuung (z.B. durch Sprechstunden im Hort);
2. die regelmäßige Überprüfung des Entwicklungsstandes der Kinder;
3. die Bereitstellung eines ernährungsphysiologisch hochwertigen Essens und die Erziehung zu einer gesunden Ernährung;
4. die Vermittlung sozialer Dienste und alltagspraktischer Unterstützungsmaßnahmen für Kinder und Eltern (z.B. Hilfe bei der Wohnungssuche);
5. eine breite Förderung emotionaler und kognitiver Kompetenzen (Entwicklung von Motivationsstrukturen, Initiative, Leistungsbereitschaft und Selbstvertrauen);
6. die Bereitstellung materieller Ressourcen für Bildungsprozesse (z.B. Bücher, Materialien, Computer) insbesondere auch während der Ferien;
7. eine besonders intensive Unterstützung schulischer Lernprozesse;
8. die aktive Förderung der Teilhabe an kulturellen Angeboten und Freizeitaktivitäten (z.B. Bücherei, Musik- oder Malschule, Schwimmbad), etwa durch die Bereitstellung/Finanzierung von Transportmöglichkeiten.

Was die konkrete Arbeit in der Einrichtung betrifft, geht es nicht um eine spezifische Pädagogik für arme Kinder, sondern um ein breites, alltagsnahes Angebot von Hilfen.

Wesentlich ist dabei, dass diese Hilfen in einer nicht diskriminierenden Form angeboten werden und den spezifischen, oft sehr individuellen Lebenslagen, Bedürfnissen und Erwartungen solcher Familien gerecht werden.

4.5 Kooperationsgebot im Rahmen der Öffnung nach innen und außen
Karlheinz Kaplan [133]

Eine lebenswelt-, bedürfnis- und gemeinwesenorientierte Hortarbeit verlangt die Öffnung des Hortes und damit eine Kooperation und Vernetzung mit anderen Personen und Stellen im Innen- und Außenverhältnis. Im Einzelnen geht es intern um die Zusammenarbeit im Team, mit dem Träger und der Fachberatung sowie mit den Eltern, extern um die Zusammenarbeit vor allem mit der Schule, Einrichtungen der Jugend- und Kulturarbeit, psychosozialen Diensten und dem Jugendamt.

---

[133] unter Nutzung der Anregungen von Susanne Löhle und ihrem Hortteam; aus Platzgründen blieben folgende Beiträge unberücksichtigt: Brigitte Hauenstein: Zusammenarbeit im Team; Eva Reichert-Garschhammer: Zusammenarbeit mit Diensten und Institutionen; Karlheinz Kaplan mit Petra Lachnit / Anke Pieper: Gemeinwesenarbeit

Öffnung des Hortes nach innen

Bei mehrgruppigen Horten spielt für die Gruppenarbeit die *Öffnung des Hortes nach innen* eine zentrale Rolle. Ziel ist die zeitweilige Auflösung der Gruppengrenzen, die Förderung des gegenseitigen Gruppenverständnisses und die Durchführung „gruppenübergreifender" Projekt- und Zielgruppenarbeit. Voraussetzung für ein Gelingen dieser Anliegen sind die Berücksichtigung des Entwicklungsstandes der Kinder und die Kooperationsfähigkeit der Hortfachkräfte. Für die Kinder und Jugendlichen bietet die innere Öffnung folgende Vorteile:

- ihre Bedürfnisse und Wünsche können besser berücksichtigt werden, da sie unter einer breiten Palette von Angeboten wählen können;
- durch die Wahlmöglichkeiten wird ihre Entscheidungsfähigkeit und Selbstständigkeit gefördert;
- es bilden sich Interessengemeinschaften, die eine Vertiefung der sozialen Beziehungen ermöglichen;
- es können viel mehr Kontakte zu Schüler/innen gleichen und unterschiedlichen Alters geknüpft werden;
- Kinder lernen unterschiedliche Erziehungsstile, andere Formen des Umgangs miteinander und neue Gruppenregeln kennen;
- das Zusammengehörigkeitsgefühl *aller* Hortkinder wird gestärkt.

Auch für die Hortfachkräfte ergeben sich viele Vorteile:

- eine bessere Abstimmung der eigenen Wünsche und Fähigkeiten mit dem Einsatzbereich kann erzielt werden;
- durch die wechselnde Gruppenzusammensetzung wird der Gefahr eines routinemäßigen Alltagshandelns vorgebeugt;
- mehr Absprachen sind notwendig, aber man weiß dann auch genau über die Schwerpunktsetzungen der Kollegen und Kolleginnen Bescheid;
- man kennt die Kinder aller Gruppen und kann sie besser einschätzen; kollegiale Beratung wird so ermöglicht;
- gemeinsame Aktionen können viel leichter geplant werden;
- bei Ausfall einer Kollegin/eines Kollegen (z. B. wegen Krankheit oder Fortbildung) können Vertretungen besser organisiert werden;
- Räumlichkeiten, Spiel- und Sportgeräte und sonstige Einrichtungsgegenstände können optimaler genutzt werden;
- die Fähigkeit zur Toleranz wird bei allen gefördert.

Die Planung gemeinsamer Aktionen und Projekte, das Aushandeln von Regeln, die Besprechung von Konflikten und „Problemfällen", die Festlegung von Organisationsplänen und Aufgabenverteilungen, das Einbeziehen der Kinder und Jugendlichen sowie deren Eltern bei allen wichtigen Entscheidungen, alle diese Aktivitäten erfordern eine gute Kooperation des Hortteams. Entsprechende Teamsitzungen, Kinderkonferenzen und Gespräche mit den Eltern müssen bei den Wochenplänen fest verankert sein.

Öffnung des Hortes nach außen

Öffnung des Hortes nach außen bedeutet, dass Horterzieher/innen ihr Blickfeld nicht auf die eigene Einrichtung einengen, sondern das gesamte Umfeld mit in ihre Arbeit einbeziehen. Zur Begründung lassen sich vor allem vier Argumente anführen:

- „Offenheit" des Hortes ermöglicht ein Zusammenführen voneinander abgeschotteter Lebensbereiche und erleichtert damit den Kindern und Jugendlichen die Orientierung; wichtige Sozial- und Sacherfahrungen können dabei gewonnen werden.
- Die Zusammenarbeit mit Eltern, Schule, Ämtern, Diensten, Beratungsstellen und sonstigen Institutionen erfordert zwar entsprechende Bemühungen und Zeitaufwand, bietet aber andererseits Entlastung bei der Bewältigung der vielfältigen Aufgaben des Horts.
- Durch gemeinwesenorientierte Arbeit begreift sich der Hort als Teil der Gemeinde bzw. des Stadtviertels und trägt mit zu einer Entfaltung des Gemein-

schaftsbewusstseins sowie zur Bewältigung gemeinsamer Aufgaben bei.

- Die Öffnung des Hortes ist zugleich eine wichtige Voraussetzung für eine wirksame Öffentlichkeitsarbeit, um so gesellschaftliche Unterstützung für die Anliegen des Hortes zu gewinnen.

Öffnung des Hortes gestaltet sich somit auf sehr verschiedenen Ebenen:

- Öffnung des Hortes für die Freunde der Kinder,
- Einbeziehung der Eltern,
- Zusammenarbeit mit der Schule,
- Kooperation mit dem Jugendamt, der Jugendarbeit und anderen sozialen und kulturellen Einrichtungen, sowie
- Mitgestaltung des Gemeinwesens.

Eine besondere Form der Gemeinwesenarbeit im Hort ist die *Treffpunktarbeit,* die in der Öffnung des Hortes für andere Kinder und Jugendliche besteht. Die im Hort fest angemeldeten Schüler/innen haben außerhalb der Einrichtung Kontakte zu anderen Kindern und Jugendlichen, denen sie in der Schulklasse, im Sportverein, auf dem Spielplatz oder auf der Straße in ihrem Wohnumfeld begegnen. Um diese Freundschaften und Beziehungen pflegen zu können, ist es notwendig, dass sich Horte an bestimmten Tagen und für bestimmte Angebote (z.B. Projektarbeit, Disco) für Freunde der von ihnen betreuten Kinder öffnen. Auch ein

Treff von ehemaligen Hortbesucher/innen kommt als Möglichkeit der Nachbetreuung in Betracht. Die Realisierung einer solchen Treffpunktarbeit kann entsprechend der örtlichen Bedingungen und Bedürfnisse auf unterschiedliche Weise erfolgen.

Der Zusammenarbeit mit den Eltern sowie mit der Schule sind in den Empfehlungen jeweils ein eigenes Kapitel gewidmet.

4.6 Strukturierte Beobachtung als Grundlage professionellen Handelns
Toni Mayr

> Voraussetzung für das Gelingen der pädagogischen Arbeit ist ihre ständige Reflexion. Horte sollen ihre pädagogische Arbeit regelmäßig dokumentieren und dabei Verfahren der strukturierten Beobachtung der Kinder sowie Methoden der Qualitätsentwicklung einbeziehen.

Ausgangssituation

Die genaue Beobachtung von Kindern gilt als wesentliche Grundlage einer kindzentrierten Pädagogik. In der Praxis von Kindertageseinrichtungen ist der Stellenwert gezielter Beobachtungen bislang gleichwohl nicht sehr hoch: Es dominiert die spontane Beobachtung (im Sinne der automatisierten Alltagsbeobachtung) und die sog. „freie" Beobachtung ohne ein festes Schema für die Beobachtung und Aufzeichnung. In der Regel werden auch nicht alle Kinder regelmäßig gezielt beobachtet; die Beobachtungen fokussieren stattdessen meist auf einzelne, etwa verhaltensauffällige Kinder und bestimmte Anlässe (z.B. ein bevorstehendes Elterngespräch). Insgesamt wird das Thema Beobachtung fast ausschließlich mit dem einzelnen Kind assoziiert.

Einerseits kommt dieser gängigen Form der Beobachtung zweifellos eine spezifische Bedeutung zu, etwa wenn es darum geht, das Verhalten eines einzelnen Kindes in einer ganz bestimmten Situation oder ein einzelnes Geschehen in der Gruppe besser zu verstehen; sie wird deshalb immer einen wichtigen Stellenwert für die pädagogische Arbeit in Tageseinrichtungen haben. Andererseits hat diese Beobachtung auch ihre Nachteile (z.B. hoher Aufwand, schwierige Mitteil- und Nachvollziehbarkeit für Kollegen oder Außenstehende) und Beschränkungen.

Die strukturierte Beobachtung aller Kinder

Es ist wegen dieser Einschränkungen wichtig, parallel zur freien Beobachtung Formen der Beobachtung in die Praxis einzuführen, die es erleichtern, jedes einzelne Kind in der Gruppe regelmäßig gezielt zu beobachten. Hier liegt ein großer Vorzug strukturierter Beobachtungsverfahren: Sie abstrahieren von manchen Details, geben feste Antwortraster vor und reduzieren so das komplexe Geschehen auf einige wesentliche Punkte. Erst dadurch wird es möglich, sich einen Überblick zu verschaffen und auch Vergleiche zu ziehen, und zwar mit einem vertretbaren Aufwand an Zeit und Energie. Solche Formen der Beobachtung sind wichtig für unterschiedliche Dimensionen professionellen Handelns in der Einrichtung.

Übersicht gewinnen

Es gibt in der pädagogischen Arbeit immer wieder Situationen, in denen es darauf ankommt, sich eine Übersicht zu verschaffen; Schwerpunkte können sein:

Das einzelne Kind und seine Entwicklung: Beobachtungen, die auf einem Bogen übersichtlich festgehalten werden, erleichtern ein umfassendes Bild von der Situation eines Kindes. Sehr häufig erschließt sich die Bedeutung und die pädagogische Relevanz einer einzelnen Beobachtung erst aus der Zusammenschau: Dies gilt etwa für die Früherkennung von Entwicklungsauffälligkeiten, aber auch wenn es darum geht, ein zutreffendes Bild von der Engagiertheit und den Aktivitäten eines Kindes zu gewinnen.

Die Situation der Gruppe und die Reflexion des pädagogischen Angebots:
Strukturierte Verfahren sind notwendig, um sich eine Übersicht über die Situation der Gruppe insgesamt zu verschaffen und um sich eine möglichst objektive Rückmeldung darüber zu holen, wie gut bestimmte Angebote von den Kindern angenommen werden. Es gibt inzwischen Beobachtungsbögen[134], die ohne allzu großen Aufwand für alle Kinder in der Gruppe ausgefüllt werden können. Daraus ergeben sich Möglichkeiten einer umfassenden Reflexion des pädagogischen Angebots.

---

[134] z.B.: Laevers, F. (Hrsg.): Die Leuvener Engagiertheits-Skala für Kinder (LES-K). Fachschule für Sozialpädagogik: Erkelenz 1997

Eine gemeinsame Sprache finden

Freie Beobachtungen und Notizen sind in der Regel nur für diejenigen auswertbar, die sie gemacht haben; dritte, wie z.B. die Kolleginnen in der eigenen Gruppe oder in anderen Gruppen, können damit in der Regel nur wenig anfangen. Ein gemeinsames festes Beobachtungsraster führt hier eine Art gemeinsamer Sprache und ein gemeinsames Bezugssystem ein. Daraus ergeben sich für das professionelle Handeln in der Einrichtung einige sehr konkrete Vorteile:

- Es wird einfacher, *Beobachtungen zu vergleichen,* z.B. wenn man die Entwicklung eines Kindes über einen längeren Zeitraum hinweg verfolgen will.
- Die *Zusammenarbeit im Team* wird verbessert: Das gemeinsame Beobachtungsschema fördert den Austausch über Kinder innerhalb der Gruppe, aber auch über Gruppengrenzen hinweg.
- Gespräche über Kinder werden *strukturierter* und damit *ökonomischer:* Beobachtungs- und Dokumentationsraster strukturieren das Durchsprechen der Kinder mit der Kollegin, machen es übersichtlicher und ökonomischer.

Die eigene Arbeit und ihre Ergebnisse transparent machen

Beobachtungen, die auf einem Bogen übersichtlich festgehalten werden, sind eine gute Grundlage für die Darstellung und Vermittlung der eigenen Arbeit nach außen. Es wird für Kindertageseinrichtungen immer wichtiger, die eigene Arbeit und ihre Ergebnisse transparent zu machen gegenüber verschiedenen Ansprechpartnern, etwa den Eltern, dem Träger oder den verschiedenen professionellen Kooperationspartnern (z.B. Erziehungsberatungsstelle). Hier kommt strukturierten Beobachtungsverfahren, die dokumentieren, wie der Entwicklungsstand der einzelnen Kinder ist, ob sie sich in der Einrichtung wohl fühlen und wie sie auf das pädagogische Angebot der Einrichtung reagieren, eine große Bedeutung zu. Sie bündeln Ergebnisse und Erfahrungen aus der täglichen Arbeit mit den Kindern, bringen komplexe Sachverhalte und Prozesse auf den Punkt und machen sie so leichter mitteil- und vermittelbar.

Wichtig ist dieses Durchsichtigmachen der eigenen Arbeit auch für alle Formen der Qualitätssicherung in Kindertageseinrichtungen. Strukturierte Beobachtungsunterlagen, die von anderen (z.B. Trägern, Eltern, Aufsichtsbehörden, Kostenträgern) leichter nachvollziehbar sind, bieten eine Chance für Fachkräfte, die Qualitätsentwicklung von Einrichtungen selbst in die Hand zu nehmen.

4.7 Qualitätsentwicklung im Hortbereich
Edith Kesberg [135]

Aspekte der Qualitätsdiskussion

Qualität in Kindertageseinrichtungen: für viele ein Reizwort – so oder so. Ist es für die einen nur „alter Wein in neuen Schläuchen", ist für die anderen eine Qualitäts-Offensive längst überfällig. Während die einen sich und die Pädagogik von dem betriebswirtschaftlichen Einfluss bedroht fühlen, freuen sich die anderen über die Innovationen für die eigene Arbeit. Praxis, Beratung, Politik und Forschung setzen sich intensiv mit Fragen der Qualität auseinander, bereiten das Thema „Qualitätsmanagement" aus ihrer Sichtweise und für ihren Arbeitsbereich auf. „Neue Steuerung, Dienstleistung und Kundenorientierung, Wirtschaftlichkeit und Budgetierung, Controlling und Produktbeschreibung, Mitarbeiterbeteiligung und Qualitätssicherung sind einige der Begriffe, die dabei eine Rolle spielen und in

den Jugendhilfebereich umgesetzt werden sollen. Ich möchte Sie bestätigen in dem Eindruck, dass es aus diesem Spektrum in den Kindertageseinrichtungen schon vieles gibt, was in Verwaltungen erst mühsam erarbeitet werden muss.

Kundenorientierung kennt die Kindertagesstätte seit Jahrzehnten unter der Überschrift *Bezug zur Lebenssituation der Kinder.* Erzieherteams, die eine *Konzeption* für ihre pädagogische Arbeit entwickeln, machen nichts anderes als eine *Produktbeschreibung.* Dabei entsprechen die *Phasen der Konzeptionsentwicklung* bis in einzelne Begriffe hinein den *Phasen des Qualitätsmanagements.*

Auch *Qualitätszirkel* gibt es in Kindertageseinrichtungen schon lange: Das sind die Teamsitzungen, das sind die themenzentrierten Gesprächsrunden mit der Fachberaterin. Für das *Controlling* stehen in den Kindertageseinrichtungen die besten *Betriebsprüfer* zur Verfügung, die man sich denken kann: *Kinder und Eltern* signalisieren sehr genau, ob sie mit der angebotenen Qualität zufrieden sind – man muss sie nur wahr- und ernst nehmen.

Und schließlich ist es erstaunlich, wie deutlich der *Regelkreis betriebswirtschaftlichen Qualitätsdenkens (Ziele – Situationsanalyse – Entwicklung von Lösungen – Planung – Umsetzung – Erfolgskontrolle)* der seit

---

[135] Leicht gekürzte Fassung des Vortrags, den die Autorin bei einer Klausurtagung des Staatsinstituts für Frühpädagogik 1998 gehalten hat. Die von ihr empfohlene Literatur findet sich im Literaturverzeichnis. Barbara Mosler-Stöhr hat ebenfalls einen Beitrag zur Qualitätsentwicklung verfasst, der aber wegen zahlreicher inhaltlicher Überschneidungen hier nicht aufgenommen werden konnte.

Jahrzehnten gelehrten und praktizierten *Schrittfolge pädagogischer Planung* (nämlich *Situationsanalyse – Zielbestimmung – Planung – Umsetzung – Reflexion*) entspricht.

Dass sich natürlich in den Kindertageseinrichtungen noch manches verbessern lässt, dass auch die *Eltern* deutlicher noch als *Kunden* gesehen werden müssen, dass der *Dienstleistungsgedanke* noch stärker in den Vordergrund gerückt werden kann, dass die Kindertageseinrichtungen sich deshalb gern an den weiteren Qualitätsentwicklungsprozessen beteiligen, das steht außer Frage – die so genannte „rollende Reform" zur Weiterentwicklung der Kindergartenpädagogik wurde schon Anfang der 70-er Jahre begonnen und in kontinuierlichen Schritten fortgeführt."[136]

Praxis und Wissenschaft können zurückgreifen auf Erfahrungen und Ergebnisse des bundesweiten Erprobungsprogramms (1975–1978), des Projektes „Zur Evaluation des Erprobungsprogramms" (1992–1994), des Modellversuchs „Orte für Kinder" (1990–1994) und des Modellprojektes „Kindersituationen" (1993–1997). Wenn auch

hier der Schwerpunkt des wissenschaftlichen Interesses auf dem Elementarbereich lag, so haben nach der „HORT-Modellmaßnahme NW" (1979–1984) ergänzende Erhebungen und Modellprojekte wissenschaftlicher Institute (IFP, DJI, SPI) und einzelner Länder dazu beigetragen, dass sich der *Stellenwert des Hortes* erhöhte und der Erziehungs-, Bildungs- und Betreuungsauftrag des Hortes weiterentwickelt und gesetzlich verankert wurde.

Horte werden – allerdings in verschiedenen Ausprägungen – in allen Bundesländern angeboten und gewinnen angesichts des gesellschaftlichen Wandels zunehmend an Bedeutung. *Wachsende und differenzierte Bedarfe* erfordern neue und vielfältige Angebotsformen, die den jeweiligen Bedürfnissen von Kindern und Familien entsprechen. Diese Entwicklungen müssen in die Überlegungen zur Qualitätsentwicklung ebenso einbezogen werden wie *andere Anforderungen*, mit denen Hortfachkräfte zunehmend konfrontiert werden, z.B.

- der ungesicherte finanzielle Rahmen,
- die Bemühungen um eine stärkere Verknüpfung mit dem Schulbereich oder
- die Integration von Kindern mit Behinderungen oder besonderem Erziehungs- und Förderungsbedarf.

Dies führt nicht zuletzt deshalb zu *Verunsicherung* und Gefühlen der Überforderung,

---

[136] Rolle, J.: Die Öffnung der Kindertageseinrichtung in den Lebensraum von Kindern und Eltern. Vortrag auf dem Kindergartentag NRW in Hamm, 21.06.1998

weil die durch die Ausbildung gewonnenen Kenntnisse und Fähigkeiten nicht oder nicht mehr ausreichen (z.B. die gelernten Planungs- und Reflexionsmethoden) und einrichtungsspezifische Hortkonzeptionen (noch) nicht entwickelt oder aktualisiert wurden und insofern keine gute Hilfe darstellen. Die z.T. offensiv geführte Qualitätsdiskussion trifft also auf das *Bedürfnis* vieler Fachkräfte *nach Orientierung* und die *Bereitschaft*, sich *selbstkritisch* mit der Qualität ihres Leistungsangebotes *auseinander zu setzen* und an einer *Weiterentwicklung* und Qualitätssicherung mitzuwirken. Träger und Fachkräfte versprechen sich von diesem Prozess eine Erweiterung der fachlichen Kompetenzen, eine deutlichere Profilbildung der Einrichtung – sowohl inhaltlich-konzeptionell wie auch strukturell –, und eine stärkere Öffnung nach innen und außen. Fremd ist für viele Pädagogen/-innen noch die *betriebswirtschaftliche Sichtweise ihres Arbeitsfeldes*, d.h. ihre Einrichtung unter dem Blickwinkel eines Dienstleistungsunternehmens mit Kundenorientierung, zu betrachten. Auch eine gewisse *Skepsis* gegenüber bestimmten Verfahren des „Qualitätsmanagements" ist nicht unberechtigt, solange Politik Begriffe wie Effizienz, Überprüfung häufig nur unter fiskalischen Gesichtspunkten diskutiert und Fachkräfte eher eine Verschlechterung der strukturellen Qualität befürchten müssen.

Bedingungen von Qualitätsentwicklung

Bevor ich inhaltlich auf den Qualitätssicherungsprozess näher eingehe, möchte ich,

- da der Hort eine Tagesstätte ist und
- da zwar nach § 24 KJHG das Schaffen von Hortplätzen eine Pflichtaufgabe ist („… für Kinder im schulpflichtigen Alter sind nach Bedarf Plätze in Tageseinrichtungen vorzuhalten."), Horte aber nur vereinzelt in den Ländern (z.B. in Thüringen) gesetzlich und damit finanziell abgesichert sind,

einige Entwicklungen aufzeigen, die die derzeitigen Bedingungen von Hortarbeit und die Qualitätsentwicklung im Hort wesentlich beeinflussen:

1. Die wirtschaftliche Situation
a) *der Gesamtgesellschaft*
Der Anteil der von Armut betroffenen Menschen nimmt zu, während die Wohlhabenden immer reicher werden, kleinere Betriebe kämpfen ums Überleben.
b) *des Staates, d.h. der öffentlichen Haushalte*
Die zunehmende Arbeitslosigkeit (zur Zeit 4 Mill.) führt zu geringeren Steuereinnahmen und erhöht die notwendigen Unterstützungsleistungen wie Arbeitslosengeld, Sozialhilfe.

c) der Familien

Arbeitslosigkeit, jährlicher realer Einkommensverlust bei steigenden Lebenshaltungskosten, Reduzierung von Arbeitszeit und Gehalt, zunehmende Eigenbeteiligungen bei staatlichen- und Versicherungsleistungen, Zunahme von sozial nicht abgesicherten Beschäftigungsverhältnissen, insbesondere bei Frauen, Aufbesserung des unzureichenden Einkommens durch zusätzliche „Jobs"

2. Verwaltungsreform

a) Neue Steuerung

Effektivere und effizientere Bewältigung der Aufgaben und Verwendung der öffentlichen Mittel, mehr Bürgerfreundlichkeit

b) Kommunalisierung

Verlagerung von Verantwortungs- und Entscheidungskompetenz / Zuständigkeit von der Bundes-/Länderebene auf die Ebene der Kommunen

3. Novellierung von gesetzlichen Regelungen

a) Aufhebung übergeordneter gesetzlicher Regelungen

Mehr Handlungsspielraum für örtliche Träger, Politik und Verwaltung, d.h. weniger Vorgaben

b) Umwandlung von Ausführungsbestimmungen in Empfehlungen

c) Veränderung der Aufgabe des LJA in NRW (Heimaufsicht)

d) Novellierung des Gesetzes über Tageseinrichtungen für Kinder (GTK), NRW

Wie wirken sich nun diese Einflussfaktoren auf Möglichkeiten der Umsetzung von Qualitätsansprüchen aus?

zu 1) Wirtschaftliche Situation

- Immer mehr *Familien* geraten gesellschaftlich ins Abseits und *benötigen Unterstüzung* auch durch sozialpädagogische Angebote/Institutionen (Hilfe in der Bewältigung psychischer- und Alltagsprobleme, bei der Erziehung/Betreuung ihrer Kinder).

- Die angespannte Situation der öffentlichen Haushalte zwingt zu einer *sparsameren Verwendung von Zuschüssen* und einem vorsichtigeren Umgang mit Verbindlichkeiten. Dies kann sich auf die Qualität der *Ausstattung* der Einrichtung ebenso beziehen wie auf Instandhaltung oder laufende *Betriebskosten* (z.B. Reinigungsstunden). Auch der *personelle Bereich* bleibt nicht unberührt: z.B., wenn die Stelle einer Haushaltskraft/Köchin gestrichen wird, Berufspraktikanten auf die Ergänzungskraft-Stelle gesetzt werden, mit Fachkräften nur Teilzeit- und/oder zeitlich befristete Arbeitsverträge abgeschlossen werden, Leiterinnen – obwohl möglich – nicht von der Gruppenleitung freigestellt werden oder aufgrund der knappen Personalausstattung keine Verfügungszeiten genutzt werden können oder bei Personalausfall keine Vertretung gestellt wird.

- Die Auswirkungen von *Arbeitslosigkeit und Armut* überschatten die gesamte Familie. Kinder werden konfrontiert mit den Enttäuschungen, den Minderwertigkeitsgefühlen, der Perspektivlosigkeit der Eltern und erleben auch die materielle Beschränkung hautnah, wenn sie z.B. in der Klasse in Sachen „Mode" nicht an den Trends teilnehmen können, die Teilnahme an der Klassenfahrt aus finanziellen Gründen nicht möglich ist und auf kommerzielle Freizeitangebote verzichtet werden muss. Hier sind die Mitarbeiter/innen in den Einrichtungen in ganz umfassender Weise gefordert. Sie wollen u.a. diesen Kindern ihre Fähigkeit zum Träumen erhalten, ihren gesellschaftlichen Gestaltungswillen stärken, ihr Selbstwertgefühl aufbauen, aber auch Lebens-Freude und Lebens-Qualität vermitteln. Hier sind zweifelsohne in erster Linie gute persönliche und fachliche Kompetenzen gefragt, doch ausreichendes Personal (um den Kindern die Zeit und Zuwendung zu geben, die sie brauchen) und ein finanzieller Spielraum (z.B. für eine Ferienfahrt) sind weitere wesentliche Voraussetzungen, um pädagogische Qualitätsansprüche zu verwirklichen. Nicht

alles kann durch Kreativität, Sponsoring und ehrenamtliches Engagement kompensiert werden.

zu 2) Verwaltungsreform

- Der Modernisierungsprozess („Neue Steuerung") der öffentlichen Verwaltung hat vor dem Jugendhilfebereich (auch Teil der kommunalen Verwaltung) selbstverständlich nicht Halt gemacht. Somit müssen sich auch die Mitarbeiter/innen in Angeboten für Schulkinder u.a. mit Fragen der *Bürgerfreundlichkeit* (Entspricht unser Angebot dem Bedarf von Eltern und Kindern? Besuchen sie gerne unsere Einrichtung?) und mit dem Verhältnis der Qualität der angebotenen Leistung zu den entstehenden Kosten auseinander setzen. Die Einrichtungen als direkte „Anbieter" geraten in eine größere *Konkurrenzsituation*, da die Betroffenen (Träger, Eltern, Kinder) anhand ihrer eigenen Kriterien die Qualität der angebotenen Dienstleistung überprüfen. Nach dem Motto „Konkurrenz belebt das Geschäft" versprechen sich einige Fachleute hierdurch einen deutlichen Schub bei der Qualitätsentwicklung. Konkurrenz als alleinige Innovationsspritze dürfte aber kaum ausreichen.
- Ob sich der Kommunalisierungsprozess auf den Jugendhilfebereich vor Ort positiv auswirkt, hängt im wesentlichen von der finanziellen Potenz und der politischen

Prioritätensetzung in der jeweiligen Kommune ab. Die Befürchtung, dass Maßnahmen, die nicht mit einem Rechtsanspruch verknüpft sind, wie Ganztagsplätze für Schulkinder, vorerst zurückgestellt werden, ist durchaus realistisch angesichts der finanziellen Notlage vieler Kommunen.

zu 3) Novellierung von gesetzlichen Regelungen

- Wenn in NRW im Rahmen der Novellierung des GTK im Kindergartenbereich ca. 430 Mill. durch eine Senkung der Personalkosten (*Reduzierung der Fachkräfte* pro Gruppe von 2 auf 1,5) eingespart werden sollen oder nur noch die bestehenden oder sich im Bau befindlichen *Plätze* für Kinder unter 3 und über 6 Jahren weiter *bezuschusst* werden, so sind die Chancen auf Verwirklichung der genannten Qualitätsansprüche verringert.
- Wenn Träger *in der Umsetzung von Empfehlungen* (z.B. zur räumlichen Ausstattung von Einrichtungen) frei sind, so können qualitative Einschränkungen die Folge sein.
- Wenn *Kommunen* über eine Überschreitung der *Gruppenstärke* alleine *entscheiden* können, kann sich dies auf die Qualität negativ auswirken.
- Im Bundesrat lag ein Entwurf des Gesetzes zur Erleichterung der Verwaltungsreform in den Ländern (*Zuständigkeitslockerungsgesetz*) vor. Hierdurch sollten bundesgesetzliche Regelungen in der Weise gelockert werden, dass die Länder abweichende Zuständigkeiten bestimmen können. Bezogen auf das KJHG heißt dies, dass die Zweigliedrigkeit (Ausschuss und Verwaltung) der Jugendämter/LJÄ nicht mehr festgeschrieben ist. Eine Umorganisation kann zur Folge haben, dass die Heimaufsicht vom überörtlichen auf den örtlichen Träger übertragen wird und das Jugendamt seinen eigenständigen Status verliert. Ebenso besteht die Gefahr, dass die Ausschüsse ihren Stellenwert verlieren und sich nicht mehr – wie bisher – mit Hilfe der stimmberechtigten Vertreter/innen der freien Träger fachliche Positionen unabhängig von den politischen Mehrheitsverhältnissen durchsetzen können. Manche Qualitätsansprüche laufen so ins Leere.

Auch wenn Ganztagsangebote für Schulkinder noch nicht in Konkurrenz zueinander stehen, da insgesamt viel zu wenig Plätze angeboten werden, muss die Qualitätsdiskussion zum jetzigen Zweitpunkt – sie hätte früher begonnen werden sollen – mit besonderer Intensität geführt werden, damit nicht die aktuelle Dienstleistungs- und Spardiskussion zu einseitig an Gewicht gewinnt oder *Billig-Lösungen* installiert sind, bevor die Fachkräfte Alternativen einbringen können. Bedroht fühlen sich viele Horterzieher/innen in NRW ohnehin dadurch, dass Kommunen und Träger im Rahmen der Erfüllung des Rechtsanspruchs zum Teil *Hort- in Kindergartenplätze umgewandelt* haben und ca. 50.000 Plätze durch die „Grundschule von acht bis eins" geschaffen wurden.

Notwendigkeit von Qualitätsentwicklung und -sicherung

Dies sind Veränderungen von Strukturen, die der Qualitätsentwicklung und -erhaltung nicht nur dienlich sind und pädagogische Inhalte eher in den Hintergrund drängen. Aus diesem Grund ist es notwendig, Qualität zu sichern und zu verdeutlichen, was Qualität ausmacht. Aber auch, weil Pädagogik es schwerer hat, ihre Wirksamkeit nachzuweisen – sie zählt ja nicht zu den so genannten harten Wissenschaften –, d. h. Ursache und Wirkung lassen sich meist nicht eindeutig zuordnen. Eine weitere Begründung für die Notwendigkeit, Qualität abzusichern, liegt darin, dass pädagogische Arbeit und sozialpädagogische Angebote immer einer Weiterentwicklung bedürfen.

Hier einige weitere Gründe:

- Die zunehmende *Konkurrenzsituation* zwingt nicht nur dazu, ein eigenes Profil zu entwickeln, sondern dieses auch öffentlichkeitswirksam darzustellen.
- Das Vorurteil „Jede Vorgehensweise kann irgendwie pädagogisch begründet werden" und die damit ausgedrückte *Beliebigkeit pädagogischen Handelns* kann entkräftet werden.
- Pädagogische Entscheidungen (hinter jeder Reaktion/Handlung steht eine mehr oder weniger bewusste Entscheidung) gewinnen an *Überzeugungskraft*, wenn die dahinterstehende Fachlichkeit herausgearbeitet wurde.
- Es stärkt die *Sicherheit der pädagogischen Fachkräfte* und vergrößert das *Vertrauen der Eltern*, wenn sie die Qualität dieser Einrichtung benennen können.

Qualitätssicherung ist darüber hinaus notwendig, um
- den gestiegenen *pädagogischen Anforderungen* gerecht zu werden,
- flexibel auf *gesellschaftliche Veränderungen* reagieren zu können, aber auch
- den zunehmenden *Anforderungen an Legitimation* zu entsprechen.

Die Spitzenverbände der Freien Wohlfahrtspflege schreiben in ihrer Stellungnahme zur Novellierung des GTK und anderer Vorschriften vom 02. 02. 1998: „Aufhebung der

Regelungsdichte, eine konsequente Einführung von qualitativen Leistungsbeschreibungen, die Flexibilisierung der Angebotsformen, wöchentliche Öffnungszeiten-Kontingente und Personalstundenkontingente etc. sollten in einem fachlich begleiteten Qualitätssicherungsprozess weitere Bestandteile der Diskussion sein."

Vielfalt des Qualitätsverständnisses

Die bisherigen Ausführungen machen deutlich, dass der Qualitätsentwicklungsprozess vielfältigen Einflüssen unterliegt und auf mittel- oder unmittelbare Weise viele Personen daran beteiligt sind, die jeweils ihre eigenen Interessen und Interpretationen in die Qualitätsdiskussion einbringen.

Je nach *Sichtweise* desjenigen, der Qualität beschreibt oder Qualitätsansprüche formuliert, werden unterschiedliche Aspekte im Vordergrund stehen. Zum Beispiel: Während berufstätige *Eltern* ein Angebot vielleicht in erster Linie nach der Öffnungszeit, der Höhe des Beitrags oder der weltanschaulichen Ausrichtung bewerten, bemisst der *Träger* die Qualität seiner Einrichtung u.a. nach der Anzahl der Fachkräfte und der Zufriedenheit der Eltern. Die *Erzieherinnen* verbinden mit Qualität der Einrichtung z.T. die Qualifikation der Kolleginnen und die Arbeitsatmosphäre oder die Möglichkeit zu

flexibler Arbeitszeitgestaltung. Und die *Kinder* finden z.B. ein Angebot gut, wenn sie dort vielfältige Spielmöglichkeiten haben und die Freunde aus der Klasse die Einrichtung auch besuchen. Das gleiche Qualitätsmerkmal wird sich darüber hinaus anders darstellen bei demjenigen, der diesen *Anspruch umsetzen* soll. Dabei ist zu bedenken, dass zwar vielfältige Ansprüche von außen herangetragen werden, aber auch eigene Überzeugungen und Vorstellungen von Qualität – vor allem der Fachkräfte – bestehen, die erfüllt werden wollen.

Die dem Qualitätsentwicklungsprozess zugrundeliegenden *Entscheidungen* (bei der Definition von Qualität, bei der Festlegung der Qualitätskriterien) sind also *niemals wertneutral*, sie *unterliegen* einem *Veränderungsprozess* („Zeitgeist", gesellschaftlicher Wandel, Stand der Forschung) und *bedürfen* deshalb einer *ständigen Diskussion und Überprüfung*.

Da verschiedene Qualitätsvorstellungen bestehen, bedarf es eines Aushandlungsprozesses – und nicht nur unter Fachleuten. Ziele wie Lebensweltorientierung und Partizipation haben zur Konsequenz, dass die Betroffenen einbezogen werden: die Kinder, die sozialpädagogischen Fachkräfte, die Träger, die Eltern, Verwaltung und Politik. Das Ergebnis, die gemeinsam erarbeitete Konzeption, ist ein Konsens der vereinbarten Qualitätsmaßstäbe. Da wesentliche Qualitätsindikatoren wie „Wohlbefinden der Kinder" oder „Zufriedenheit der Eltern" schwer messbar sind, ist Qualität nur bewertbar im Rahmen einer vorher festgelegten Definition.

Beschreibung des Begriffs „Qualität"

Die Beschreibung von pädagogischer Qualität beinhaltet sowohl
1. die in der pädagogischen Konzeption enthaltenen *Ziele, Normen/Werte* und *Vor-/ Einstellungen* der Fachkräfte *(pädagogische Orientierungsqualität)*,
2. die Struktur/*Rahmenbedingungen des Angebotes (Strukturqualität)* als auch
3. die Ebene des *pädagogischen Handelns, der Kommunikations-, Beziehungsebene (pädagogische Prozessqualität)*.

Selbstverständlich lassen sich nicht alle Qualitätskriterien eindeutig den genannten Dimensionen der Orientierungs-, Struktur- und Prozessqualität zuweisen; es hilft aber, das komplexe Geschehen zu ordnen. Alle drei Bereiche können einander beeinflussen, sind aber auf verschiedenen Wegen gestalt- und veränderbar. Pädagogische Einstellungen und pädagogisches Handeln bedürfen zur Weiterentwicklung anderer Intentionen als z.B. strukturelle Gegebenheiten, die administrativ geregelt oder politisch festgelegt sind.

Bei der *Erarbeitung von Qualitätskriterien* für den Hortbereich ist es hilfreich und unabdingbar, folgende Bedingungen zugrunde zu legen:
- die *Lebenssituationen* der Kinder und Familien,
- die *entwicklungspsychologischen Gegebenheiten* der 6- bis 14-Jährigen und
- die *gesetzlichen Vorgaben*.
- Ich verzichte an dieser Stelle, auf die beiden ersten häufig benannten Aspekte einzugehen. Vielmehr möchte ich die gesetzlichen Möglichkeiten in Erinnerung rufen, die in der Argumentation um Standards etc. häufiger in Vergessenheit geraten.

Gesetzliche Vorgaben

Immerhin enthält das KJHG *Qualitätsanforderungen*, die als Leitlinie für die Konzeptions- und Qualitätsentwicklung von grundsätzlicher Bedeutung sind. Zum Beispiel:

§ 1 (3) „Jugendhilfe soll … dazu beitragen, *positive Lebensbedingungen* für junge Menschen und ihre Familien … zu erhalten oder zu schaffen."

§ 8 (1) „*Kinder* und Jugendliche sind entsprechend ihrem Entwicklungsstand an allen sie betreffenden Entscheidungen der öffentlichen Jugendhilfe zu *beteiligen*."

§ 9 (2) „die wachsende Fähigkeit und das wachsende Bedürfnis des Kindes oder des Jugendlichen zu selbstständigem, verantwortungsbewusstem Handeln sowie die jeweiligen besonderen sozialen und kulturellen *Bedürfnisse und Eigenarten* junger Menschen und ihrer Familien zu berücksichtigen.‟

§ 9 (3) „die unterschiedlichen Lebenslagen von Mädchen und Jungen zu berücksichtigen, Benachteiligungen abzubauen und die *Gleichberechtigung* von Mädchen und Jungen zu fördern.‟

§ 22 (1) „In Kindergärten, Horten und anderen Einrichtungen, in denen sich Kinder für einen Teil des Tages oder ganztags aufhalten (Tageseinrichtungen) soll die Entwicklung des Kindes zu einer *eigenverantwortlichen* und *gemeinschaftsfähigen Persönlichkeit* gefördert werden.‟

§ 22 (2) „Die Aufgabe umfasst die *Betreuung, Bildung und Erziehung* des Kindes. Das Leistungsangebot soll sich pädagogisch und organisatorisch an den Bedürfnissen der Kinder und ihrer Familien orientieren.‟

§ 22 (3) „Bei der Wahrnehmung ihrer Aufgaben sollen die in den Einrichtungen tätigen Fachkräfte und anderen Mitarbeiter mit den Erziehungsberechtigten zum Wohl der Kinder *zusammenarbeiten*. Die *Erziehungsberechtigten* sind an den Entscheidungen in wesentlichen Angelegenheiten der Tageseinrichtungen zu *beteiligen*.‟

§ 72 (3) „Die Träger der öffentlichen Jugendhilfe haben *Fortbildung* und *Praxisberatung* der Mitarbeiter des Jugendamtes und des Landesjugendamtes sicherzustellen.‟

§ 80 Jugendhilfeplanung
u.a (2) „Einrichtungen und Dienste sollen so geplant werden, dass insbesondere … Mütter und Väter Aufgaben in der *Familie und Erwerbstätigkeit* besser miteinander *vereinbaren* können …‟

- Positive Lebensbedingungen schaffen,
- Beteiligung von Kindern,
- Förderung der Entwicklung,
- Betreuung, Bildung und Erziehung,
- Bedürfnisorientierung,
- Beteiligung der Erziehungsberechtigten,
- Berücksichtigung der wachsenden Selbstständigkeit und zunehmenden Verantwortungsbewusstseins,
- Berücksichtigung der sozialen und kulturellen Bedürfnisse und Eigenarten,
- Gleichberechtigung von Mädchen und Jungen,
- Sicherstellung von Fortbildung und Praxisberatung,
- Vereinbarkeit von Familie und Erwerbstätigkeit

sind die wesentlichen Forderungen des KJHG, an denen sich Qualitätsstandards orientieren sollten und aus denen dann – in differenzierter Form – ein Ziel- und Qualitätskriterienkatalog entwickelt werden kann.

Strukturelle Aspekte

Die *Realisierungschance* der erarbeiteten Ziele und Anforderungen *zur Verbesserung des Leistungsangebotes* ist unterschiedlich groß. Immerhin ist es ein erheblicher Fortschritt, dass der Hort heute neben dem Kindergarten als familienergänzende Einrichtung mit einem eigenständigen Erziehungs-, Bildungs- und Betreuungsauftrag gesetzlich verankert ist und Plätze bedarfsgerecht zur Verfügung stehen sollen. Angesichts der Haushaltslage der Kommunen und Länder bestehen jedoch keine finanziellen Gestaltungsspielräume. Dem zunehmenden Bedarf an Ganztagsangeboten für Schulkinder und der Stabilisierung bzw. Verbesserung bestehender Rahmenbedingungen kann nur durch innovative Ansätze begegnet werden. Ab wann und bei welchen Punkten eine Veränderung der Rahmenbedingungen das „Wohl des Kindes" tangiert – darüber lässt sich trefflich streiten und ist schon immer ein Reibungspunkt zwischen Pädagogik und Politik/Verwaltung gewesen.

Die Veränderung vieler struktureller Bedingungen liegt nicht in alleiniger Entscheidungskompetenz der Einrichtung. Sie ist nur zu erreichen über „beantragen", „verhandeln", „überzeugen", kurz über Kooperation mit Außenstehenden, anderen Systemen und über die Auseinandersetzung mit anderen Strukturen wie Träger, Verwaltung, Politik.

Bei der Qualitätsanalyse, -entwicklung und -sicherung ist deshalb die Strukturqualität – gemeint sind hier vor allem Räumlichkeiten, Ausstattung, materielle Ressourcen, Öffnungszeiten, Tagesablauf, Gruppengröße, Personalschlüssel, Qualifikation des Personals, Entscheidungskompetenzen – ein wesentlicher Aspekt, zu dem die Ziele und Qualitätsansprüche in Bezug gesetzt werden müssen.

Strukturelle Qualitätsanforderungen oder Ansatzpunkte für strukturelle Veränderungen können u.a. sein:

- Kooperation mit der administrativen Ebene,
- stadtteilorientierte Jugendhilfeplanung,
- demokratische Entscheidungsstrukturen auf allen Ebenen,
- klare Verantwortlichkeiten und Zuständigkeiten (Synergie-Effekt durch Delegation von Verantwortung),
- Vernetzung vor Ort: Überwindung institutioneller Barrieren,
- bereichsübergreifende Förderung von Angeboten (z.B. durch einen gemeinsamen Landesfond der Schul- und Jugendministerien oder der kommunalen Schul- und Jugendämter),
- Bündelung von Ressourcen aus den Bereichen Jugendhilfe und Schule (Räume,

fachliches Know-how, Entwicklung integrierter Handlungsansätze etc.),

- an den Entwicklungsbedürfnissen der Kinder orientierte räumliche und materielle Ausstattung (z.B. ein eigener Raum),
- Flexibilisierung der Angebote (z.B. bedarfsorientierte Angebotsstruktur),
- gesicherte Personalstruktur (z.B. keine Honorarverträge für die personelle Mindestausstattung, Fachkräfte in jeder Gruppe),
- Qualitätssicherung und -entwicklung durch kollegiale Beratung, Fort- und Weiterbildung, Qualitätszirkel-Teams und Anpassung der Ausbildungsinhalte an die neuen Anforderungen.

Im Rahmen der Verbesserungsbemühungen bei strukturellen Gegebenheiten können durchaus bisherige „Tabu-Themen" (z.B. Öffnungszeiten) zur Diskussion gestellt werden. An pädagogischen Grundsätzen (z.B. die Entwicklungsbedürfnisse der Kinder betreffend) darf jedoch nicht gerüttelt werden.

Pädagogische Aspekte

Bei allen Überlegungen zur Qualität müssen diejenigen *Ausgangs- und Zielpunkt* sein, auf die sich der Erziehungs-, Bildungs- und Betreuungsauftrag bezieht: *die Kinder*. Das

heißt: Welche Entwicklungschancen werden den Kindern in dieser Einrichtung gegeben? Es geht hier um die pädagogische Qualität und hierauf müssen sich auch die zu entwickelnden Qualitätskriterien zur Bewertung eines Angebotes beziehen.

Die Notwendigkeit zu sparen zwingt zu Effizienz, zu mehr Leistung für weniger Geld oder zu weniger Leistungsangebot. *Leistung im Kita-Bereich* kann aber nicht alleine heißen: eine materiell gute Ausstattung oder z.B. „mehr Kinder oder Öffnungszeit pro Erzieherin", sondern *pädagogische Qualität*. Hortpädagogen/innen haben einen Erziehungs-, Bildungs- und Betreuungsauftrag zu erfüllen. Sie müssen also für sich geklärt haben, was die gewünschte Qualität von Erziehung, Bildung und Betreuung ausmachen soll. Bei dieser Frage geht es um *Entwicklungschancen* für 6- bis 14-Jährige, es geht um Entwicklungsqualität in Horten, d.h. wie authentisch, wie anregend ist das Menschen-Bildungs-Milieu, welche Beziehungs- und Lebenserfahrungen, welche Bildungs-Erlebnisse im weitesten Sinne werden den Kindern zu ihrer Entwicklung ermöglicht.

Donata Elschenbroich (DJI) formulierte dies in einem FAZ-Artikel vom 26. 11. 1997 so: „Wir schulden jedem Kind das Erlebnis, dass durch sein Zutun etwas in besserem Zustand

zurückgelassen wurde als vorher."[137] In ihrem Forschungsprojekt „Weltkenntnis und Lebenswissen der Siebenjährigen" geht es nicht um die Erstellung von Lernzielkatalogen, sondern um einen Anregungskatalog, der Ideen von Menschen aus Deutschland (gesammelt von Journalisten und Kind-

heitsforschern) zu Lerninhalten und Bildungserlebnissen für ein siebenjähriges Kind enthält. Ich glaube, diese Ergebnisse werden im nächsten Jahr die Qualitätsdiskussion in lebensnaher Weise (auch dies ist ja ein Qualitätskriterium sozialpädagogischer Arbeit) bereichern.

Die *Qualitätsdebatte* ist somit immer auch ein Stück *Bildungsdiskussion*. Nach der öffentlichen Kritik an der Leistungsfähig-

---

[137] Elschenbroich, D.: Weltwissen der Siebenjährigen. Was wäre heute eine optimale Bildungsumwelt für Kinder? In: klein & groß, Heft 11–12/98, S. 6–11

keit der deutschen Schüler/innen im internationalen Vergleich hat die Bildungsdiskussion nun – wo der Rechtsanspruch erfüllt ist – auch den Kindergarten erreicht. Die Hortpädagogen/innen sollten hier schnell zuschalten und insbesondere angesichts der zunehmenden – ja grundsätzlich positiv zu bewertenden – Kooperations- und Vernetzungsbestrebungen und der Tatsache, dass Schule als ergänzendes Leistungsangebot die Betreuung entdeckt hat, einbringen, worin die besondere Qualität sozialpädagogischer Arbeit besteht, und damit meine ich nicht nur den Nachweis, wie professionell und wirkungsvoll die Bearbeitung der Hausaufgaben begleitet wird. *Qualität zu sichern* heißt auch hier, das *sozialpädagogische Profil des ganzheitlichen Auftrages* (d.h. Lernen mit Kopf, Herz und Hand) deutlich zu machen, und Bildung/Menschenbildung nicht nur aus dem Blickwinkel der schulischen Szene zu betrachten. Unterstützung erhalten wir hier ja seit einigen Jahren aus einer unverhofften Ecke – der Wirtschaft –, die von ihrem Personal nicht nur einseitig Fachwissen, sondern zunehmend Qualifikationen auf der Beziehungsebene, wie z.B. Teamfähigkeit, Kommunikations-, Konfliktfähigkeit und Kreativität, Flexibilität erwartet. Deshalb sollten Tageseinrichtungen ein *Klima des Leben-lernens* bieten, das den Kindern nicht durch so genannte richtige, vorgefertigte Antworten die Neugier

nimmt und das die Weltsicht, die Logik der Kinder, von der wir viel lernen können, nicht zerstört. Kinder anerkennen und ernst nehmen – dies sind Qualitäten einer guten Arbeit im Hort.

Pädagogische Konzeptionen enthalten einen Fundus an pädagogischen Prinzipien, Zielen, Leitbildern und Grundwerten, um hieraus leicht Qualitätskriterien abzuleiten. Diese „Vereinbarungen" spiegeln immer auch die Möglichkeiten und Schwerpunktsetzungen der jeweils Beteiligten und des Gesamtteams. Ich möchte mich deshalb – strukturelle Kriterien habe ich bereits aufgezeigt – auf Merkmale personaler Qualität beschränken, die eine der wichtigsten Voraussetzungen für eine gute Hortarbeit und eine Verbesserung des Leistungsangebotes insgesamt darstellen.

Personale Aspekte

Schlüsselqualifikationen von sozialpädagogischen Fachkräften beziehen sich z.B. auf folgende Bereiche:

- Kenntnis und Akzeptanz der unterschiedlichen Lebenssituationen der Kinder und Familien,
- Planung der Arbeit nach einem lebensweltorientierten Ansatz,
- Vertrautheit mit sozialpädagogischen Handlungsprinzipien,

- pädagogisches und entwicklungspsychologisches Fachwissen,
- methodisch-didaktische und organisatorische Kompetenzen bei der Gestaltung des Tagesablaufes,
- konzeptionelle Vorstellungen ihrer Erziehungs-, Bildungs- und Betreuungsaufgaben,
- Planungs- und Reflexionsfähigkeit,
- Integration von Kindern mit Behinderungen und Kindern mit besonderem Erziehungs- und Förderungsbedarf,
- Einbezug interkultureller Konzepte,
- Unterstützung der Partizipation von Kindern und Eltern,
- Kommunikations-, Kooperations-, Kritik- und Konfliktfähigkeit,
- Offenheit,
- Bereitschaft zur persönlichen und fachlichen Weiterentwicklung.

Qualität der Leitung

Die Qualitätssicherung und -steuerung ist eng verknüpft mit der *Organisations- und Personalentwicklung*. Dadurch erhalten die Leitungsaufgaben sowohl der Einrichtung als auch des Trägers ein besonderes Gewicht. Die Qualität der Leitung von Tageseinrichtungen zeichnet sich u.a. durch folgende *Merkmale* aus:

- Aktive Übernahme der Verantwortung für das Geschehen in der Einrichtung,
- breite fachliche Kompetenzen, Selbstkompetenz,
- eigenständige Planung, Strukturierung und Organisation der Arbeitsprozesse,
- Anwendung der Methoden der Qualitätsentwicklung,
- Aufgreifen und Förderung der Kompetenzen der Mitarbeiter/innen und Delegation von Aufgaben,
- Anregung und Unterstützung innovativer Entwicklungsprozesse,
- konstruktiver Umgang mit Konflikt-, Konkurrenz- und anderen Problemsituationen,
- fach- und berufspolitisches Engagement,
- Vertretung der Einrichtung in der Öffentlichkeit.

Qualität des Trägers

Die Verantwortung des Trägers für die Qualität des Angebotes bezieht sich sowohl auf die *bedarfsorientierte Gestaltung der Angebote*, den *verwaltungstechnisch-organisatorischen Rahmen* und die *Begleitung von Entwicklungsaufgaben* und Veränderungsprozessen. Dazu gehört u.a.:

- Sicherung der wirtschaftlichen Grundlage der Einrichtung, einer hohen Kosteneffizienz (Kosten-Nutzen-Verhältnis) und einer Dokumentation des Mitteleinsatzes,

- Organisation eines regelmäßigen Austauschs der Beteiligten auf allen Ebenen (Fachkräfte, Eltern, Kommunalverwaltung etc.),
- Entwicklung von Formen der Partizipation und Förderung der Mitwirkung aller Beteiligten,
- Übernahme der Verantwortung für die Erfüllung der gesetzlichen Vorgaben,
- Festlegung der Gestaltungsspielräume der Mitarbeiter/innen vor Ort und der Rahmenbedingungen,
- Engagement für kinder- und familienpolitische Belange und Mitwirkung an der örtlichen Jugendhilfeplanung,
- Durchführung einer gezielten Öffentlichkeitsarbeit,
- Erarbeitung und Umsetzung eines Personalentwicklungskonzeptes (u.a. Auswahl der Fachkräfte, Qualifikationsmaßnahmen für Mitarbeiter/innen),
- Sicherstellung von Qualitätsevaluation.

Verfahren der Qualitätsfeststellung, -entwicklung und -sicherung

Für Qualitätsentwicklung und -sicherung in Kindertageseinrichtungen sind im Wesentlichen folgende Begriffe kennzeichnend: Beteiligung, Prozesshaftigkeit und Dialog.

- *Beteiligung:*
Die Qualität jedes sozialpädagogischen Angebotes entsteht durch das Zusammenspiel und die Mitwirkung aller betroffenen Personen und Ebenen. Qualität wird beeinflusst durch die Erwartungen, Anforderungen, Sichtweisen, Qualifikationen und Entscheidungen aller Beteiligten. Das Ergebnis ist somit vielschichtig und kann sich in seiner Ausprägung und Konstanz unterschiedlich darstellen.

- *Prozesshaftigkeit:*
Die durch die verschiedenen Menschen, Situationen und Rahmenbedingungen implizierten Veränderungsmöglichkeiten erfordern eine kontinuierliche Auseinandersetzung und Reflexion, ein ständiges Ringen um Erhalt und Verbesserung der Qualität.

- *Dialog:*
Pädagogische Arbeit ist immer Beziehungsarbeit. Nicht nur die Fachkräfte bringen sich mit ihrer ganzen Persönlichkeit und Fachlichkeit ein, auch die Kinder wirken mit als „Akteure ihrer eigenen Entwicklung" und selbstverständlich wollen auch Eltern, Träger, Verwaltung und Politik ihre Belange und Interessen berücksichtigt sehen. Das gemeinsame Ziel – die Verbesserung der Leistung – kann also notwendigerweise nur über einen permanenten Aushandlungsprozess erreicht werden.

Soll der erarbeitete Qualitätsstandard erhalten werden und als Grundlage für die Weiterentwicklung dienen, dann können sich die Beteiligten ausgewählter *Qualitätsentwicklungs- und -sicherungsverfahren* bedienen.

Nun ist es sicherlich so, dass *über Qualitätsstandards* auch bisher schon *nachgedacht* wurde (z.B. in den Einrichtungen im Rahmen der Planung der Arbeit oder der Konzeptentwicklung), *Qualitätsstandards vermittelt* wurden (z.B. in der Ausbildung), *Qualitätsstandards festgelegt* wurden (z.B. durch Ausführungsbestimmungen oder bei der Erteilung der Betriebserlaubnis). Allerdings hat die Qualitätsdiskussion durch die neuen Steuerungsmodelle und die gesetzlichen Vorgaben eine neue Dynamik und Bedeutung erhalten, differenzierte Leistungsbeschreibungen und nachweisbare Qualitätskriterien vorzulegen. Die festgesetzten *Qualitätsstandards* können dann *durch ein Qualitätssicherungsverfahren überprüft und bewertet* werden.

Erster Schritt sollte eine *Ist-Analyse* sein, eine Beschreibung dessen, welche Leistung erbracht wird und für wen, wie die Aufgaben, Leistungen erbracht werden (Prozessqualität), welche Rahmenbedingungen bestehen (Strukturqualität) und was die Leistung bewirkt (Ergebnisqualität). Eine solche *Dokumentation der sozialpädagogischen Prozesse* ist nicht nur die Voraussetzung für eine Qualitätssicherung, sondern ist auch die *Grundlage* für

- professionelles Arbeiten,
- die Reflexion der pädagogischen Praxis,
- neue Kollegen/-innen und Auszubildende,
- die Feststellung von Fortbildungsbedarf,
- die Feststellung von Weiterentwicklung/ Verbesserung des Angebotes,
- die Öffentlichkeitsarbeit und
- jugendhilfe-politische Maßnahmen.

Zur Feststellung, Entwicklung und Überprüfung von Qualität gibt es zwei Verfahrenswege:

- *ein externes Verfahren*, das pädagogische Standards und Dokumentationsverfahren vorgibt und auch externe Überprüfer einsetzt,
- *ein internes Verfahren*, das im Rahmen eines Selbstevaluationsprozesses des Einrichtungsteams Formen der Analyse und Dokumentation vorsieht und als Steuerungsinstrument der Qualitätsentwicklung und -sicherung genutzt wird.

Externe Verfahren
ISO 9000

Ein Beispiel für externe Verfahren, die auch eine Vergleichbarkeit verschiedener Systeme/Organisationen ermöglichen wollen, sind die in der Wirtschaft schon lange erprobten Richtlinien für die Qualitätssicherungssysteme der International Office of Standardisation (ISO), Genf 1987.

Die Internationale Norm ISO 9004–2[138] „will Organisationen und Unternehmen ermutigen, die Qualitätsaspekte ihrer zu Dienstleistungen führenden Tätigkeiten wirksamer zu gestalten". Sie verbindet mit *erfolgreichem Qualitätsmanagement* einen verbesserten Leistungsstand und Kundenzufriedenheit, erhöhte Produktivität, Wirksamkeit, eine Verringerung der Kosten und erhöhte Marktanteile. Die ISO kann sowohl zur Entwicklung als auch zur Anwendung eines Qualitätssicherungssystems genutzt werden. Die Forderungen an eine Dienstleistung sollten in Form von Merkmalen festgelegt sein.

Schlüsselaspekte dieses Qualitätssicherungssystems:

- **Verantwortung der obersten Leitung** (für Qualitätspolitik, Erlangen der Kundenzufriedenheit, Festlegen von Qualitätszielen, Lenkung, Bewertung und Verbesserung der Dienstleistungsqualität);
- **Personal und Mittel** (Personalentwicklung, Förderung der Kommunikation z.B. durch Qualitätsverbesserungsforen, Informationssicherung, Bereitstellung der notwendigen materiellen Mittel);
- **Struktur des Qualitätssicherungssystems** (Verfahren zur Festlegung von Leistungsforderungen und zur Rückmeldung über

die Dienstleistungsqualität, z.B. in einem Qualitätskreis für Dienstleistungen, die Dokumentation des Qualitätssicherungssystems, z.B. in einem Qualitätssicherungshandbuch oder einem Qualitätssicherungsplan);
- **Schnittstelle zum Kunden** (wirkungsvolles Zusammenwirken zwischen Kunden und dem Personal der Dienstleistungsorganisation).

Aus diesem Verfahren lassen sich zwar einige Anregungen für den Jugendhilfebereich ableiten, bezweifelt wird hingegen oft eine Übertragbarkeit auf den Kita-Bereich – insbesondere deshalb, weil der für die pädagogische Arbeit wesentliche Aspekt der Beziehungsqualität unberücksichtigt bleibt. Ein anderer Kritikpunkt bezieht sich darauf, dass das Verfahren mehr auf den Nachweis der Qualität der Dokumentation als der Qualität der geleisteten Arbeit selber ausgerichtet ist.[139]

---

[138] Die internationale Norm ISO 9004–2: Qualitätsmanagement und Elemente eines Qualitätssicherungssystems. Leitfaden für Dienstleistungen. 1. Ausgabe 01.08.1991

[139] Meinhold, M.: Wir müssen nicht bei Null beginnen. Qualität und Qualitätssicherung in der sozialpädagogischen Arbeit. In: TPS 2, 1997, S. 67–70, hier S. 70

Kindergarten-Einschätz-Skala (KES)
Besonders intensiv und kontrovers diskutiert wird die von Tietze/Schuster/Roßbach aus dem Amerikanischen adaptierte „Kindergarten-Einschätzskala" (KES), der Early Childhood Environment Rating Scale von 1980 (ECERS).[140] Dem Messverfahren liegen definierte Qualitätsstandards mit 37 Einzelaspekten/Schätzskalen zugrunde, die sieben übergeordneten Bereichen zugeteilt sind. Neben der Überprüfung von strukturellen Merkmalen wird die Prozessqualität in erster Linie von geschulten Beobachtern durch standardisierte Beobachtungen erfasst – unabhängig von der jeweiligen Einrichtungskonzeption. Die KES soll als Grundlage der Qualitätsverbesserung und als Instrument zur Qualitätssicherung dienen. Tietze u.a. verstehen unter einem guten Kindergarten, wenn Wohlbefinden und Entwicklungschancen von Kindern gefördert werden und die Familien bei ihrer Betreuungs- und Erziehungsaufgabe unterstützt werden. Das vorliegende Material, da es für den Kindergarten entwickelt wurde, eignet sich deshalb so nicht zur Einschätzung der pädagogischen Arbeit im Hort. Ein anderes Problem, das sich jedoch auf alle externen Messinstrumente bezieht: Auch in diese – den Eindruck von Objektivität vermittelnden – Beurteilungskriterien fließen die subjektiven Wertmaßstäbe der Autoren mit ein. Der Anspruch der Vergleichbarkeit

setzt allgemeingültige Kriterien voraus, die so nicht für jede Einrichtung anwendbar sind. Situationsunabhängig lassen sich allenfalls die Rahmenbedingungen erfassen. Die für eine Evaluierung der Prozessqualität benötigten Qualitätskriterien können zielgenauer von den „Insidern", den Betroffenen selber entwickelt werden. Das sehr komplexe Geschehen der pädagogischen Praxis, das von Beziehung und Kommunikation geprägt ist, und bei dem im Dialog der Beteiligten Ziele formuliert, Entscheidungen getroffen und Abläufe strukturiert werden, sollte auch auf diesem Hintergrund bewertet, gesichert und weiterentwickelt werden.

Interne Verfahren
Dialogisches Konzept
Der so genannte *Kronberger Kreis* hat ein dialogisches Konzept zur Qualitätsförderung in Tageseinrichtungen für Kinder entwickelt.[141] Es stellt ein theoriegeleitetes, praxisnahes Instrumentarium dar, das Fachkräfte motiviert, sich selbst, ihre Arbeit, die Institution zum Gegenstand einer Qualitätsdebatte zu machen. Beispielhaft und zur Diskussion anregend wird auf folgenden

---

[140] Tietze, W., Schuster, K.M., Roßbach, H.E.: Kindergarten-Einschätz-Skala. Neuwied 1997
[141] Kronberger Kreis für Qualitätsentwicklung in Kindertageseinrichtungen (Hrsg.): Qualität im Dialog entwickeln. Wie Kindertageseinrichtungen besser werden. Seelze 1998

Prozessebenen die Qualität einer Kindertageseinrichtung beschrieben: die Ebenen der
- Programm- und Prozessqualität,
- Leitungsqualität,
- Personalqualität,
- Einrichtungs- und Raumqualität,
- Trägerqualität,
- Qualitätssicherung,
- Preis-Leistungs-Qualität.

Das Konzept enthält nützliche Leitfragen und Konkretisierungen, die vor Ort von den Beteiligten für ihren Prozess aufbereitet werden können. Es kann als Arbeitshilfe bei der Erarbeitung von internen, dialogischen, systematischen Überprüfungsinstrumenten in den Einrichtungen dienen.

Solche *Qualitätsüberprüfungs- und -entwicklungsinstrumente* können u.a. sein:

- eine pädagogische Konzeption,
- ein gemeinsames Leitbild,
- Personalauswahl,
- Dokumentation,
- Beobachtungen,
- Hospitation von Kolleginnen, Fachberatung, Eltern,
- Umfragen (Fragebögen, Interviews) bei Kindern, Eltern, Öffentlichkeit,
- Situations- und Umfeldanalysen,
- Mitarbeitergespräche,
- Teambesprechungen,
- Vorgesetzten-Feed-back,
- institutionalisierte Formen der Partizipation (Qualitätszirkel),
- Kinder-Konferenzen,
- Zusammenarbeit mit anderen Fachkollegen/-innen und Institutionen,
- Fortbildung, Weiterbildung, Supervision, Fachberatung, Fachliteratur,
- qualifizierte Anleitung von Praktikanten/-innen.

Evaluative und qualitätssichernde Prozesse sind dann wirksam, wenn sie auf die jeweilige Einrichtung focussiert sind. Da die Schritte dieses Entwicklungsprozesses gemeinsam erarbeitet und gegangen werden, ist die Bereitschaft zur Überprüfung der eigenen Arbeit und Fort-Schritt im Sinne von Sich-Bewegen hoch. Qualitätsmanagement ohne intrinsische Motivation und gemeinsam gewonnene Grundhaltung (Betriebsphilosophie) wird wenig erfolgreich sein.

Die *Leitung* hat hier eine verantwortungsvolle *Moderatorenfunktion*, wenn es darum geht, die vereinbarten Ziele einschließlich der hiermit verbundenen Qualitätsstandards einzulösen. Sie muss voll hinter dem Ziel „Qualitätsentwicklung" stehen, sich gleichermaßen auf diesen Prozess einlassen und mit eigenen Widerständen oder denen des Teams umgehen können. Dabei kann eine *fachliche Begleitung von außen* und ein *stützender Träger*, der sich als Teil dieses Prozesses versteht, sehr hilfreich sein. Das heißt, für diesen selbstreflexiven und innovativen Prozess ist es förderlich, wenn er nicht nur im Einrichtungsteam stattfindet, sondern auch von außen mit angestoßen, angeregt, moderiert, kurz: begleitet wird. Dies kann eine Leiterin oder ein Leiter einer anderen Einrichtung mit einschlägigen Erfahrungen, die Fachberatung oder – wenn Geld zur Verfügung steht – ein/e Supervisor/in sein. Eine gute Plattform hierfür ist eine Arbeitsgruppe aus ausgewählten Teammitgliedern. Ein solcher Qualitätszirkel kann durch Eltern- und Trägervertreter ergänzt werden. Arno Klave hat folgende *Ziele für einen Qualitätszirkel* benannt: [142]

1. Verbesserung der Motivation durch Partizipation aller bei Planung und Entscheidung,
2. Leistungssteigerung,
3. ökonomische Sensibilisierung (Controlling-Kompetenz),
4. Verbesserung der Einstellung zur Arbeit,
5. verantwortliches Mitdenken aller (Teamgeist),
6. Erarbeitung von einrichtungsspezifischen, „marktgerechten" Vorschlägen,
7. Steigerung der Verantwortungsbereitschaft,
8. höhere Flexibilität,
9. stärkere Kundenorientierung,
10. Beseitigung von Schwachstellen,
11. Verbesserung des Betriebsklimas,
12. Demokratisierung der Organisation,
13. Selbstevaluation,
14. methodisch inszenierte Selbstreflexion (Entnormalisierung der Routine).

Der *Qualitätszirkel* ist neben anderen Methoden/Instrumenten eine *Möglichkeit zur Förderung von Qualität.*

---

[142] Arbeiterwohlfahrt, Arbeitskreis der Geschäftsführerkonferenz „Tageseinrichtungen für Kinder": Eckdaten zur Qualitätsentwicklung und Leistungsbeschreibung in Tageseinrichtungen für Kinder der Arbeiterwohlfahrt. Schriftenreihe Theorie und Praxis, QS 9, Bonn 1998, S. 56

Jede Einrichtung muss das für sie passende Verfahren auswählen. Das Ergebnis ist hoffentlich immer eine profilierte, erfolgreiche, zielgruppenorientierte und selbstlernende Organisation. Die Tatsache, dass Qualität immer in mehrdimensionaler Weise verstanden werden kann und somit unterschiedliche Interessen, Meinungen und Werte zugrunde liegen, sollte nicht zu einem weitgehenden Verzicht auf eine Bewertung des pädagogischen Leistungsangebotes führen. In jedem Falle sollte jedoch ein Qualitätsentwicklungs- und -sicherungsverfahren die Besonderheiten der Dienstleistungen im Jugendhilfe-Bereich berücksichtigen.

Wissenschaftliche Methoden, die eine objektivere Beurteilung von pädagogischer Arbeit im Hort und eines Angebotes für 6- bis 14-Jährige ermöglichen, stehen in Deutschland bisher nicht zur Verfügung. Die Entwicklung von Kriterien zur Erfassung der Qualität der Arbeit mit Kindern über 6 Jahren sowie die Erarbeitung und Erprobung eines handhabbaren Feststellungsverfahrens ist ein Teilprojekt (Laufzeit 1.12.1999 bis 28.02.2003) des vom Bundesministerium für Familie, Senioren, Frauen und Jugend ausgeschriebenen *Modellvorhabens* „Nationale Qualitätsinitiative im System der Tageseinrichtungen für Kinder", so dass den Hortpädagogen/-innen in einigen Jahren ein praxisnahes Handwerkszeug zur Verfügung stehen wird.[143]

Ein Plädoyer zum Abschluss

Die Zielgruppe der Kinder hat in unserer pädagogischen Arbeit und damit auch in der Qualitätsdiskussion oberste Priorität. Sie als Pädagogen/-innen begleiten die Kinder ein Stück auf ihrem Lebensweg. Dabei vermitteln Sie ihnen, was Lebens-Qualität sein kann – trotz der Probleme, Einschränkungen, schulischen Misserfolge, emotionalen Defizite, die viele Hortkinder heute aushalten müssen. Im Hort haben sie Bündnispartner, hier werden sie ernst genommen. Horte versuchen, ihnen etwas von dem zurückzugeben, was Gesellschaft, Familie und Schule nicht mehr leisten können: an Solidarität, Freiheit, Toleranz, Chancengleichheit, Geborgenheit, Orientierung, Verlässlichkeit, Zuwendung und Zeit für sich, von anderen, für andere. Dies sind – meine ich – Qualitäten, die einen guten Hort auszeichnen und die es zu sichern gilt. Kinder auch schützen vor dem, was die Gesellschaft für lebenswert hält und sie überfordert, und stattdessen sie auftanken – psychisch, geistig, körperlich – und Grundqualifikationen aufbauen lassen. Wenn wir Kindern das geben wollen, was sie zu ihrer gesunden Entwicklung brauchen, dann sind die Angebote zur Erziehung, Bildung und Betreuung als Orte für Kinder herausgefordert, bestimmte Qualitätsstandards zu erfüllen. Und die sollten wir bekannt machen und für deren Erhalt kämpfen.

---

[143] s. Strätz, Rainer: Qualität für Schulkinder in Tageseinrichtungen: QUAST – ein Projekt im Rahmen der „Nationalen Qualitätsinitiative". In: SPI NRW 2001, S. 18–22

Kapitel 5
Zusammenarbeit mit Eltern

Pia Helbig-Puch

Eltern und Hortfachkräfte stehen zueinander in einem Verhältnis der Erziehungspartnerschaft.

● Unter Berücksichtigung der vorrangigen Erziehungsverantwortung der Eltern gilt es, eine vertrauensvolle Zusammenarbeit aufzubauen und in regelmäßigen Gesprächen die Erziehung und Entwicklung des Kindes zu reflektieren und bei Bedarf Absprachen über gezielte Fördermaßnahmen zu treffen.

● Eltern sind an allen wesentlichen Angelegenheiten des Hortes in geeigneter Form zu beteiligen (§ 22 Abs. 3, Satz 2 SGB VIII). Wesentliche Angelegenheiten sind insbesondere
– Feststellung der Höhe der Elternbeiträge,
– Änderung des Angebots des Horts,
– Erstellung der einrichtungsbezogenen Konzeption,
– Festlegung der Öffnungszeiten,
– Planung und Gestaltung von Informationsveranstaltungen,
– Festlegungen zum Verhältnis Kind und pädagogisches Personal.

● Es wird empfohlen, zur Vertretung der Interessen der Eltern einen Elternbeirat zu wählen. Als weitere Formen der Zusammenarbeit mit der Elterngemeinschaft kommen z. B. Elternabende, offene Elternstammtische, Familienfeste, -ausflüge und Flohmärkte in Betracht. In Kooperation mit anderen Stellen können darüber hinaus z. B. auch Angebote der Familienbildung und Erziehungsberatung vorgehalten bzw. vermittelt werden.

Der Hort ist nach dem SGB VIII eine familienergänzende Einrichtung mit der Aufgabe der Erziehung, Betreuung und Bildung von Kindern. Neben diesem pädagogischen Auftrag soll sich der Hort an einem gesellschaftlich definierten Bedarf und an den Bedürfnissen von Kindern und Eltern orientieren. Diese Aufgabe hängt sehr eng mit den veränderten familiären Verhältnissen zusammen. So erfordern etwa die zunehmende Berufstätigkeit von Frauen, veränderte Familienstrukturen und die Notwendigkeit familiärer Unterstützung in Krisen- und schwierigen Lebenssituationen von Kindern und Eltern eine verlässliche familienunterstützende Betreuung von Schulkindern.

Der sozialpädagogische Auftrag des Hortes drückt sich auch in einem neuen Verständnis von Elternarbeit aus, das in der pragmatischen Formel „von der Elternarbeit zur Erziehungspartnerschaft" seinen Niederschlag findet. Das traditionelle Verständnis der Elternarbeit aus den früheren Jahren, Eltern als passive Empfänger von Informationen oder engagiert als Hilfskräfte bei Festen, muss sich weiterentwickeln zu einer erziehungspartnerschaftlichen Zusammenarbeit zum Wohle des Kindes und der gesamten Familie. Die Eltern und die Mitarbeiter/innen in den Einrichtungen sollten sich als gleichberechtigte Partner verstehen. Der Umgang ist gekennzeichnet von einem Klima der gegenseitigen Akzeptanz. Im Dialog soll eine offene und vertrauensvolle Zusammenarbeit entwickelt werden. Eltern werden als Partner anerkannt und sind mit ihren Fähigkeiten und Interessen ein wichtiger Bestandteil der Hortarbeit.

Im Rahmen eines elternorientierten Arbeitens werden die Lebenswelt und die Bedürfnisse von Familien in die Arbeit einbezogen (z.B. durch die Gestaltung der Schließzeiten). Wird die Elternpartnerschaft im Sinne einer Dienstleistungs- bzw. Kundenorientierung ernst genommen, werden die Erwartungen, Wünsche, Bedarfe und die Zufriedenheit der Eltern regelmäßig abgefragt und entsprechend berücksichtigt (z.B. der Wunsch nach flexiblen Öffnungszeiten). Um Transparenz für die Eltern zu schaffen, können die Einrichtungen Qualitätsstandards beschreiben, um so den Eltern bereits vor der Anmeldung eine verbesserte Informations- und Entscheidungsquelle zur Verfügung zu stellen. Dies ist um so notwendiger, da sich die Betreuungspalette für Schulkinder erweitert hat, und die Eltern, bei ausreichend hohen Versorgungsquoten mit Hortplätzen bzw. anderen Formen der Schulkindbetreuung, zukünftig verstärkt zwischen verschiedenen Betreuungsangeboten wählen können.

Im Folgenden werden einige Formen der Elternzusammenarbeit für den Hort beispielhaft aufgezeigt.

Einrichtungsbezogene Formen der Elternarbeit

- Aufnahmegespräch
- Telefonate
- Tür-/Angel-Gespräche
- Elternabende zu speziellen Themen
- Elternbriefe
- Hortzeitung
- Elternsprechtag
- Regelmäßig stattfindende Elternsprechstunden im Anschluss an den Hort
- …

Diese Formen dienen der Kontaktanbahnung und Kontaktpflege zwischen Eltern und Hortfachkräften. Es besteht die Möglichkeit zum Austausch über die pädagogische Arbeit und über organisatorische Belange.

Familienbezogene Formen der Elternarbeit

- Eltern-Kind-Feste
- Gemeinsame Aktionen, wie z.B. Ausflüge, Wanderungen
- Familienfreizeiten
- Familiengottesdienste
- Gestaltung der Räumlichkeiten und der Außenanlagen, z.B. Spielplatzrenovierung, Gartengestaltung
- …

Diese Aktionen dienen der Begegnung und dem gegenseitigen Kennenlernen in einer ungezwungenen Atmosphäre. Bei der Einbeziehung ist es wichtig, dass Eltern nicht nur Hilfsdienste übernehmen, sondern dass Eltern als Partner einbezogen werden und auch ihre eigenen Ideen und Vorstellungen einbringen können, d.h. auch eine Beteiligung bei der Planung und inhaltlichen Konzeptionalisierung.

Kontakt- und Treffpunktarbeit mit Eltern

- Elterncafé
- Elternstammtische
- Initiierung von Nachbarschafts- und Selbsthilfegruppen (wechselseitige Kinderbetreuung, Babysitterkartei, Deutschkurse für ausländische Eltern …)
- Hobbygruppe
- Tauschbörsen
- Treffpunkt für Alleinerziehende oder Ausländer
- Väter-/Müttergruppen
- …

Diese Formen der Elternarbeit können je nach örtlichem Bedarf bzw. je nach Raumkapazitäten unterschiedlich sein; sie reichen von der Bereitstellung von Räumlichkeiten bis hin zur konkreten Initiierung der Angebote. Die Unterstützungsarbeit der Hortmitarbeiter/innen beschränkt sich weitgehend auf die Anfangsphase. Ziel ist es, den Eltern Rahmenbedingungen anzubieten, um sich gegenseitig zu treffen, Informationen auszutauschen oder einfach nur miteinander ins Gespräch zu kommen. Hier können Eltern untereinander Kontakte entwickeln und regelmäßig stattfindende, selbstverwaltete Elterntreffpunkte organisieren.

Elternmitarbeit

- *Elternbeirat*

Im SGB VIII wurde gesetzlich verankert, dass Eltern bei wesentlichen Angelegenheiten des Hortes zu beteiligen sind. Die Wahl eines Elternbeirates sollte auch im Hort praktiziert werden. Vom Selbstverständnis her beschränkt sich die Elternbeiratstätigkeit nicht nur auf die Mithilfe bei Festen, sondern der Elternbeirat soll die Interessen aller Horteltern vertreten. Er kann durch eine engagierte Öffentlichkeitsarbeit das Konzept, die Arbeitsweise und die Interessen des Hortes wirkungsvoll nach außen vertreten.

Um die nötige Transparenz für den Elternbeirat herzustellen, sollten die Eltern bei allen wichtigen Entscheidungen, Prozessen und Veränderungen einbezogen werden, z.B. bei Konzeptentwicklung oder Jahresplanung.

- *Elternbefragungen*

Zur Überprüfung der Angebotsstruktur und um Bedarfs- und Interessenlagen der Eltern in die Arbeit mit einzubeziehen, sollten regelmäßige Umfragen durchgeführt werden.

- *Eltern als Experten*

Um die Kompetenzen und elterlichen Ressourcen zu nutzen, können Eltern im Rahmen eines gemeinsamen Projektes Kurse anbieten, z.B. Judo-, Computer-, Schreiner- oder Kochkurse. Die gemeinsame Projektarbeit setzt an den Fähigkeiten der Eltern an, und die Mitarbeit von Eltern erfolgt nicht in erster Linie aufgrund der knappen finanziellen Mittel. Die Eltern sollten für die Kursangebote ein Honorar erhalten.

Familienunterstützende Formen der Elternarbeit

- Beratungsgespräche in der Einrichtung
- Zusammenarbeit mit sozialen Fachdiensten (z.B. Logopäd/innen), die in den Hort kommen
- Sprechstunde zur Beratung mit Erziehungsberatungsstelle oder ASD vor Ort
- Gesprächskreise zu Erziehungsfragen
- Vermittlung von speziellen Hilfs- und Förderangeboten

Für bestimmte Eltern ist es notwendig, sie in ihrer Erziehungsarbeit zu unterstützen. Dies beinhaltet die Beratung bei besonderem Förderbedarf oder Erziehungsschwierigkeiten der Kinder, aber auch die Unterstützung in familiären Krisen- und Lebenssituationen.

Die Vielzahl der oben aufgelisteten Formen einer möglichen Zusammenarbeit zwischen Hort und Eltern stellt eine beispielhafte Auswahl dar. Im Rahmen der individuellen Konzepterstellung muss jede Einrichtung für sich ihre spezifische Hortsituation und die Lebenssituation von Kindern und Eltern in ihrem Stadtteil bzw. ihrer Gemeinde analysieren. Auf dieser Grundlage erfolgt die Zielformulierung, um dann entsprechende Formen der Elternarbeit auszuwählen.

Kapitel 6
Zusammenarbeit mit der Schule

Gudrun Bail[144]

Der gemeinsame Auftrag der Schule und des Hortes zur Bildung und Erziehung von Kindern erfordert eine enge Zusammenarbeit und Absprache beider Lebensbereiche. Diese ist durch § 81 SGB VIII und Art. 31 Bay-EUG rechtlich verankert.

Die Zusammenarbeit mit der Schule wird gesondert im Rahmen einer gemeinsamen Bekanntmachung mit dem Staatsministerium für Unterricht und Kultus geregelt.

Die Zusammenarbeit von Hort und Schule ist sowohl durch das SGB VIII (§ 81) als auch das BayEUG (Art. 31) vorgesehen. Jugendhilfe und Schule haben hiermit auch die Möglichkeit, Voraussetzungen für Horte und Schulen zu schaffen, damit die Zusammenarbeit zwischen Erziehern und Lehrern wirklich stattfinden kann.

1) Hort und Schule sind gleichermaßen verpflichtet, den Erziehungs- und Bildungsauftrag entsprechend den individuellen Erfordernissen des Kindes zu erfüllen.
2) Schul-/Hortkinder erfahren Familie, Schule und Hort als unterschiedliche Lebensbereiche, was die Abstimmung eines gemeinsamen Konzeptes notwendig macht. Dies gibt den Kindern Geborgenheit, Anerkennung, Orientierung, Klarheit, Sicherheit, Vertrauen, den Anforderungen gerecht zu werden, zunehmend Lebenskompetenz zu entwickeln.
3) Eine gemeinsame konzeptionelle Linie soll den Kindern Handlungsfähigkeit, Urteils-/Entscheidungs- und Meinungsfähigkeit einräumen.
4) Eine sich ergänzende, konstruktive Zusammenarbeit gewinnt durch die unterschiedlichen fachspezifischen Kenntnisse und Fähigkeiten, die sich Hort- und Schulpädagogen gegenseitig zur Verfügung stellen.
5) Eine kontinuierliche Zusammenarbeit wird durch Zuverlässigkeit, Verbindlichkeit gesichert; fest eingebundene Koope-

---

[144] Susanne Böhm lieferte zur Thematik „Zusammenarbeit mit der Schule" ebenfalls einen Beitrag, der wegen vieler inhaltlicher Überschneidungen hier nicht aufgenommen werden konnte.

rationsformen bündeln nicht nur Organisationskräfte, sondern geben der Zusammenarbeit auch den wichtigen Stellenwert und die Möglichkeit zur Qualitätsentwicklung.

6) Jedes Kind will lernen und etwas leisten; dafür setzt es Lernneugierde, konkurrierendes Verhalten und Fragen, Fragen, Fragen ein – es kommt mit seinen Erfahrungen, Leistungen, Anregungen und „spielt die Zusammenarbeit den Hort-

und Schulpädagogen eigentlich zu". Reaktionen, Aktionen, Ideen, Forschergeist, spezifische Fähigkeiten usw. der Kinder sind die Potenziale, aus denen Hort- und Schulpädagogen ihre inhaltliche Zusammenarbeit ableiten können/müssen.

7) Es ist nicht entscheidend, wo und wann Lehrer und Erzieher miteinander kooperieren, welche Form sie dazu wählen, entscheidend ist,

- dass Lehrer und Erzieher mit dem Ziel der ganzheitlichen Erziehung des Kindes zusammenarbeiten *wollen*.
- dass Lehrer und Erzieher *Bereitschaft* und *Offenheit* für Veränderungen und Prozesse einbringen.
- dass Lehrer und Erzieher ihre *Fachkompetenz* dem anderen zur Verfügung stellen.
- dass Lehrer und Erzieher sich gegenseitig *Anerkennung, Akzeptanz, Vertrauen, Sicherheit* geben.
- dass die Zusammenarbeit den gleichen *Stellenwert* hat wie der Lehrplan oder der Urlaub.

8) Themen der Zusammenarbeit können sein:

- Welche Erwartungen hat das Kind/haben die Kinder an Lehrer, Erzieher?
- Welche Beziehung besteht zwischen Lehrer – Kind/Erzieher – Kind?
- Wie wirken Tageszeiten/-organisationen auf das Kind, wie:
  - Wechsel von Familie – Hort – Schule – Hort – Familie?
  - Wechsel von Bezugspersonen mit unterschiedlichen Ansprüchen?
  - Wechsel von Gruppen mit unterschiedlichen Angeboten, konkurrierendem Verhalten?
- Welche Ereignisse beinhaltet ein Arbeitsjahr, z.B. Klassenbildung, Gruppenbildung, Verabschiedung von Bezugspersonen, „neue" Bezugspersonen (Lehrer, Erzieher, Praktikanten), Prüfungen, Projektarbeit, Zeugnisse, Noten, Klassenfahrten, Ferienzeit ...?
- Wie können die Folgen dieser planbaren Ereignisse von Lehrern und Erziehern entwicklungsunterstützend für die Kinder vorbereitet und in einem Reflexionsgespräch nachbereitet werden?
- Welche Lern- und Entwicklungspotenziale haben die Kinder (spezifische Fähigkeiten, Forschergeist, Kreativität, Urteilsvermögen und Meinungsbildung, Teamfähigkeit usw.)?
- Wie sind diese Fähigkeiten optimal zu entwickeln und einzusetzen?
- Was lernen die Kinder voneinander?
- Was lernen sie von uns Erwachsenen?
- Was lernen wir von den Kindern?
- Wie wirken Ge- und Verbote?
- Mit welchen Freiheiten, Handlungsräumen, Grenzen, Regeln, Verboten gehen die Kinder um?
- Welche Entwicklung hat das Kind/haben die Kinder genommen?
- Wie gestalten wir unsere Rahmenbedingungen, um die gemeinsam gewollte Arbeit ausführen zu können?

9) Formen der Zusammenarbeit können sein:

- gegenseitige Beratungs-, Reflexions-, Planungsgespräche;
- gemeinsame Elterngespräche;

- gemeinsame Aktionen im Klassenzimmer, Hort, Garten, Schullandheim / Ferien;
- gemeinsame Projekte;
- ein Jour fixe;
- ein „runder Tisch" mit weiteren Kooperationspartnern.

Zusammenarbeit bildet ein stimmiges „Setting", wenn sie im Kontext stattfindet von:

- gegenseitiger Teilnahme an den Elternabenden;
- gemeinsamen Klausurtagen;
- gemeinsamen Fortbildungen;
- gemeinsamer Supervision;
- gemeinsamen Arbeitskreisen;
- gemeinsamen Festen;
- gemeinsamem Tag der offenen Tür.

Eine Zusammenarbeit, die Hand in Hand geht, empfinden die Kinder als wohltuend. Eindeutig steht das Wohl der Kinder im Mittelpunkt; es geht aber auch um das Wohl der Lehrer und um das Wohl der Erzieher – um das Gerne-Tun im Arbeitsalltag.

Kapitel 7
Gestaltung der Rahmenbedingungen für eine qualifizierte Hortarbeit

7.1 Schaffung eines bedarfsgerechten Hortangebots
Karlheinz Kaplan

Bei der Schaffung eines bedarfsgerechten Angebots an Hortplätzen wird empfohlen, die örtlichen Bedingungen und individuellen Lebenslagen maßgeblich zu berücksichtigen. Die Bedürfnisse der Eltern und Kinder, ihre Lebenssituationen, das vor Ort vorhandene plurale Angebot der Schülerbetreuung und die sonstigen Angebote für Kinder und Familien sind wesentliche Aspekte, die die pädagogische und organisatorische Ausgestaltung des Betreuungsangebots in Horten beeinflussen. Zudem sollte unter Einbindung von Methoden der Qualitätsentwicklung das eigene Leistungsangebot kontinuierlich überprüft und den sich verändernden Bedürfnissen flexibel angepasst werden. Die wachsende Ausdifferenzierung der Angebote und das Erfordernis örtlicher Flexibilität bedürfen einer Neugestaltung der Rahmenbedingungen für eine qualifizierte Hortarbeit. Jeder Hort sollte eine einrichtungsspezifische Konzeption erstellen. Neben der Beschreibung der Rahmendaten soll sie eine Darstellung der pädagogischen Angebote enthalten. Unter Berücksichtigung regionaler und lokaler Gegebenheiten sowie der jeweiligen Bedürfnisse der Kinder und ihrer Familien soll durch Schwerpunktbildung ein eindeutiges Profil der Einrichtung herausgearbeitet werden.
Wünschenswert wäre ebenfalls
* die Erstellung einer Jahresplanung,
* die kontinuierliche Durchführung von Elternbefragungen sowie
* die Durchführung von Maßnahmen zur Selbst- bzw. Fremdevaluation.

Das Staatsinstitut für Frühpädagogik versuchte im Juli 1997, durch eine Befragung aller Horteinrichtungen in Bayern den Stand der Konzeptentwicklung empirisch zu erheben.[145]

---

[145]Kaplan, Karlheinz: Warum (k)ein Konzept? – erste Ergebnisse aus der Untersuchung „Weiterentwicklung der Konzepte der Hortarbeit". In: IFP-Infodienst 3, 1998, 2, S. 8–16

Rund 40% der Einrichtungen beteiligten sich an dieser freiwilligen Aktion. Davon stellten knapp die Hälfte ihr Konzept dem Staatsinstitut zur Verfügung, ein Viertel gab an, dass gerade an der Konzepterstellung gearbeitet wird, und ein Viertel verfügte aus unterschiedlichen Gründen zum damaligen Zeitpunkt über kein Konzept. Bei den zugeschickten Konzepten gab es sowohl von der äußeren Aufmachung als auch inhaltlich gewaltige Unterschiede: Das Spektrum reichte vom handschriftlichen Entwurf bis zu einem von Werbegrafikern durchgestylten Hochglanzprospekt, von der simplen Hortordnung bis zu umfangreichen Abhandlungen. Eine eingehendere Analyse zeigt folgende generelle Trends:

- *Orientierungsqualität:* Besonders gut gelungen ist die Beschreibung der Bedürfnisse der Kinder und Jugendlichen. Auch werden aus diesem Befund konsequent entsprechende Zielsetzungen abgeleitet. Erkennbar wird allerdings auch das Bestreben, eine umfassende Lückenlosigkeit bei den Erziehungs- und Förderzielen anzustreben. Nur in wenigen Ausnahmefällen ist die Erarbeitung eines spezifischen Hortprofils durch eindeutige Schwerpunktsetzung gelungen.
- *Strukturqualität:* Sehr genau werden die Hortwirklichkeit vor allem hinsichtlich der gegebenen sowie der notwendigen Rahmenbedingungen erfasst. Entspre-

chend vorgetragene Wünsche und Verbesserungsvorschläge könnten noch mehr überzeugen, wenn der Zusammenhang zwischen bestimmten Zielsetzungen der pädagogischen Arbeit und den dafür notwendigen Rahmenbedingungen noch schärfer herausgearbeitet würde.

- *Prozessqualität:* Gemeint sind die Prozesse, die im Zusammenhang mit Interaktionen ablaufen, vor allem die Qualität der Erzieher-Kind-Interaktionen und der Erzieher-Eltern-Interaktionen, aber auch Kind-Kind-Interaktionen, Interaktionen im Team sowie Interaktionen mit anderen Einrichtungen und Institutionen. Zwar wird in den eingesandten Konzepten über die praktizierten Formen von Zusammenarbeit berichtet, jedoch wird die Qualität der Interaktionen kaum hinterfragt.
- *Ergebnisqualität:* Die Überlegungen der Hortteams, wie die eigene Arbeit und die Erreichung der Zielsetzungen überprüft werden kann, stehen noch am Anfang. Vielfach werden die starke Nachfrage nach Hortplätzen als ausreichender Indikator von Elternzufriedenheit angesehen.

Der erhobene Befund zeigt einen Handlungsbedarf für folgende Bereiche:
- Konzeptentwicklung,
- Qualitätsentwicklung und
- Evaluationsmaßnahmen.

7.2 Mindestanforderungen
Karlheinz Kaplan

Für eine fachlich qualifizierte Arbeit werden folgende personelle und strukturelle Rahmenbedingungen empfohlen:

Behinderung, ausländische Kinder sowie Kinder mit Verhaltens- oder Entwicklungsauffälligkeiten) kann die Gruppenstärke reduziert und/oder zusätzliches Personal eingestellt werden.

Der Staat räumt hier dem Träger weitgehende Gestaltungsfreiheit ein. Die folgenden Abschnitte beschränken sich auf:
- Gruppengröße und Personalschlüssel,
- Qualifikation der Fachkräfte,
- räumliche Bedingungen.

Im Sinne einer Weiterentwicklung des Hortwesens sollten auch wünschenswerte Rahmenbedingungen festgehalten werden. Deshalb wird nachfolgend der Versuch gemacht, im Anschluss an die jeweiligen Abschnitte der Empfehlungen aufzuzeigen, wie durch mögliche Verbesserungen der Rahmenbedingungen ein Beitrag zur Qualitätssicherung geleistet werden könnte.

7.2.1 Gruppengröße und Personalschlüssel

Eine Hortgruppe umfasst maximal 25 Plätze. Ungeachtet der förderrechtlichen Bedingungen werden pro Gruppe eine pädagogische Fachkraft und eine pädagogische Zweitkraft empfohlen. Bei Aufnahme von Kindern mit besonderen Bedürfnissen (z.B. Kinder mit

Wenn in den Empfehlungen die Gruppenstärke mit „maximal 25 Plätze" angegeben wird, so ist dieser Formulierung bereits zu entnehmen, dass bei der Gruppenbildung eigentlich von einer niedrigeren Anzahl als der Regel ausgegangen wird. Angesichts der Forderung nach Qualitätssteigerung, wie sie auch in den vorliegenden, recht anspruchsvollen Empfehlungen zum Ausdruck kommt, erscheint es wünschenswert, für die Arbeit im Hort eine Gruppenstärke von maximal 18 Kindern anzustreben. Gerade die Einrichtungen, die in ihrem Konzept eine stärkere innere Öffnung verfolgen, die z.B. „offene Angebote" auch für nicht fest angemeldete Schüler/innen bereitstellen oder die es den Hortkindern erlauben, zu bestimmten Zeiten ihre Freundinnen und Freunde mitzubringen, müssen dafür eine angemessene Zahl von Plätzen vorhalten. In Anbetracht des derzeit noch immer knappen Angebots an Hortplätzen ist es eine weit verbreitete Praxis, bevorzugt „Notfälle" aufzunehmen. Bei sehr vielen Horteinrichtungen – vor allem in den städtischen Ballungsgebieten und hier wiederum verstärkt in so genannten „sozialen Brennpunkten" – ist der Anteil der Kinder mit „besonderen erzieherischen Bedürfnissen" unverhältnismäßig hoch. Die Hortfachkräfte sollten in Zusammenarbeit mit der Schule und ggf. unter Hinzuziehung weiterer Experten (z.B. Psychologe der Erziehungsberatungsstelle, Allgemeiner Sozialdienst usw.) eine Liste erstellen, die genau aufschlüsselt, welche Schüler/innen einer intensiven Einzelbetreuung bzw. der Förderung in einer Kleingruppe bedürfen. Ist so ein erhöhter Betreuungsaufwand nachgewiesen, sollte die Gruppenstärke auf maximal 12 Kinder reduziert werden.

Diese Empfehlungen mögen angesichts enger finanzieller Spielräume manchen Träger vor Konflikte stellen. Jedoch sollte in der Verantwortung für die Arbeit mit den anvertrauten Kindern die Qualität von Betreuen, Bilden und Erziehen vor der Quantität der betreuten Kinder stehen und die Gruppengröße entsprechend gestaltet werden.

Wie im Kindergartenbereich sollten auch für Horte baldmöglichst zwei vollzeitbeschäftigte Fachkräfte pro Gruppe die Regel werden. Kinder werden so nicht auf eine Erzieher/innenpersönlichkeit fixiert und können vorbildhaft Zusammenarbeit unter Gleichberechtigten erleben. Darüber hinaus sind eine ganze Reihe der in den Empfehlungen aufgestellten Erwartungen nur bei entsprechender personeller Besetzung

denkbar, wie z.B. Kleingruppenarbeit, Wahrnehmung von Beobachtungsaufgaben, gegenseitige Rückmeldungen zum Erziehungsverhalten, Verbesserung der Möglichkeiten zur Selbstevaluation usw. Auch ist daran zu denken, dass wegen Fortbildungen, Krankheit, Mutterschaftsurlaub und dergleichen immer wieder Ausfälle entstehen, die bei guter personeller Besetzung leichter aufgefangen werden können.

Übersteigt der Anteil von Kindern mit besonderem Förderbedarf ein Drittel der Gruppenstärke, so ist der Einsatz zusätzlicher Kräfte sinnvoll. Je nach Größe der Einrichtung ist die Hortleitung zur Wahrnehmung von Koordinations- und Verwaltungsaufgaben teilweise oder ganz von der Tätigkeit in der Gruppe freizustellen.

In Bayern wird derzeit erprobt, ob die bisherige gruppenbezogene Bezuschussung von Kindertagesstätten durch ein kindbezogenes Fördermodell abgelöst werden kann. Dieses Modell soll für mehr Verteilungsgerechtigkeit sorgen und räumt zudem dem Träger wesentlich mehr Gestaltungsspielraum ein. Dadurch werden die vorstehenden Betrachtungen jedoch nicht hinfällig. Es bleibt eine eminent wichtige Aufgabe des Trägers, auf eine Sicherstellung qualitativ guter Arbeit durch ein adäquates Erzieher-Kind-Verhältnis zu achten. Internationale Forschungsergebnisse weisen darauf hin, dass im Regelfall für die Betreuung von

8 bis 10 Kindern eine Fachkraft bereitgestellt werden sollte.[146]

7.2.2 Qualifikation der Fachkräfte

Die fachliche Qualifikation der eingesetzten Fachkräfte soll der Konzeption und den hierin festgelegten Anforderungen entsprechen. Hortfachkräfte müssen über das erforderliche Fachwissen sowie über Handlungskompetenz verfügen, um den Erziehungs- und Bildungsauftrag des Hortes umzusetzen sowie die Bewältigung der Entwicklungsaufgaben der Kinder begleiten zu können. Sie brauchen Schlüsselkompetenzen wie Kommunikations-, Beziehungs-, Kritik- und Konfliktfähigkeit, um in der Auseinandersetzung im Team und mit den Kooperationspartnern innovative Weiterentwicklung zu ermöglichen. Förderfähig sind ausschließlich die in der Anlage der Richtlinien zur Gewährung von Personalkostenzuschüssen für Kinderhorte vom 18. Dezember 2001 (VI 4/7358–1/18/01) aufgeführten Ausbildungsabschlüsse.

Ein zur Aufnahme in eine Fachakademie für Sozialpädagogik nachzuweisendes Sozialpädagogisches Seminar kann in Horten abgeleistet werden. Träger von Horten sind aufgefordert, Erzieherpraktikanten im Rahmen der jeweils geltenden Richtlinien für das Sozialpädagogische Seminar zu beschäftigen. Sie übernehmen weder die Funktion einer pädagogischen Fach- noch einer pädagogischen Zweitkraft.

Bei der Ausbildung der Erzieher/innen wird eine stärkere Gewichtung des Schwerpunkts Hort für notwendig gehalten. Auch für die Bereitstellung entsprechender Praktikantenstellen ist Sorge zu tragen. Der Einsatz von Kinderpflegerinnen und Kinderpflegern als pädagogische Zweitkräfte sollte nur dann erfolgen, wenn keine höher qualifizierten Fachkräfte zur Verfügung stehen. Verstärkt sollten Sozialpädagoginnen und Sozialpädagogen eingestellt und entsprechend bezahlt werden.

---

[146] Vgl. z.B.: Clarke-Stewart, K.A.: Qualität der Kinderbetreuung in den Vereinigten Staaten von Amerika. In: Fthenakis, W.E./Textor, M.R. (Hrsg.): Qualität von Kinderbetreuung: Konzepte, Forschungsergebnisse, internationaler Vergleich. Beltz: Weinheim 1998, S. 148–160

Hayes, C.D., Palmer, J.L., Zaslow, M.J. (Hrsg.): Who cares for America's children. Child care policy for the 1990s. By Panel on Child Care Policy, Committee on Child Development Research and Public Policy, Commission on Behavioral and Social Sciences and Education, National Research Council. National Academy Press: Washington 1990

Howes, C., Phillips, D.A., Whitebook, M.: Thresholds of quality: implications for the social development of children in center-based child care. Child Development 1992, 63, S. 449–460

Ruopp, R., Travers, J., Glantz, F., Coelen, C.: Children at the center: Final report of the National Day Care Study. Abt: Cambridge 1979

In der praktischen Arbeit müssen die Hortteams Unterstützung durch Fortbildungsangebote, regionale Arbeitskreise, eine eigene Fachberatung sowie durch das Angebot von Supervision erhalten.

Dem Träger wird volle Gestaltungsfreiheit eingeräumt, wie er seine Fachkräfte einsetzt. Es muss jedoch nachdrücklich davor gewarnt werden, nur die förderrelevanten Zeiten der „Arbeit am Kind" zu berücksichtigen und bei den „Verfügungszeiten" zu sparen. Um pädagogisch qualifizierte Arbeit leisten zu können, sind Vorbereitungszeiten für das Hortteam unerlässlich. Hierfür sind pro Tag wenigstens eine Stunde vorzusehen. Hinzu kommen Zeiten für Teambesprechungen, Elternarbeit, Zusammenarbeit mit der Schule, Kontakte mit anderen Institutionen, für Leistungsdokumentation und Öffentlichkeitsarbeit, die mit täglich einer weiteren Stunde sicher nicht zu hoch veranschlagt sind. Es wird deshalb argumentiert, dass für alle diese Aufgaben mindestens ein Viertel der Arbeitszeit als Verfügungszeit einzuräumen ist. [147]

Ähnliches ist bei der geforderten Flexibilität hinsichtlich der „Öffnungszeiten" anzumerken. Viele Eltern wünschen sich eine Verlängerung der Betreuungszeit, die den tatsächlichen Arbeitszeiten berufstätiger Mütter und Väter Rechnung trägt. Dies erfordert von den Hortfachkräften organisatorisches Geschick, macht aber auch eine entsprechende personelle Besetzung erforderlich.

7.2.3 Räumliche Bedingungen

Die räumlichen Bedingungen sollten so beschaffen sein, dass sie den Bedürfnissen von jüngeren und älteren Schulkindern entsprechen. Die Gesamtfläche sollte sich mindestens nach den Raumprogrammempfehlungen für den Bau von Horten zur Gemeinsamen Bekanntmachung der Bayerischen Staatsministerien der Finanzen und des Innern über die Finanzausgleichszuwendungsrichtlinien (FA-ZR) bemessen. Abgestimmt auf die Größe der Gesamteinrichtung sollten Außenspielflächen vorgesehen werden.

---

[147] vgl. Bundesvereinigung der kommunalen Spitzenverbände / Bundesarbeitsgemeinschaft der Freien Wohlfahrtspflege: Empfehlungen und Hinweise zur bedarfsgerechten Gestaltung von Öffnungszeiten in Kindergärten. 1987, S. 13
Hortkonzept des Bayerischen Landesverbands Kath. Kindertagesstätten, München, März 1991, S. 6

Erstaunlicherweise wurden die Rahmenbedingungen von Tageseinrichtungen für Schulkinder bislang nicht systematisch untersucht. Das „Netzwerk Kinderbetreuung und andere Maßnahmen zur Vereinbarkeit von Beruf und Familie für Frauen und Männer der Europäischen Kommission" konzentrierte sich ausschließlich auf „Qualitätsziele in Einrichtungen für kleine Kinder", unter welchem Titel im Januar 1996 ein Bericht mit dem Vorschlag eines zehnjährigen Aktionsprogramms vorgelegt wurde.[148] Dennoch scheinen für unseren Zusammenhang die „Ziele hinsichtlich Umgebung und Gesundheit" auch für den Hortbereich übertragbar:

„**Ziel 30:** Alle Einrichtungen, seien sie privat oder öffentlich, sollten nationalen und lokalen Gesundheits- und Sicherheitsansprüchen genügen.

Ziel 31: Umgebungsplanung und Raumaufteilung, inklusive der Anlage der Gebäude, der Möblierung und Ausstattung, sollten die pädagogische Philosophie der Einrichtung widerspiegeln und die Ansichten von Eltern, Personal und anderen interessierten Gruppen mit einbeziehen.

Ziel 32: Es sollte üblicherweise drinnen wie draußen ausreichend Platz geben, damit die Kinder spielen, schlafen und die sanitären

Anlagen nutzen können. Auch die Bedürfnisse von Eltern und Personal sollten befriedigt werden. Das bedeutet in der Regel:

- einen Innenraum von wenigstens sechs Quadratmetern für jedes Kind unter drei Jahren und von wenigstens vier Quadratmetern für jedes Kind von drei bis sechs Jahren (Stauraum, Korridore und Durchgänge nicht eingerechnet);
- direkter Zugang zu einem Außenraum von wenigstens sechs Quadratmetern pro Kind;
- 5% zusätzlicher Innenraum zum Gebrauch für Erwachsene.

Ziel 33: In den Einrichtungen sollte es die Möglichkeit geben, Essen zuzubereiten. Es sollte ernährungsphysiologisch und kulturell angemessenes Essen geben."[149]

Im Sinne von **Ziel 31** ist der Gedanke der Beteiligung der Kinder und Jugendlichen bei der Gestaltung *ihrer* Einrichtung zu betonen. Schüler/innen brauchen eine Wohnatmosphäre, die nicht an *Kindergarten* erinnert. Auch bei Unterbringung in einer Kindertagesstätte mit breiter Altersmischung und dem Vertreten eines konzep-

---

[148] Fthenakis, W. E.: Das aktuelle Stichwort: Erziehungsqualität aus europäischer Sicht. In: IFP-Infodienst 3, 1998, 2, S. 3–8
[149] a.a.O., S. 7 f.

tionellen Ansatzes der inneren Öffnung ist Sorge dafür zu tragen, dass die älteren Kinder sich – wenn sie dies wünschen – zumindest zeitweise in einen eigenen Hortbereich zurückziehen können. Umgekehrt sollen aber ihre Räume – einschließlich des Hausaufgabenbereichs! – auch nicht an *Schule* erinnern. Bei Unterbringung in schulischen Räumen ist die Eigenständigkeit des Hortes durch einen abgeschlossenen Bereich (z.B. eigener Trakt) sicherzustellen. Für ältere

Kinder ist die Ausstattung mit Werkzeugen, Werkräumen, Sportgerät und Fahrzeugen oft nicht altersadäquat. Auch scheint es hier an entsprechend ausgebildeten Fachkräften zu fehlen.

Zum **Ziel 32** ist anzumerken, dass viele Erwachsene die Betreuung im Hort als eine Verlängerung des morgendlichen Schulunterrichts ansehen (mit dem Schwerpunkt „Hausaufgabenerledigung"). Sie machen sich kein zutreffendes Bild davon, welch enormer Bewegungsdrang sich bei den Kindern bis zum Nachmittag angestaut hat und welche wichtigen Kompetenzen bei Freizeitangeboten gefördert werden. Oft stehen den Kindern für entsprechende Aktivitäten als Freiflächen nur betonierte Pausenhöfe zur Verfügung, auf denen diszipliniert und möglichst nicht zu laut gespielt werden soll. Viele Hortteams weichen auf öffentliche Spielplätze (meist nur für jüngere Kinder geeignet!), Parkanlagen, Schwimmbäder und ähnliche Freizeiteinrichtungen aus, müssen aber dafür oft längere Wegzeiten in Kauf nehmen. Besser wäre eine nach erlebnispädagogischen Grundsätzen vorgenommene Planung bzw. Umgestaltung von einrichtungsnahen Freiflächen.

Ziel 33 deckt sich mit den Ausführungen zur gesunden Ernährung in Kapitel 3.1.1.

Kapitel 8
Umsetzung der Empfehlungen

8.1 Entwicklung und Dokumentation eines einrichtungsspezifischen Konzepts

Karlheinz Kaplan

Die Empfehlungen können nur allgemeine Orientierungspunkte für die Hortarbeit bieten. Jede Einrichtung muss sich eigenständig ein spezifisches Konzept erarbeiten, das ganz auf die lokalen Gegebenheiten und individuellen Bedürfnisse des jeweiligen Personenkreises von Betroffenen zugeschnitten ist. Wenn man – wie in den Empfehlungen umrissen – das Kind und den Jugendlichen in den Mittelpunkt der konzeptionellen Überlegungen stellt, dann wird auch für jede Einrichtung der Ausgangspunkt der Konzeptentwicklung eine sorgfältige Analyse der Lebenssituation der Schüler/innen und ihrer Familien sein. Deshalb sind zunächst Informationen bei der Gemeinde-/Stadtverwaltung, dem Jugendamt bzw. dem Jugendhilfeausschuss sowie bei der zuständigen Fachberatung einzuholen, z.T. auch eigene Erkundungen anzustellen, die vor allem folgende Fragen erhellen:

- Wie viele Kinder/Jugendliche leben in unserem Einzugsgebiet?
- Wie verteilen sie sich auf die verschiedenen Altersgruppen?
- Gibt es Prognosen über die zukünftige Entwicklung dieser Zahlen?
- Welche sozialen Einrichtungen und Betreuungsangebote sind in unserer Gemeinde/unserem Stadtteil vorhanden (Horte, Schulen, Kindergärten, Mittagsbetreuung, Netz für Kinder, Heilpädagogische Einrichtungen, Jugendzentren, Spielplätze, Beratungsstellen)?
- Wie stark werden diese Angebote von den Eltern nachgefragt bzw. von Kindern/Jugendlichen genutzt?
- Welche besonderen Bedürfnisse der Familien gibt es (Anzahl der Eltern, die beide voll- oder teilzeitbeschäftigt sind, Anzahl der Alleinerziehenden, Anteil von Migrantenfamilien, Wohnverhältnisse im Umfeld der Einrichtung)?
- Welche Wünsche und Erwartungen äußern die Kinder und Jugendlichen hinsichtlich des vorhandenen oder fehlenden Betreuungsangebotes und vor allem hinsichtlich des Hortes?

Vor diesem Hintergrund müssen dann die Aufnahmepraxis des Hortes und die konkrete Zusammensetzung der einzelnen Gruppen betrachtet und dahingehend kritisch hinterfragt werden, ob die bisherigen Regelungen als bedarfsgerecht gelten können. In einem nächsten Schritt geht es darum, unter Berücksichtigung dieser Ausgangslage sowie der Vorgaben des Trägers Ziele und Inhalte der Hortarbeit festzulegen. Es wäre verfehlt, in einer zu engen Anlehnung an die Empfehlungen sämtliche denkbaren Zielsetzungen lückenlos abdecken zu wollen. Vielmehr kommt es beim einrichtungsspezifischen Konzept gerade darauf an, sich Schwerpunkte zu setzen. Hierfür lassen sich vor allem zwei Gründe anführen:

- Wer im Sinne von Qualitätsentwicklung die Qualität seiner Einrichtung auf den Prüfstand stellen will, ist gut beraten, wenn er diese Aufgabe in mehrere Teilschritte zerlegt und sich für einen bestimmten Zeitraum immer nur auf jeweils einen Bereich konzentriert.
- Jede Einrichtung sollte sich bemühen, ihr spezifisches Profil herauszuarbeiten. Durch klare Schwerpunktsetzung, die in besonderer Weise die Bedürfnisse der Kunden und die eigenen Stärken des Teams sowie die vorhandenen lokalen Bedingungen berücksichtigt, kann der Hort seine Angebote derart attraktiv gestalten, dass er sich deutlich von anderen Einrichtungen abhebt. Der gewählte Schwerpunkt wird gewissermaßen zum „Markenzeichen" des Horts und seines Teams.

Im Falle der Qualitätsüberprüfung ist ein systematischer Wechsel der verschiedenen Bereiche angezeigt. Aber auch bei den Bemühungen um die Gewinnung eines spezifischen Hortprofils wird man nicht dogmatisch an einer einmal gewählten Schwerpunktsetzung festhalten. Zum einen erfordert diese Aufgabe einen längeren Such- und Erprobungsprozess, zum anderen müssen die Zielsetzungen im Wandel der Zeit und unter Berücksichtigung der ständig erfolgenden Veränderungen im Hort und seinem Umfeld immer wieder in Frage gestellt und entsprechend neu angepasst werden.

Die Entscheidung für klar umrissene Schwerpunkte bringt es mit sich, dass man auch sehr viel präzisere Angaben zur konkreten Umsetzung machen kann. In diesem Zusammenhang sind vor allem folgende Fragen zu erörtern:

- Mit welchen Methoden wollen wir unsere Ziele erreichen?
- Welche Rahmenbedingungen unserer Einrichtung können hierfür genutzt werden?
- Welche Rahmenbedingungen wirken eher hemmend und müssen deshalb verändert werden?

- Welche Bündnispartner können wir für die Umsetzung unserer Ideen gewinnen?

Die zuletzt aufgeworfene Frage lenkt unseren Blick auf einen weiteren wichtigen Aspekt der Konzepterstellung:

Wer ist an der Konzeptentwicklung beteiligt?

Sicher kommt der Hortleitung eine besondere Verantwortung für das Einrichtungskonzept zu. Bei aller Anerkennung des persönlichen Engagements kann es jedoch nicht begrüßt werden, wenn Konzeptfragen zur „Chefsache" erklärt werden und die Konzeptentwicklung im Alleingang erfolgt. Vielmehr ist eine möglichst weitgehende Einbeziehung folgender Personengruppen erforderlich:

- das Hortteam;
- die Kinder und Jugendlichen;
- die Eltern;
- der Träger;
- sonstige Kooperationspartner (z.B. Schule, Fachdienste).

Es geht hier nicht nur um eine Entlastung durch Aufgabenverteilung; vielmehr sollen vorhandene Stärken optimal genutzt, vorhandene Ideen und auch Kritik aufgegriffen werden, damit das Konzept dann auch von allen mitgetragen und gelebt wird.

Dokumentation des Konzepts

Bei der Dokumentation des Konzepts ist es ratsam, zwischen zwei Funktionen zu unterscheiden:

- Konzeptdarstellung als Teil der Öffentlichkeitsarbeit;
- Konzeptpapiere für den internen Gebrauch.

Ein für die *Öffentlichkeit* bestimmtes Konzept wird sich vorrangig an Gesichtspunkten der Werbewirksamkeit orientieren. Vorrangige Zielgruppe ist die Elternschaft, die vor allem über Ziele und Methoden der Hortarbeit sowie über die dafür notwendigen Rahmenbedingungen informiert werden soll. Beschränkung auf wesentliche Aussagen, Verständlichkeit und Übersichtlichkeit sowie eine attraktive Gestaltung sind hier wesentliche Aspekte.

Für den *internen Gebrauch* steht die Arbeit mit dem Konzept im Vordergrund. Hier soll deutlich werden, dass die getroffenen Entscheidungen das Ergebnis eines Entwicklungsprozesses sind und dabei bestimmte Alternativen (zunächst) unberücksichtigt blieben. Dementsprechend wird man Materialien zur Entstehung des Konzepts – wie Protokolle, Befragungs- und Abstimmungsergebnisse, ausführlichere fachliche Begründungen, Hinweise auf Literatur usw. – sammeln und den jeweiligen Bereichen zuordnen. Gerade den noch offenen bzw. strittigen Fragen ist besondere Beachtung zu schenken. Im Zusammenhang mit der ange-strebten Evaluation sollten entsprechende Formblätter bzw. Spalten oder Leerseiten für das Festhalten der in der Praxis gemachten Erfahrungen eingefügt und zu vorher festge-legten Zeiten bearbeitet werden.

Als Orientierungshilfe sei zum Abschluss eine mögliche Gliederung vorgeschlagen:
(1) *Vorwort* (Zielsetzung der Konzeption, Leitbild der Einrichtung, Adressaten)
(2) *Gesetzliche Grundlagen*
(3) *Umfeld der Horteinrichtung*
(4) *Beschreibung des Hortes*
(5) *Bedürfnisse von Kindern und Jugendli-chen*
(6) *Pädagogische Schwerpunkte und Ziele*
(7) *Kooperation mit Eltern, Schule, sozia-len und kulturellen Einrichtungen*
(8) *Methodische Grundlagen*
(9) *Tagesablauf im Hort*
(10) *Kooperation der Hortfachkräfte*
(11) *Öffentlichkeitsarbeit*
(12) *Anhang* (Hinweise, Adressen, Tabellen, Bilder, Literatur usw.) [150]

---

[150] Kaplan, K./Becker-Gebhard, B.: Fragen der Kon-zeptentwicklung. In: Kaplan, K./Becker-Gebhard, B. (Hrsg.): Handbuch der Hortpädagogik. Lamber-tus: Freiburg i. Br. ²1999, S. 67–73, hier: S. 71 f.

8.2 Evaluation der pädagogischen Arbeit als laufende Aufgabe
Bernd Becker-Gebhard

Evaluation bedeutet die Beurteilung des Wertes einer Sache etc. mittels eines Maß-stabes. Bei der Sache kann es sich um eine einzelne pädagogische Maßnahme, die Ko-operation mit den Eltern, die Kundenorien-tierung des Horts, die gesamte Arbeit eines Hortes, die Tätigkeit des Trägers usw. han-deln.

Evaluation stellt im Bereich der sozialwis-senschaftlichen Forschung eine wissen-schaftliche Aufgabenstellung dar, in der ein ganzes Arsenal wissenschaftlicher Metho-den verwendet wird: systematische Verhal-tensbeobachtung, Leistungs-, Persönlich-keits- und Intelligenztests, Fragebogener-hebungen, standardisierte Interviews, Ana-lysen von Videoaufnahmen, statistische Ana-lysemethoden usw.

Die Zielsetzungen wissenschaftlicher Eva-luation können sehr unterschiedlich sein. Einmal geht es um die Frage, ob mit einer bestimmten Maßnahme ein bestimmtes Ziel erreicht wurde. Ein anderer Evaluationsauf-trag kann darin bestehen, bereits den Pro-zess der Entwicklung eines Curriculums zu untersuchen. Weiterhin könnte eine Aufga-benstellung das Ziel haben, mit der Durch-führung der wissenschaftlichen Begleitung einer Maßnahme eine Entscheidungsgrundlage für Politiker bereitzustellen.

Eine Evaluationsstudie kann nur einzelne Aspekte eines Vorhabens untersuchen oder das gesamte Programm bis hin zu nicht intendierten Auswirkungen einer wissenschaftlichen Bewertung unterziehen. Evaluation wird in der Regel von Wissenschaftlern durchgeführt, die zwar nicht von ihrem Auftraggeber unabhängig sind, aber in der Regel nicht dem Untersuchungsbereich angehören, wodurch eine gewisse Voraussetzung für die Gewährleistung des Anspruchs wissenschaftlicher Objektivität gegeben ist.

Eine relativ neue Form der Evaluation stellt die Selbstevaluation der Fachkräfte dar, wenn z.B. Erzieherinnen und Erzieher mit Hilfe verschiedener Verfahren die Qualität der eigenen Arbeit bewerten. Die Aussichten auf die Gewinnung von relevanten Informationen über die Qualität pädagogischer Maßnahmen sind aus wissenschaftlicher Perspektive skeptisch zu beurteilen. Ihre Bedeutung gewinnt Selbstevaluation dadurch, dass sie zur Reflexion der eigenen Tätigkeit und zur Weiterentwicklung des Konzeptes beitragen kann.

Die im Auftrag des Bundesministeriums für Familie, Senioren, Frauen und Jugend begonnene „Nationale Qualitätsinitiative im System der Tageseinrichtungen für Kinder" strebt im Projektteil 3 [151] die „Entwicklung von Kriterien zur Erfassung der Qualität der Arbeit mit Kindern über sechs Jahren sowie (die) Erarbeitung und Erprobung eines handhabbaren Feststellungsverfahrens" an. Außer einem externen Feststellungsverfahren wird ein internes Verfahren entwickelt, das die Selbstevaluation der Einrichtungen ermöglichen soll.

Im Beitrag zur Projektarbeit (4.3) wird auf ein Handlungsmodell mit den Schritten Situationsanalyse, Zielfindung, Maßnahmeplanung, Durchführung der Maßnahme sowie Auswertung/Bewertung verwiesen, das als Grundlage für eine interne Evaluation verwendet werden kann. Quast schlägt in Anlehnung an v. Spiegel [152] unter den Zielsetzungen einer Analyse der Ausgangssituation und der Zielbestimmung eine Reihe von Möglichkeiten vor, zu denen die Analyse der Konzeption, die Befragung von Kindern und Eltern sowie die Durchführung von Beobachtungen und die Dokumentation von pädagogischen Prozessen gehören.

---

[151] vgl. Fuchs, R., Hermens, C., Kleinen, K., Nordt, G., Strätz, R., Wiedemann, P.: Quast. Qualität für Schulkinder in Tageseinrichtungen. Kriterienkatalog. www.spi.nrw.de/material/quast_krit.pdf; 06. August 2002

[152] Spiegel, H. v.: Jugendarbeit mit Erfolg! Arbeitshilfen und Erfahrungsberichte zur Qualitätsentwicklung und Selbstevaluation. Modellprojekt des Landesjugendamtes. Münster 2000

8.3 Fortschreibung des Einrichtungskonzepts
Karlheinz Kaplan

Konzepte entstehen immer im Zusammenhang bestimmter Situationen und deren Interpretation. Sie dienen als Orientierungshilfe zur Strukturierung des pädagogischen Alltags und als Reflexionsgrundlage. Sie dürfen nicht als dogmatische Festlegungen betrachtet werden. Schon *Heraklit (ca. 540–480 v. Chr.)* wies darauf hin, dass „alles fließt" und wir „nicht zweimal in denselben Fluss steigen" können. Die Situationen und Interpretationen können sich also verändern, so dass bestehende Konzepte und die in ihnen formulierten Grundsätze zu überdenken und, wenn nötig, anzupassen sind. Dies gilt insbesondere für folgende Sachverhalte:

- *Veränderungen bei den Kindern und Jugendlichen:* Neue Kinder werden aufgenommen, andere Kinder und Jugendlichen verlassen aus unterschiedlichen Gründen die Einrichtung; aber auch die verbleibenden Schüler/innen machen einen Wandlungsprozess durch: Sie werden älter und reifer, stehen vor immer neuen Entwicklungsaufgaben, lernen immer mehr, ihre Wünsche und Erwartungen zu formulieren und einzufordern, reagieren auf ihre sich ebenfalls wandelnde Umwelt.

- *Veränderungen im Hortteam:* Die Kindertageseinrichtungen – und damit auch der Hort – sind durch eine hohe Fluktuation beim Personal gekennzeichnet, wie eine ganze Reihe von wissenschaftlichen Untersuchungen belegt. Ein Wechsel im Hortteam bedeutet auch eine Veränderung des Angebots, wenn man die jeweils zur Verfügung stehenden Kompetenzen und Fähigkeiten optimal nutzen will. Doch auch bei den verbleibenden Fachkräften wäre es nicht ratsam, sie auf die Wahrnehmung eines fest umrissenen Schwerpunktes festzulegen. Spezialisierung birgt immer die Gefahr in sich, dass das Alltagshandeln in seelenloser Routine erstarrt. Nicht nur die Bedürfnisse der Kinder und Jugendlichen werden dann nicht mehr richtig erkannt, sondern auch die eigenen Entfaltungsmöglichkeiten werden damit eingeengt.

- *Veränderungen des näheren Umfeldes:* Dieser Punkt klang schon bei den Kindern und Jugendlichen an, wird aber von diesen selbst oft nicht in seiner ganzen Tragweite erkannt. Hier müssen die Fachkräfte besonders sensibel reagieren: Was bedeuten z. B. der Konkurs einer ortsansässigen Firma, der Bau eines Aussiedlerheims oder der Zuzug von vielen Ausländern und wie reagiert der Hort darauf?

- *Veränderungen in der Gesellschaft:* Die Entwicklungen im Makrosystem bleiben nicht ohne Folgen für den Hort. Erinnert sei in diesem Zusammenhang an wachsende Armut in der Bundesrepublik, die Zunahme von Schulabgängern ohne Abschluss oder an den rasanten Ausbau neuer Kommunikationsmöglichkeiten (Internet). Auch hier muss der Hort die Entwicklungen aufmerksam verfolgen und prüfen, inwieweit sein Konzept noch zeitgemäß ist.

- *Veränderungen der Rahmenbedingungen:* Mit Sicherheit ist davon auszugehen, dass die Träger der Einrichtungen äußerst sensibel auf die gesellschaftlichen Veränderungen reagieren. Die Forderung nach mehr Dezentralisierung, die Debatte um Qualitätssicherung sowie die Diskussion um Einsparmöglichkeiten im sozialen Bereich sind hier als aktuelle Themen zu nennen. Die Teams der Einrichtungen sind dazu aufgerufen, in ihrem Konzept mit fachlichen Argumenten den Nachweis zu erbringen, dass sie eine qualifizierte Leistung erbringen, die allerdings dann entsprechende Standards bei den Rahmenbedingungen zur Voraussetzung hat.

- *Veränderungen durch Erfahrung:* Schließlich ist noch darauf hinzuweisen, dass Pädagogik immer ein lebendiger Pro-

zess ist, der nie bis ins letzte Detail vorplanbar und berechenbar ist. Die Hortfachkräfte müssen sich jeden Tag immer wieder neu auf gänzlich veränderte Situationen einlassen. Erziehung bleibt ein Experiment, das immer auch die Möglichkeit des Scheiterns in sich birgt. Werden diese Misserfolge jedoch zum Anlass genommen, das bisherige Konzept zu überdenken und nach neuen Lösungsmöglichkeiten zu suchen, so führen die negativen Erfahrungen vielleicht sogar noch eher zu einem Lerngewinn als die eher beruhigenden Bestätigungen.

8.4 Bildung regionaler Arbeitskreise
Karlheinz Kaplan

Arbeitskreise sind in der sozialpädagogischen Praxis eine wichtige Form der Kooperation, um bestimmten – vor allem innovativen – Zielsetzungen zum Durchbruch zu verhelfen. Dabei können zwei Modelle unterschieden werden:

• *der geschlossene Arbeitskreis:*
Auf höherer Ebene (z.B. Verantwortliche in den Ministerien oder in Trägerverbänden) wird eine eindeutige, eng umgrenzte Zielvorgabe beschlossen. Zur Umsetzung wird der Auftrag zur Bildung eines Arbeitskreises erteilt, der Personenkreis wird durch Delegation bestimmt und tagt in konstanter Zusammensetzung zu vorher festgelegten Terminen bis zur Fertigstellung eines bestimmten Arbeitspapiers innerhalb eines klar umrissenen Zeitraums. Auch auf örtlicher Ebene kann die Einrichtung eines Arbeitskreises beschlossen werden, der z.B. einen Beratungsführer zur Suchtprävention erstellen soll.

• *der offene Arbeitskreis:*
Vielfach entsteht er auf Initiative einiger besonders engagierter Fachkräfte der Praxis, wobei er im günstigen Falle durch den Träger und höhere Stellen Unterstützung erfährt. Der Personenkreis der Teilnehmer/innen ist offen und kann von Sitzung zu Sitzung variieren. Auch die Zielsetzungen sind eher allgemein (z.B. Vernetzung der Einrichtungen, Erfahrungsaustausch) bzw. situativen Schwankungen unterworfen (Reagieren auf aktuelle Ereignisse, Voranbringen bestimmter Projekte).

Regionale Hort-Arbeitskreise sind dem zweiten Modell zuzuordnen. Bei diesen Treffen handelt es sich um dienstliche Veranstaltungen, für die notwendige finanzielle Mittel zur Verfügung gestellt werden und eine Anrechnung auf die Arbeitszeit erfolgen sollten. Weiterhin ist die Frage des Versicherungsschutzes für den Besuch dieser Veranstaltungen abzuklären. Für die Bildung regionaler Hort-Arbeitskreise sprechen vor allem folgende Argumente:
• Der Erfahrungs- und Meinungsaustausch wird über die Arbeitskreise angeregt.
• Die Einengung auf rein einrichtungsinterne Beziehungs-, Handlungs- und Kommunikationsstrukturen wird durchbrochen, vernetztes Denken wird angeregt.
• Innovationen innerhalb der Arbeit werden gefördert.

- Unterschiedliche Themen können je nach Interesse in Untergruppen bearbeitet werden. Dadurch werden die Fachkräfte entlastet und alle Einrichtungen profitieren von den Ergebnissen.
- Größere Projekte können gemeinsam in Angriff genommen werden (z.B. Öffentlichkeitsarbeit, Einrichtung von Qualitätszirkeln).
- Durch den Zusammenschluss in Arbeitskreisen werden die Anliegen der Horte in der Öffentlichkeit eher wahrgenommen.
- Insgesamt werden Motivation und das Selbstbewusstsein der Hortfachkräfte gestärkt.

Arbeitskreise können jedoch nicht einfach von oben verordnet werden. Wenn sie sich nicht an den konkreten Bedürfnissen der Hortfachkräfte orientieren, verflacht sehr rasch das Interesse an dieser „Pflichtveranstaltung". Eine Steigerung der Motivation ist dagegen dadurch zu erzielen, dass die Arbeitskreise zu *Gremien* weiterentwickelt werden, d.h. die Träger räumen ihnen die Möglichkeit ein, Beschlüsse zu fassen, und lassen sich auf eine partnerschaftliche Zusammenarbeit ein.

8.5 Öffentlichkeitsarbeit
Elsbeth Oberhammer

Der Hort spielt unter den Kinderbetreuungseinrichtungen seit Jahren nur eine untergeordnete Rolle. Selbst in Fachkreisen wurde er als pädagogisches Arbeitsfeld kaum wahrgenommen. Das lässt sich unter anderem am geringen Angebot an Fachliteratur deutlich machen. In unserer Gesellschaft herrschen nach wie vor eher nebulöse Vorstellungen von Hortbetreuung. Während der Kindergarten einen festen Stellenwert in der Förderung und Bildung eines Kindes hat, wird der Hort als Notlösung betrachtet, die nicht in unser Bild von Familie passt.

Obwohl seit Jahren vom gesellschaftlichen Wandel, von der Veränderung der Lebenswelten, von Familien gesprochen wird, hat der Hort noch zu wenig Aufwertung erfahren. Erfreulichere Ausblicke in die Zukunft eröffneten in jüngster Zeit Initiativen wie die „Nationale Qualitätsinitiative Hort", die vom Sozialpädagogischen Institut (SPI) durchgeführt wird, oder einige neuere Publikationen, wie z.B. die Broschüre des Bayerischen Sozialministeriums für „Horte in Bayern".

Definition von Öffentlichkeitsarbeit

Im Sinne eines umfassenden Verständnisses von Öffentlichkeitsarbeit sind alle Aspekte der Hortarbeit relevant. Von der Außenwirkung durch die Gestaltung des Gebäudes bis zu der Art und Weise, wie ein Telefongespräch angenommen wird, von den Öffnungszeiten über die Gestaltung des Eingangsbereiches, durch die Art der Berichterstattung in den örtlichen Medien über die Kinder und Jugendlichen und ihr Verhalten entsteht ein Bild, das von der Öffentlichkeit wahrgenommen und eingeschätzt wird. Diese Liste ließe sich noch beliebig fortsetzen.

Öffentlichkeitsarbeit umfasst im weitesten Sinne alle Maßnahmen und Aktionen, die im Umfeld des Hortes wahrgenommen oder durch Multiplikatoren weitergetragen werden. Die Mitarbeiterinnen sollten ein Bewusstsein für die permanente Außenwirkung ihres täglichen Handelns entwickeln. Sie müssen die darin liegenden Chancen für eine positive Darstellung ihrer Arbeit erkennen, *ohne* zusätzliche Belastung durch geplante Aktionen.

In einem etwas engeren Sinn kann man alle Überlegungen und Aktionen zusammenfassen, die sich zielgerichtet und geplant an das Umfeld des Hortes wenden.

Leitbild der Öffentlichkeitsarbeit

Leitbild: „Tue Gutes und rede darüber!"
Durch eine offensive Öffentlichkeitsarbeit trägt der Hort dazu bei, dass die Anliegen der Kinder und ihrer Familien wahrgenommen werden. Der Kinderhort wird als ein unverzichtbarer Bestandteil eines vielfältigen, flexiblen Angebotes zur Bildung und Betreuung von Kindern dargestellt. Ziel ist es, den Hort im Bewusstsein der Gemeinde zu verankern und damit seinen Standort zu sichern. Ein positives Bild in der Öffentlichkeit erschließt dem Hort dringend benötigte Ressourcen.

Ziele und Erfolgskriterien:
Im oben genannten Leitbild wird die Richtung für die Öffentlichkeitsarbeit angegeben. Im Folgenden werden noch einige differenzierte Ziele formuliert:
- Transparenz der pädagogischen Arbeit;
- hohe Akzeptanz durch das Umfeld, insbesondere auch auf politischer Ebene;
- Lobby schaffen;
- Ressourcen erschließen;
- Bedeutung für die Familien verdeutlichen;
- Hort als soziales Lernfeld wertschätzen;
- Hort als Partner in der Gemeinwesenarbeit erkennen.

Um die erfolgreiche Umsetzung von Zielen und Maßnahmen überprüfen zu können, ist es sinnvoll, einige Erfolgskriterien festzuschreiben:

- Stimmen die Vorstellungen der Fachkräfte vom Hort mit dem Bild überein, das im Umfeld entstanden ist?
- Lobbyarbeit: Wer konnte zur Unterstützung gewonnen werden?
- Umfrage: „Wer kennt den Hort?"
- Akzeptanz des Horts durch Lehrer/innen;
- Auslastung der Einrichtung (Nachfrage nach Hortplätzen)!

Für eine erfolgreiche Öffentlichkeitsarbeit gibt es eine Fülle von Möglichkeiten. Im Folgenden werden einige, in der Praxis bewährte Modelle beschrieben.

Einsatz von Werbemitteln

Der Einsatz von Werbemitteln ist im Hortbereich noch nicht sehr verbreitet. Angesichts ausgelasteter Gruppen scheint „Werbung" nicht notwendig. Häufig spielen auch die vermeintlich hohen Kosten eine Rolle. Dabei gibt es für den Einsatz von Werbemitteln eine Vielzahl von Möglichkeiten.

Schreibgerät als Werbeträger

Gerade für unsere Schulkinder bieten sich z.B. Kugelschreiber oder Bleistifte mit dem Namenszug und der Telefonnummer des Hortes an. Diese Stifte werden als kleine Geschenke an die Kinder und Jugendlichen, an Lehrer/innen, Behörden, Politiker, Eltern etc. verteilt. Die Kinder haben dann die Telefonnummer ihres Hortes immer griffbereit; außerdem erwecken diese Stifte die Neugier der Mitschüler und heben unter Umständen das Image der Hortkinder.

Transparent

Bei Aktionen in der Öffentlichkeit sorgt ein großes Transparent aus wetterfestem Material dafür, dass man auch bei größeren Veranstaltungen nicht übersehen wird. Der Wiedererkennungseffekt durch das stets verwendete Spruchband mit eigenem Logo ist nicht zu unterschätzen. Hergestellt wird das Transparent aus Wachstuch und Klebefolie für den Schriftzug. Wenn man den Rand mit Ösen versieht, lässt es sich leicht überall befestigen.

Faltblatt

Ein Faltblatt dient der schnellen Information über ein Angebot, eine Einrichtung. Es ist Information und Gedankenstütze, bringt die Einrichtung mit ins Spiel und wirbt auf professionelle Art. Die Gestaltung des Blattes verrät viel über die Einstellungen der Mitarbeiterinnen. Richtet sich z.B. das Blatt nur an Erwachsene oder werden auch Kinder und Jugendliche direkt angesprochen? Die enthaltenen Informationen sollten knapp und präzise sein. Das pädagogische Leitbild der Einrichtung ist, in verständlicher Formulierung, Teil des Inhalts. Dieses Faltblatt kann z.B. in Kindergärten, beim Jugendamt, bei Kinderärzten und bei der Gemeindeverwaltung aufgelegt werden. Die Lehrer/innen erhalten zu Beginn des Schuljahres ein Faltblatt. Man kann es auch mit einem entsprechenden Begleitbrief an große Firmen versenden. Die Einsatzmöglichkeiten sind vielfältig. Ohne besonderen Aufwand kann man seine Einrichtung immer wieder in Erinnerung bringen.

Logo

Ein eigenes Logo sorgt für einen hohen Wiedererkennungseffekt; die Kinder und ihre Familien haben ein Identifikationsobjekt. Ein eigenes Logo lässt sich z.B. durch einen Wettbewerb mit den Kindern erarbeiten. Die Digitalisierung und damit die Wiederverwendbarkeit erfolgt mühelos auf dem PC. Dieses Logo sollte dann auf dem Briefkopf, bei Elternbriefen, bei der Hortzeitung etc. konsequent verwendet werden, um es im Bewusstsein zu verankern. Die Kinder betrachten ein solches Logo auch als Maskottchen. Viele Schulen haben bereits eigene T-Shirts mit dem Namenszug der Schule; so etwas bietet sich auch für den Hort und sein Logo an.

Infostand in der Fußgängerzone mit Quiz

Ähnlich wie Parteien um Mitglieder werben, kann auch der Hort beispielsweise in einer Fußgängerzone für seine Arbeit werben. Der Infostand sollte ansprechend gestaltet sein. Er muss neugierig machen und auch die Kinder zum Näherkommen veranlassen. Zusätzlich zu den Informationen lässt sich eine Fragebogenaktion oder ein Hortquiz anbieten. Sponsoren stellen z.B. Preise zur Verfügung und aus den Teilnehmern des Hortquizes werden Gewinner gezogen.

Präsenz im Gemeinwesen – verschiedene Aktionen

Medien

Zuerst wird eruiert, welche Möglichkeiten vor Ort vorhanden sind: Lokalzeitung, Lokalsender, Lokal-TV. In der Regel gibt es in den Redaktionen bestimmte Ansprechpartner für die einzelnen Sparten. Hier gilt es, einen guten Kontakt aufzubauen, zu einem Infobesuch in den Hort einzuladen und die Vorgehensweise bei der Berichterstattung abzusprechen. Auch hier bietet sich die Einbeziehung der Kinder an: Berichte für die Kinderseite schreiben, Fotos machen, Interviews führen etc. So kann man z.B. in Zusammenarbeit mit der Kinderseite der Lokalzeitung einen Malwettbewerb ausschreiben; die Gewinner werden auf der Kinderseite veröffentlicht und die Preisverleihung findet im Kinderhort statt. Zu allen Projekten oder Veranstaltungen des Hortes werden stets auch Vertreter der Lokalmedien eingeladen. In Zusammenarbeit mit anderen Einrichtungen kann auch eine Serie zu Fragen der Erziehungs- und Betreuungssituation von Kindern und Jugendlichen aufgenommen werden. Die fachliche Kompetenz der Mitarbeiter/innen kann hier gut dargestellt werden.

Zusammenarbeit mit anderen Einrichtungen

Der Hort beteiligt sich an den Veranstaltungen der Kommunalen Jugendarbeit, des Kreisjugendringes sowie der Kirchen. Durch gemeinsam veranstaltete Feste (z.B. ein „Kindertag" im Freibad) können Ressourcen erschlossen werden. Organisation, Kosten, Materialverbrauch, Arbeitszeit – alles wird auf mehrere „Schultern" verteilt und damit für alle leichter. Der Verbreitungsgrad ist wesentlich höher, als wenn man „nur" Hortkinder anspricht.

Vereinsprojekt

Bei diesem Projekt werden die lokalen Vereine angeschrieben und der Hort kurz vorgestellt. Im Sinne einer gemeinsamen Jugendarbeit kann dann der Verein (Bund Naturschutz, Technisches Hilfswerk, Alpen-verein, Modellflugclub, Unicef, Musikschule, Fußballverein, kirchliche Jugendgruppe usw.) sein Angebot im Kinderhort vorstellen. Die Kinder und Jugendlichen lernen so eine breite Palette an Freizeitmöglichkeiten kennen. Der Hort knüpft auf diese Weise interessante Kontakte, die sich bei der Planung von weiteren Aktivitäten als nützlich erweisen.

Ferienbetreuung

In den Ferien ist eine Reihe von Horten nicht voll ausgelastet. Hier kann eine Ferienbetreuung für Gastkinder angeboten werden. Vielen Eltern, die nur in den Ferien ein Betreuungsproblem haben, ist damit geholfen. In der Regel kennen sich Hort- und Gastkinder von der Schule her, und so ist die Integration nicht problematisch. Natürlich ist dieses Angebot auch eine willkommene zusätzliche Einnahmequelle; vor allem aber trägt es wesentlich zu dem Bild einer flexiblen, familienfreundlichen Einrichtung bei.

Gemeinwesenarbeit

Öffentlichkeitsarbeit besteht auch darin, Möglichkeiten der Zusammenarbeit mit kommunalen Stellen zu nutzen. So gibt es z.B. Horte, die in Kooperation mit dem Kulturreferat ihrer Stadt ein Projekt „Kurse von Künstlern für Kinder" durchführen. Mit Künstlern aus der Region werden für Hortkinder und sonstige Interessenten Kurse, wie zum Beispiel Theater, Aquarellmalen, Töpfern, Yoga, Drucken etc. angeboten. Durch solche Projekte erfährt der Hort eine ungeheure Aufwertung. Der Hort wird zum Modell dafür, wie Kunst und Kultur Kindern und Jugendlichen näher gebracht werden kann.

Gruppe für Öffentlichkeitsarbeit

Im Rahmen eines regionalen Arbeitskreises kann eine Gruppe für gemeinsame Öffentlichkeitsarbeit gegründet werden. Ziel dieser Gruppe ist es, die Anstrengungen der einzelnen Einrichtungen zu bündeln sowie effektiver und professioneller zu gestalten. Ein weiteres Anliegen ist es, eine Informationsstelle zu schaffen, bei der alle Anfragen zur Kinderbetreuung beantwortet werden können. Diese Gruppe tritt als Ansprechpartner für Familien, die Kommune, Behörden und Politiker auf. Sie kann als eine Art Pressestelle zu den Interessen der Kindertagesstätten öffentlich Stellung beziehen. Mit einer entsprechenden Umfrage können relevante Daten zu den Kindertagesstätten gesammelt und in einer Datenbank verarbeitet werden.

Öffentlichkeitsarbeit intern

Info-Dienst

Ein regelmäßiger guter Kontakt zu den Eltern der Hortkinder ist oft schwer herzustellen. Die größeren Kinder gehen alleine nach Hause, die Eltern sind durch ihre Berufstätigkeit ausgelastet. Um den Bezug zum Hortalltag herzustellen, erscheint monatlich ein Info-Blatt „Hort aktuell im ….". In unserer visualisierten Gesellschaft ist die Gestaltung solcher Handzettel von großer Bedeutung. „Hort aktuell" umfasst immer nur eine DIN-A4-Seite, und die Informationen sind entsprechend straff formuliert.

Hortzeitung

In vielen Einrichtungen gibt es mittlerweile eine interne Zeitung. Hier werden Termine genannt, Personalveränderungen bekannt gegeben, Praktikanten vorgestellt, Kindergeburtstage aufgezählt, kleine Geschichten aus dem Hortalltag erzählt, je nachdem, was eben gerade aktuell ist. Damit dieses Medium auch gelesen wird, ist es wichtig, die Informationen kurz und ansprechend zu schreiben und evtl. mit entsprechenden Grafiken zu versehen. Die Hortzeitung wird an alle Interessierten verteilt, z.B. in den Schulen, auf dem Jugendamt, bei den Kirchen, an Sponsoren und natürlich an die Eltern.

Service

Der Hort sollte sich als moderner Dienstleistungsbetrieb verstehen. Im Sinne dieses Selbstverständnisses ergibt sich konsequenterweise ein offener Umgang mit Anfragen der Eltern, wie zum Beispiel Änderung der Öffnungszeiten, flexibler Umgang mit Anwesenheiten, Umgang mit den Hausaufgaben etc. Nach dem Motto „Nichts ist unmöglich!" sollten Anfragen der Eltern immer ernst genommen und auf ihre Umsetzbarkeit hin ernsthaft geprüft werden. Das bedeutet nicht, dass die Mitarbeiter/innen jedem Anliegen nachkommen müssen. Aber sie sollten immer seine Machbarkeit kritisch überlegen.

Fazit

Die Öffentlichkeitsarbeit muss gut im Konzept integriert sein. Wenn es gelingt, Mitarbeiter/innen für die vielfältigen Möglichkeiten und Aspekte zu sensibilisieren, werden sie diese Aufgabe nicht als zusätzliche Belastung, sondern als Teil ihrer pädagogischen Arbeit begreifen. Eine effektive Öffentlichkeitsarbeit setzt voraus, dass sie fortwährend und konsequent geschieht und zum Selbstverständnis der Mitarbeiter gehört. Öffentlichkeitsarbeit sollte nicht nur bei drohenden Problemen und für die Durchsetzung von Forderungen betrieben werden, sondern ständiger Bestandteil der Arbeit sein.

Natürlich gibt es neben den oben genannten Beispielen noch eine Fülle von Möglichkeiten, seine Einrichtung ins rechte Licht zu setzen. Im Vordergrund und als Richtschnur muss immer die pädagogische Zielsetzung und damit das Wohl der Kinder stehen. Sicher brauchen die Kinder und Jugendlichen auch Feste und Gruppenaktivitäten, die *nicht* öffentlichkeitswirksam vermarktet werden. Schüler/innen, die sich in ihrem Hort wohl fühlen, die sich angenommen und respektiert sehen, sind die besten Werbeträger für unsere Einrichtungen.

Verzeichnis der Autor/innen und Mitwirkenden

Herausgeber:

Bayerisches Staatsministerium für Arbeit und Sozialordnung, Familie und Frauen,
    Winzererstraße 9, 80797 München

Staatsinstitut für Frühpädagogik, Prinzregentenstraße 24, 80538 München

Mitwirkende:

Dagmar Bader, Bayerisches Sozialministerium, München

Gudrun Bail, Stadtjugendamt Nürnberg

Brigitte L. Beck, Bayerischer Landesverband Katholischer Tageseinrichtungen für Kinder,
    München

Bernd Becker-Gebhard, Staatsinstitut für Frühpädagogik, München

Ingeborg Becker-Textor, Bayerisches Sozialministerium, München

Dr. Horst Beisl, Staatsinstitut für Frühpädagogik, München

Barbara Berger, Staatsinstitut für Frühpädagogik, München

Heinz Bielmeier, Amt für Jugend und Familie, Landratsamt Dachau

Agnes Biendl, Hort „Ulrich Schmidl", Straubing

Dagmar Christine Blidon-Pernath, Regierung von Oberbayern, München

Susanne Böhm, Evangelischer Kinderhort St. Michael, Fürth

Hans-Jürgen Dunkl, Bayerisches Sozialministerium, München

Dr. Hans Eirich, Staatsinstitut für Frühpädagogik, München

Günter Elzenbeck, Städtischer Kinderhort Wiesenstraße, Nürnberg

Walter Josef Engelhardt, Evangelische Fachakademie für Sozialpädagogik, Nürnberg

Franz Erlwein, Schülerzentrum Nord, Fürstenfeldbruck

Kerstin Frank, Deutsches Jugendinstitut, München

Pia Härter, Bayerischer Landesverband Katholischer Tageseinrichtungen für Kinder, München

Brigitte Hauenstein, Bayerischer Landesverband für Evangelische Tageseinrichtungen und
    Tagespflege für Kinder, Nürnberg

Bernadette Heiß, Kinder-Familien-Haus St. Elisabeth, Lappersdorf

Pia Helbig-Puch, Stadtjugendamt Erlangen

Dr. Karlheinz Kaplan, Staatsinstitut für Frühpädagogik, München

Edith Kesberg, Sozialpädagogisches Institut NRW, Köln
Sieglinde Kolbinger-Preißer, Amt für Tagesbetreuung von Kindern, Regensburg
Dr. Heinz Krombholz, Staatsinstitut für Frühpädagogik München
Petra Lachnit, Katholischer Kinderhort Grombühl, Würzburg
Lucia Lanzinger-Sauter, Schulreferat, München
Susanne Löhle, Kinderhort Oberlinhaus, Kempten
Karin Maier, Jackl-Geißel-Kinderhort, Poing
Toni Mayr, Staatsinstitut für Frühpädagogik, München
Barbara Mosler-Stöhr, Kinderhort St. Kunigund, Erlangen-Eltersdorf
Kathrin Müller, Schülertreff Hummelsteiner Weg, Nürnberg
Elsbeth Oberhammer, Ökumenischer Kinderhort, Kulmbach
Anke Pieper, Städtischer Hort Berg-am-Laim-Straße, München
Monika Prähofer, Kinderhaus Tohuwabohu, Weiden
Eva Reichert-Garschhammer, Staatsinstitut für Frühpädagogik, München
Almut Reidelhuber, Staatsinstitut für Frühpädagogik, München
Herbert Reim, Integrierter Hort, Ingolstadt
Christa Rembart, Katholischer Kinderhort, Pfarrkirchen
Beatrix Riedl, Regierung von Oberbayern, München
Isolde Ruf, Jugendpastoralinstitut Don Bosco, Benediktbeuern
Jens-Peter Säbel, Städtischer Hort Liegnitzer Straße, Erlangen
Hans Scheiterbauer-Pulkkinen, Arbeiterwohlfahrt, Bezirksverband Schwaben
Gabriele Schratt, Städtischer Hort Rudolf-Zorn-Straße, München
Conni Siegrün, Kinder-Familien-Haus St. Elisabeth, Lappersdorf
Dr. Martin Textor, Staatsinstitut für Frühpädagogik, München
Marion Tutschku, Kinder-Familien-Haus St. Elisabeth, Lappersdorf
Dr. Michaela Ulich, Staatsinstitut für Frühpädagogik, München
Freia Wagner, Evangelischer Kinderhort St. Bartholomäus, Marktredwitz
Norbert Walke, Bayerisches Sozialministerium, München
Peter Wenus, Städtischer Hort Malmedystraße, München
Norbert Ziegler, Schulreferat, München

Verbindende Texte und Redaktion:
Dr. Karlheinz Kaplan, Staatsinstitut für Frühpädagogik, Prinzregentenstraße 24, 80538 München

Literatur

Aktion Jugendschutz, Landesarbeitsstellen Bayern und Schleswig-Holstein: Jugendliche können's besser ...? Peer-to-Peer Ansätze auf dem Prüfstand. PRO Jugend, Ausgabe Bayern, Nr. 4/99

Arbeiterwohlfahrt, Arbeitskreis der Geschäftsführerkonferenz „Tageseinrichtungen für Kinder": Eckdaten zur Qualitätsentwicklung und Leistungsbeschreibung in Tageseinrichtungen für Kinder der Arbeiterwohlfahrt. Schriftenreihe Theorie und Praxis, QS 9, Bonn 1998

Arbeitsstelle Kinder- und Jugendkriminalitätsprävention (Hrsg.): Wider die Ratlosigkeit im Umgang mit Kinderdelinquenz. Präventive Ansätze und Konzepte. DJI: München 2000

Aufenanger, S.: Medienkompetenz oder Medienbildung? Wie die neuen Medien Erziehung und Bildung verändern. In: Bertelsmann Briefe, 1999, Heft 142, S. 21–24

Baacke, D.: Die 6- bis 12jährigen. Beltz: Weinheim/ Basel 1989

Baacke, D., Glotz, P., Kubicek, H., Lange, B.P., Mettler-v. Meibohm, B.: Was ist Medienkompetenz? Fünf Statements zu einem facettenreichen Begriff. In: F. Schell, E. Stolzenburg, H. Theunert (Hrsg.): Medienkompetenz. Grundlagen und pädagogisches Handeln. KoPäd.: München 1999, S. 18–24

Baker, C.: Perceptions of Bilinguals. European Journal for Intercultural Studies, Vol. 7, 1996, No. 1, S. 45–50

Becker-Gebhard, Bernd: Lebensbedingungen und Lebensqualität von Schülerinnen und Schülern in bayerischen Horten – Ergebnisse einer schriftlichen Befragung (I). In: IFP-Infodienst 4, 1999, 2, S. 18–24

Beisl, H.: Bretter, Schuhe, Pinsel, Farben ... Ein Beitrag der Ästhetischen Erziehung. In: Kaplan, K./ Becker-Gebhard, B. (Hrsg.): Handbuch der Hortpädagogik. Lambertus: ²1999, S. 310–324

Bernfeld, S.: Sisyphos oder Die Grenzen der Erziehung. Suhrkamp: Frankfurt 1979

Bernstein, S.,/Lowy, L.: Untersuchungen zur Sozialen Gruppenarbeit. Lambertus: Freiburg i. Br. 1970

Berry, G./Pesch, L. (Hrsg.): Welche Horte brauchen Kinder? Berlin 1997

Betz, D./Breuninger, H.: Teufelskreis Lernstörungen. Reinhardt: München 1996

Brietz, U.: Autogenes Training und Fantasiereisen. In: Kaplan, K./Becker-Gebhard, B. (Hrsg.): Handbuch der Hortpädagogik. Lambertus: ²1999, S. 383 ff.

Bründel, Heidrun/Hurrelmann, Klaus: Einführung in die Kindheitsforschung. Beltz: Weinheim/Basel 1996

Buber, Martin: Reden über Erziehung. Lampert Schneider: Heidelberg 1965

Büchner, P.: (Schul-)Kindsein heute zwischen Familie, Schule und außerschulischen Freizeiteinrichtungen. In: Peter Büchner u.a.: Kindliche Lebenswelten, Bildung und innerfamiliale Beziehungen. Materialien zum 5. Familienbericht, Band 4. Deutsches Jugendinstitut: München 1994, S. 9–39

Bundesarbeitsgemeinschaft der Landesjugendämter: „Qualität in Kindertageseinrichtungen" – beschlossen in der 88. Arbeitstagung vom 3.–5. Mai 2000 in Halle/Saale. www.bagljae.de

Bundesministerium für Familie, Senioren, Frauen und Jugend (Hrsg.): Zehnter Kinder- und Jugendbericht. Bericht über die Lebenssituation von Kindern und die Leistungen der Kinderhilfen in Deutschland. Bonner Universitäts-Buchdruckerei: Bonn 1998

Bundesvereinigung der kommunalen Spitzenverbände/Bundesarbeitsgemeinschaft der Freien Wohlfahrtspflege: Empfehlungen und Hinweise zur bedarfsgerechten Gestaltung von Öffnungszeiten in Kindergärten. 1987

Bund-Länder-Kommission: Bildung für eine nachhaltige Entwicklung. Materialien zur Bildungsplanung und zur Forschungsförderung, Heft 69, Bonn 1998

Burow, Olaf-Axel: Die Individualisierungsfalle. Kreativität gibt es nur im Plural. Klett-Cotta: Stuttgart 1999

Clarke-Stewart, K.A.: Qualität der Kinderbetreuung in den Vereinigten Staaten von Amerika. In: Fthenakis, W.E./Textor, M.R. (Hrsg.): Qualität von Kinderbetreuung: Konzepte, Forschungsergebnisse, internationaler Vergleich. Beltz: Weinheim 1998, S. 148–160

Cohen, P.: Verbotene Spiele. Theorie und Praxis antirassistischer Erziehung. Hamburg: Argument, 1994

Colberg-Schrader, C./Krug, A.: Lebensnahes Lernen im Kindergarten. Kohlhammer: München 1980

Csikszentmihalyi, Mihaly: Kreativität. Klett-Cotta: Stuttgart 1997

Dafner, J.: Theaterspiel im Hort. In: Kaplan, K./Becker-Gebhard, B. (Hrsg.): Handbuch der Hortpädagogik. Lambertus: [2]1999, S. 368 ff.

Dantscher, R.: Arbeitsmaterial für Gruppenarbeit. Lambertus: Gelnhausen 1975

de Bono, Edward: Kinderlogik löst Probleme. Kindler: München 1975

Didrichsons, Ch.: Meditation und Yoga. In: Kaplan, K./Becker-Gebhard, B. (Hrsg.): Handbuch der Hortpädagogik. Lambertus: [2]1999, S. 393 ff.

Didrichsons, Ch.: Tanzen im Hort. In: Kaplan, K./Becker-Gebhard, B. (Hrsg.): Handbuch der Hortpädagogik. Lambertus: [2]1999, S. 325 ff.

Die internationale Norm ISO 9004–2: Qualitätsmanagement und Elemente eines Qualitätssicherungssystems. Leitfaden für Dienstleistungen. 1. Ausgabe 01.08.1991

Dirim, I.: „Var mi lan Marmelade?" Türkisch-deutscher Sprachkontakt in einer Grundschulklasse. Münster: Waxmann 1998

Dunkl, Hans-Jürgen/Reichel, Klaus (BayStMAS): ISKA-Nürnberg – Der Kontext. www.iska-nuernberg.de

Dunkl, Hans-Jürgen/Reichel, Klaus (BayStMAS): ISKA-Nürnberg – Häufig gestellte Fragen zur „markt- und qualitätsorientierten Steuerung" www.iska-nuernberg.de

Eggers, C., Lempp, R., Nissen, G., Strunk, P.: Kinder- und Jugendpsychiatrie. 7. überarbeitete und erweiterte Auflage, Springer: Berlin 1994

Ehring, Ellen: Ziele finden, umsetzen und überprüfen. Qualitätsmanagement in Tageseinrichtungen für Kinder. In: TPS 2, 1997, S. 71–74

Eirich, H.: Medienerziehung in Kindertageseinrichtungen. In H. Rieder-Aigner (Hrsg.): Handbuch Kindertageseinrichtungen, Band 2 (Abschnitt VI: Pädagogik, Kap. 12, S. 1–16). Walhalla: Regensburg 1998, (Grundwerk erschienen 1994)

Elschenbroich, Donata: Weltwissen der Siebenjährigen. Was wäre heute eine optimale Bildungsumwelt für Kinder? In: klein & groß, Heft 11–12/98, S. 6–11

Elschenbroich, Donata: Forscher, Künstler und Erfinder. Ein Vorschlag zum Welt-Wissen von Siebenjährigen. In: Welt des Kindes, 1999, 3, S. 22–25

Engelhardt, W.J.u.a.: Professionelles Handeln in der Sozialarbeit/Sozialpädagogik. Unveröff. Manuskript. Erlangen 1983

Literatur

Erath, P.: Die neue Herausforderung: Qualitätsmanagement. In: Kinderzeit, Sept. 1998, S. 6–9

Erath, P.: Von der Konzeption zum Qualitätshandbuch. Weiterentwicklung und Qualitätssicherung in der Kita, Don Bosco: München ²2002

Erikson, E.H.: Identität und Lebenszyklus. Suhrkamp: Frankfurt a. Main 1966, ²1973

Ernst, M.: Kinderhort Ulrich-Schmidl. Straubing, o.J.

Faltermaier, T. u.a.: Entwicklungspsychologie des Erwachsenenalters. Kohlhammer: Stuttgart, Berlin, Köln; Lambertus: Freiburg i. Br. 1992

Fineberg, Jonathan: Mit dem Auge des Kindes: Kinderzeichnung und moderne Kunst. Friedel, H./ Helfenstein, J. (Hrsg.). Hatje: München 1995

Freymann, K.D./Pfeiffer, P.J.: Qualitätsmanagement – Grundbegriffe und Normenelemente. In: KiTa aktuell NW, Heft 6/99, S. 128–131

Fthenakis, W.E.: Das aktuelle Stichwort: Erziehungsqualität aus europäischer Sicht. In: IFP-Infodienst 3, 1998, 2, S. 3–8

Fthenakis, W.E.: Das aktuelle Stichwort: Transitionen und Resilienz. In: IFP-Infodienst 3, 1998, 1, S. 3 f.

Fthenakis, W.E./Textor, M. (Hrsg.): Qualität von Kinderbetreuung. Konzepte, Forschungsergebnisse, internationaler Vergleich. Beltz: Weinheim/Basel 1998

Fthenakis, W.E.u.a.: Konzeptionelle Weiterentwicklung von Bildungsqualität in Tageseinrichtungen für Kinder unter 6 Jahren. www.ifp-muenchen.de

Fuchs, R., Hermens, C., Kleine, K., Nordt, G., Strätz, R., Wiedemann, P.: Quast. Qualität für Schulkinder in Tageseinrichtungen. Kriterienkatalog. www.spi.nrw.de/material/quast_krit.pdf. 6. August 2002

Geißler, K.A./Hege, M.: Konzepte sozialpädagogischen Handelns. Beltz: Weinheim/Basel 1988

Gesetz zur Ausführung des Gesetzes zur Neuordnung des Kinder- und Jugendhilferechtes (Gesetz über Tageseinrichtungen für Kinder – GTK) vom 19.10. 1991, geändert durch Gesetz vom 12.12. 1995

Gesetz zur Neuordnung des Kinder- und Jugendhilferechts (Kinder- und Jugendhilfegesetz – KJHG) vom 26. Juni 1990 (BGBl.I S. 1163)

Goffman, E.: Stigma. Über Techniken der Bewältigung beschädigter Identität. Suhrkamp: Frankfurt a. Main 1967

Gogolin, I./Neumann, U.: Spracherwerb und Sprachentwicklung in einer zweisprachigen Lebenssituation bei monolingualer Grundorientierung der Gesellschaft. In: Arbeitskreis Neue Erziehung (Hrsg.): Erziehung – Sprache – Migration. Gutachten für den Arbeitskreis Neue Erziehung. Berlin: Arbeitskreis Neue Erziehung, 1998, S. 93–143

Goldstein, Ch./Münzenloher, I.: Ist Qualität wahrnehmbar? In: KiTa aktuell BY 12, 1997, S. 246–250

Grosjean, F.: The Bilingual as a Competent but Specific Speaker-Hearer. Journal of Multilingual and Multicultural Development, Vol. 6, 1985, S. 467–477

Grüner, Th./Hilt, F.: Die Kirche im Dorf lassen. Vorteile, Grenzen und Konsequenzen der Peer-Mediation an Schulen. In: Aktion Jugendschutz, Landesarbeitsstellen Bayern und Schleswig-Holstein: Jugendliche können's besser …? Peer-to-Peer Ansätze auf dem Prüfstand. PRO Jugend, Ausgabe Bayern, Nr. 4/99, S. 15–18

Guilford, J.P.: Creativity: Its measurement and development. In: Parnes/Harding (Eds.): A scoure book of creative thinking. Scribners, N.Y., 1962

Harms, G.: Auf dem Weg zu einem Bildungsauftrag von Kindertagesstätten. In: Diskurs 1, 1998, S. 51–53

Havighurst, R.J.: Developmental tasks and education. Mackay: New York 1972

Hayes, C.D., Palmer, J.L., Zaslow, M.J. (Hrsg.): Who cares for America's children. Child care policy for the 1990s. By Panel on Child Care Policy, Committee on Child Development Research and Public Policy, Commission on Behavioral and Social Sciences and Education, National Research Council. National Academy Press: Washington 1990

Hentig, Hartmut von: Kreativität – Hohe Erwartungen an einen schwachen Begriff. Hauser: München/Wien 1998

Herkommer, I.: Qualitätssicherung im sozialpädagogischen Ausbildungsbereich. In: KiTa aktuell ND 2, 1998, S. 30–34

Holm-Hadulla, Rainer M.: Kreativität – Psychodynamik und Coaching. In: Holm-Hadulla, R.M. (Hrsg.): Kreativität. Heidelberger Jahrbücher 2000, XLIV. Springer: Berlin, Heidelberg, New York 2000

Hortkonzept des Bayerischen Landesverbands Katholischer Kindertagesstätten, München, März 1991

Howes, C., Phillips, D.A., Whitebook, M.: Thresholds of quality: implications for the social development of children in center-based child care. Child Development 1992, 63, S. 449–460

Humpert, W./Dann, H.D.: KTM kompakt. Basistraining zur Störungsreduktion und Gewaltprävention für pädagogische und helfende Berufe auf der Grundlage des „Konstanzer Trainingsmodells". Huber: Bern 2001

Hundertwasser, Friedensreich: Hundertwasser-Haus. Wien 2000

Hunfeld, H.: Zur Normalität des Fremden: Voraussetzungen eines Lehrplans für interkulturelles Lernen. BMW AG (Hrsg.): LIFE. Ideen und Materialien für interkulturelles Lernen. BMW AG: München, 1997, S. 1–10, Abschnitt 1.1.1

Huppertz, N./Meier-Musahl, R.: Hortpädagogik. Eine Einführung in Theorie und Praxis. PAIS: Oberried b. Freiburg 1999

Institut für soziale und kulturelle Arbeit Nürnberg (ISKA): Auf der Suche nach neuen Wegen der Förderung. www.iska-nuernberg.de

Institut für soziale und kulturelle Arbeit Nürnberg (ISKA): Entwicklung und Prüfung effizienter Finanzierungsmöglichkeiten für den Kindergarten- und Hortbereich. www.iska-nuernberg.de

Institut für soziale und kulturelle Arbeit Nürnberg (ISKA): Markt- und qualitätsorientierte Steuerung. www.iska-nuernberg.de

Institut für soziale und kulturelle Arbeit Nürnberg (ISKA): Phase I. www.iska-nuernberg.de

Institut für soziale und kulturelle Arbeit Nürnberg (ISKA): Phase II. www.iska-nuernberg.de

Institut für soziale und kulturelle Arbeit Nürnberg (ISKA): Was bisher geschah … www.iska-nuernberg.de

Internationale Akademie u.a.: Qualität und Unternehmensgeist. Memorandum zur Tagesbetreuung von Kindern. 1. Entwurf. Hektografiertes Manuskript. Berlin, Kronberg, München 1997

Jakubeit, G./Schattenhofer K.: Fremdheitskompetenz. In: Neue Praxis, 1996, 5, S. 389–408

Kaplan, K.: Musikalische Angebote. In: Kaplan, K./Becker-Gebhard, B. (Hrsg.): Handbuch der Hortpädagogik. Lambertus: [2]1999, S. 348 ff.

Kaplan, Karlheinz: Rahmenkonzept für Horte in Bayern. In: IFP-Infodienst 5, 2000, 2, S. 18 ff.

Kaplan, Karlheinz: Warum (k)ein Konzept? – erste Ergebnisse aus der Untersuchung „Weiterentwicklung der Konzepte der Hortarbeit". In: IFP-Infodienst 3, 1998, 2, S. 8–16

Kaplan, K./Becker-Gebhard, B.: Fragen der Konzeptentwicklung. In: Kaplan, K./Becker-Gebhard, B. (Hrsg.): Handbuch der Hortpädagogik. Lambertus: Freiburg i. Br. [2]1999, S. 67–73

Kaplan, K./Becker-Gebhard, B. (Hrsg.): Handbuch der Hortpädagogik. Lambertus: [2]1999

Literatur

Kaplan, K./Säbel, J.-P.: Schwerpunkte der Arbeit mit Grundschulkindern. In: Kaplan, K./Becker-Gebhard, B. (Hrsg.): Handbuch der Hortpädagogik. Lambertus: Freiburg i. Br. ²1999, S. 74 ff.

Kasten, H.: Pubertät und Adoleszenz. Wie Kinder heute erwachsen werden. Reinhardt: München 1999

Katz, Lilian G./Chard, Sylvia C.: Der Projekt-Ansatz. In: Fthenakis, W.E./Textor, M.R. (Hrsg.): Pädagogische Ansätze im Kindergarten. Beltz: Weinheim/Basel 2000

Kercher, A.: Allheilmittel Qualitätsmanagement. In: Kita aktuell BY 2, 1998, S. 38–41

Kesberg, E./Nordt, G.: Neue Entwicklungen bei den Angeboten für Schulkinder. Abschlussbericht. Köln 1998

Klee, Paul: Schöpferische Konfession. In: Edschmid, Kasimir (Hrsg.): Tribüne der Kunst und Zeit XIII. Berlin 1920 (entstanden 1918). Nachdruck: Kraus Reprint: Neudeln/Liechtenstein 1973, Bd. 3

Knauer, R.: Wir arbeiten gut – aber können wir das auch belegen? In: KiTa aktuell ND Heft 10, 1997, S. 204–208

Körner, J./Ludwig-Körner, C.: Psychoanalytische Sozialpädagogik: eine Einführung in vier Fallgeschichten. Lambertus: Freiburg i. Br. 1997

Köstler, Arthur: Der göttliche Funke. Der schöpferische Akt in Kunst und Wissenschaft. Scherz: Bern/München 1966

Krappmann, L.: Auf dem Weg zu sich selbst. Zur Entwicklung der Sechs- bis Zwölfjährigen. In: Welt des Kindes, 62, 1984, 4, S. 270 ff.

Krappmann, L.: Die Entwicklung der Kinder im Grundschulalter und die pädagogische Arbeit des Hortes. In: Berry, G./Pesch, L. (Hrsg.): Welche Horte brauchen Kinder? Neuwied/Berlin 1996, S. 85–98

Krappmann, L.: Soziologische Dimensionen der Identität. Klett-Cotta: Stuttgart ⁸1993

Krenz, A.: Der „Situationsorientierte Ansatz" im Kindergarten. Lambertus: Freiburg i. Br. 1991

Kronberger Kreis für Qualitätsentwicklung in Kindertageseinrichtungen (Hrsg.): Qualität im Dialog entwickeln. Wie Kindertageseinrichtungen besser werden. Seelze 1998

Laevers, F. (Hrsg.): Die Leuvener Engagiertheits-Skala für Kinder (LES-K). Fachschule für Sozialpädagogik: Erkelenz 1997

Lamberti, Maria-Anne: Qualität – immer noch das Thema Nr. 1! In: KiTa aktuell NW, Heft 10/2000, S. 196–198

Landesjugendamt Hessen (Hrsg.): Wohin nach dem Unterricht? Orientierungshilfen zur Schulkinderbetreuung in Hessen. Kassel, Nov. 1997

Langenmayr, M.: Unternehmen Kindertagesstätte – wo bleibt die Pädagogik? In: KiTa aktuell BY Heft 1, 1998, S. 1–13

Langner, Tilman: Handreichung Umweltkonzepte für Schulen. Halle: Unabhängiges Institut für Umweltfragen e.V., 1996.

Levi-Strauss, Claude: Das wilde Denken. Frankfurt/Main 1968

Luhmann, N.: Gesellschaftliche Organisationen. In: Ellwein, T., Groothoff, H.-H., Rauschenberger, H., Roth, H. (Hrsg.): Erziehungswissenschaftliches Handbuch. Erster Band: Das Erziehen als gesellschaftliches Phänomen – Deskription und Analyse eines geschichtlich-gesellschaftlichen Zusammenhanges. Rembrandt: Berlin 1969, S. 387–407

Meinhold, M.: Wir müssen nicht bei Null beginnen. Qualität und Qualitätssicherung in der sozialpädagogischen Arbeit. In: TPS 2, 1997, S. 67–70

Merchel, J. (Hrsg.): Qualität in der Jugendhilfe: Kriterien und Bewertungsmöglichkeiten. Münster 1998

Milhoffer, Petra: Wie sie sich fühlen, was sie sich wünschen: eine empirische Studie über Mädchen und Jungen auf dem Weg in die Pubertät. Juventa: Weinheim u.a. 2000

Montada, L.: Fragen, Konzepte, Perspektiven. In: Oerter, R./Montada, L. (Hrsg.): Entwicklungspsychologie. Beltz/Psychologie Verlags Union: Weinheim [4]1998, S. 1–83

National Association for the Education of Young Children [NAEYC] Position Statement: Technology and Young Children – Ages Three through Eight. Young Children, 51, 1996, (6), S. 11–16

Netzwerk der Europäischen Kommission für Kinderbetreuung (Hrsg.): Die Betreuung von Schulkindern in der Europäischen Union. Netzwerk der Europäischen Kommission für Kinderbetreuung, o.J.

Nordt, Gabriele u.a.: Qualität als Chance. Qualitätskriterien und Beispiele für die Arbeit mit Schulkindern. SPI NRW (Hrsg.), Münster 2000

Oberhuemer, P., Ulich, M., Soltendieck, M.: Kulturenvielfalt in Kindertageseinrichtungen. Empfehlungen an Träger und Trägerorganisationen. In: KiTa aktuell BY 1999, 11, Heft 4, S. 89–91

Oerter, R.: Kultur, Ökologie und Entwicklung. In: Oerter, R./Montada, L. (Hrsg.): Entwicklungspsychologie. Beltz/Psychologie Verlags Union: Weinheim [4]1998, S. 84–127

Oerter, R./Dreher, E.: Jugendalter. In: Oerter, R./Montada, L. (Hrsg.): Entwicklungspsychologie. Beltz/Psychologie Verlags Union: Weinheim [4]1998, S. 310–395

Olweus, D.: Gewalt in der Schule. Was wir wissen und was wir tun können. Ein Handbuch. Die Ministerin für Frauen, Bildung, Weiterbildung und Sport des Landes Schleswig-Holstein (Hrsg.), Kiel 1994

Petermann, F./Petermann, U.: Training mit aggressiven Kindern. Einzeltraining, Kindergruppen, Elternberatung. Beltz/PVU: Weinheim 1993/6

Prott, A.: Trägerqualität. Eigene Ansprüche offenlegen. In: TPS 2, 1997, S. 91–93

Reichert-Garschhammer, Eva: Qualitätsmanagement im Praxisfeld Kindertageseinrichtungen (Bayern). Blickpunkt: Sozialdatenschutz. Bayerisches Staatsministerium für Arbeit und Sozialordnung, Familie und Frauen/Staatsinstitut für Frühpädagogik (Hrsg.). Carl Link: Kronach 2001

Reidelhuber, Almut: Umweltbildung. Ein Projektbuch für die sozialpädagogische Praxis mit Kindern von 3–10 Jahren. Staatsinstitut für Frühpädagogik, München (Hrsg.). Lambertus: Freiburg i. Br. 2000.

Rekow, A., Säbel, J.-P., Becker-Gebhard, B., Kaplan, K.: Hausaufgabenbetreuung. In: Kaplan, K./Becker-Gebhard, B. (Hrsg.): Handbuch der Hortpädagogik. Lambertus: Freiburg i. Br. [2]1999, S. 269 ff.

Rolle, J.: Aus der Tradition in die Zukunft – Ganztagsangebote für Schulkinder: Grundlagen, Bedarf und Perspektiven. In: Bayerisches Staatsministerium für Arbeit und Sozialordnung, Familie, Frauen und Gesundheit/Staatsinstitut für Frühpädagogik (Hrsg.): 125 Jahre Horte. Aus der Tradition in die Zukunft. Dokumentation der Fachtagung 5.–6. November 1997, Stadthalle Erlangen. db drucken + binden gmbh: München 1998, S. 15–26

Rolle, J.: Die Öffnung der Kindertageseinrichtung in den Lebensraum von Kindern und Eltern. Vortrag auf dem Kindergartentag NRW in Hamm, 21.06.1998

Rolle, J.: Veränderungen in Kindheit und Familie. Neue Anforderungen an Ganztagsangebote. In: KiTa aktuell NW Heft 11, 1997, S. 219–224

Rose, H.: Hort. Ein Ort für Kinder, junge Jugendliche und deren Familien im Wohnquartier. Diak. Werk Bremen e.V. (Hrsg.), Senger Druck: Bremen 1989

Ruopp, R., Travers, J., Glantz, F., Coelen, C.: Children at the center: Final report of the National Day Care Study. Abt: Cambridge 1979

Schäfer, H.: Zum Umgang mit delinquenten Kindern – Eine Einführung. In: Arbeitsstelle Kinder- und Jugendkriminalitätsprävention (Hrsg.): Wider die

Literatur

Ratlosigkeit im Umgang mit Kinderdelinquenz. Präventive Ansätze und Konzepte. DJI: München 2000, S. 9–23

Schaffer, Ch.: Qualitätsmanagement in Kinderbetreuungseinrichtungen. In: KiTa aktuell HRS Heft 10, 1997, S. 205–207

Schell, F.: Elitenförderung oder Breitenarbeit? In: medien + erziehung, 1997, Heft 3, S. 143–147

Schild, W.: Fachliche Qualität im Praxissystem Sozialer Arbeit. Folgerungen für die Qualifizierung der sozialen Fachkräfte. In: ForumSozial 1/1998

Schmidt-Grunert, M.: Soziale Arbeit mit Gruppen: eine Einführung. Lambertus: Freiburg i. Br. 1997

Schubarth, Willfried: Gewaltprävention in Schule und Jugendhilfe: Theoretische Grundlagen, Empirische Ergebnisse, Praxismodelle. Luchterhand: Neuwied, Kriftel 2000

Schuster, Martin: Kunstpsychologie. Kreativität. Bildkommunikation. Schönheit. Schneider Verlag Hohengehren: Baltmannsweiler 2000

Simsa, Ch.: Mediation an Schulen. In: Arbeitsstelle Kinder- und Jugendkriminalitätsprävention (Hrsg.): Wider die Ratlosigkeit im Umgang mit Kinderdelinquenz. Präventive Ansätze und Konzepte. DJI: München 2000, S. 56–72

Sozialpädagogisches Institut NRW (Hrsg.): Fachpolitischer Diskurs. Lebensort Kindertageseinrichtung. Bilden – Erziehen – Fördern. Professionalität und Qualität in Kindertageseinrichtungen – Viel erreicht – noch viel zu tun? Dokumentation des 4. Workshops am 27.10.2000 in Siegen. Köln, 2. Aufl. März 2001

Speck, O.: Die Ökonomisierung sozialer Qualität. Zur Qualitätsdiskussion in Behindertenhilfe und Sozialer Arbeit. Reinhardt: München/Basel 1999

Spiegel, H.v.: Jugendarbeit mit Erfolg! Arbeitshilfen und Erfahrungsberichte zur Qualitätsentwicklung und Selbstevaluation. Modellprojekt des Landesjugendamtes. Münster 2000

Stock, J., Wolff, H., Kuwan, H., Waschbüsch, E.: Delphi-Befragung 1996/1998 „Potentiale und Dimensionen der Wissensgesellschaft – Auswirkungen auf Bildungsprozesse und Bildungsstrukturen" – Integrierter Abschlußbericht – Prognos AG/Infratest Burke Sozialforschung GmbH & Co.: Basel/München 1998

Strätz, Rainer: Qualität für Schulkinder in Tageseinrichtungen: QUAST – ein Projekt im Rahmen der „Nationalen Qualitätsinitiative". In: SPI NRW 2001, S. 18–22

Strätz, Rainer: Zur Feststellung pädagogischer Qualität. In: KiTa aktuell NW, Heft 4/2000, S. 80–86

Tennstädt, K.-Ch., Krause, F., Humpert, W., Dann, H.-D.: Das Konstanzer Trainingsmodell (KTM). Neue Wege im Schulalltag: Ein Selbsthilfeprogramm für zeitgemäßes Unterrichten und Erziehen. Huber: Bern 1987–1995

Tenorth, Heinz-Elmar: „Alle alles zu lehren". Möglichkeiten und Perspektiven allgemeiner Bildung. Wissenschaftliche Buchgesellschaft: Darmstadt 1994, S. 105 f.

Textor, M.R.: In jedem Fall verantwortlich? Zur Aufsichtspflicht in der Kita und im Kindergarten. In: Kindergarten heute 28, 1998, 4, S. 32–36

Tietze, W., Schuster, K.M., Roßbach, H.E.: Kindergarten-Einschätz-Skala. Neuwied 1997

Ulich, M.: Sprachförderung in mehrsprachigen Kindergruppen – Fachkräfte zwischen Anspruch und Wirklichkeit. In: KiTa aktuell BY Heft 4, 1999 (Jg. 11), S. 83–87 oder BW Jg. 8, Heft 7/8, S. 157–161

Ulich, M.: Taking a new look at cultural attitudes in multilingual settings: Stories and storying in teacher training. International Journal of Educational Research 29, 1998, S. 25–39

Ulich, M.: Von der Arbeit mit Bildern und Geschichten – Interkulturelle Begegnungen im Hort. In: - Kaplan, K./Becker-Gebhard, B. (Hrsg.): Handbuch der Hortpädagogik. Freiburg i. Br.: Lambertus 1997, S. 120–133

Ulich, M.: Woher kommen die Bilder im Kopf? In: Kindergarten heute, 24, 1994 (1), S. 3–9

Ulich, M./Mayr, T.: Beobachtung und Professionalität. In: Colberg-Schrader, H. u.a.: Kinder in Tageseinrichtungen. Ein Handbuch für Erzieherinnen. Kallmeyersche Verlagsbuchhandlung: Seelze/Velber 1999

Ulich, M./Mayr, T.: Observing Children in German Daycare Centres: Practioner's attitudes and practices. International Journal of early Years Education, Vol 7, 1999, 1, S. 25–37

Ulich, M./Oberhuemer, P. (Hrsg.): medien interKulturell. 4 Tonkassetten und 4 Videokassetten für die interkulturelle Arbeit. Weinheim und Basel: Beltz, 1991, 1992. Zu beziehen über das Staatsinstitut für Frühpädagogik, Prinzregentenstr. 24, 80538 München

Ulich, M./Oberhuemer, P., Reidelhuber, A. (Hrsg.): Der Fuchs geht um… auch anderswo. Ein multikulturelles Spiel- und Arbeitsbuch. Weinheim und Basel: Beltz, 5. überarb. Aufl. 1995

Ulich, M./Oberhuemer, P. (Hrsg.) unter Mitwirkung von Reidelhuber, A.: Es war einmal, es war keinmal… Ein multikulturelles Lese- und Arbeitsbuch. Weinheim und Basel: Beltz, 3. überarb. Aufl.1994

Ulmann, Gisela: Kreativität. Beltz: Weinheim 1968

Urban, M.: Fragt uns doch einfach mal: Gemeinsam mit Kindern Qualität entwickeln. In: TPS 2, 1997, S. 94–96

Urban, M.: Reden wir mal über Qualität! In: KiTa aktuell BY 2, 1998, S. 33–36

Vogel, G.: SchülerInnen als Konfliktlotsen. (Peer-)Mediation an Schulen in Kooperation von Schule und Jugendhilfe. In: Aktion Jugendschutz, Landesarbeitsstelle Bayern e.V.: Mediatoren statt Gladiatoren. Tagungs-Dokumentation, München 1998, S. 32–40

Vogel, G.: Keine Angst vor Konflikten: Der Ansatz von Peer-Mediation am Beispiel Schule. In: Aktion Jugendschutz, Landesarbeitsstelle Bayern e.V./Stadt Regensburg, Amt für Jugend und Familie (Hrsg.): Gemeinsam gegen Gewalt. Gewaltprävention und Konfliktmanagement in Regensburg. Tagungsdokumentation, München 1999, S. 39–54

Vogel, G.: Peer-Mediation. Charakteristika, Chancen und Grenzen. In: Akademie für Lehrerfortbildung und Personalführung: Wenn zwei sich streiten, … – Jugendliche vermitteln bei Konflikten. Akademiebericht Nr. 342, Dillingen 2000, S. 1–10

Vogel, G.: Schulentwicklung und Mediation. In: Akademie für Lehrerfortbildung und Personalführung: Wenn zwei sich streiten, … – Jugendliche vermitteln bei Konflikten. Akademiebericht Nr. 342, Dillingen 2000, S. 103–113

Vogt, H.: Qualität muss man anfassen können. Über die Meßbarkeit von Kindertagesbetreuung. In: TPS 2, 1997, S. 75–77

Ziesche, U.: Werkstatthandbuch zur Qualitätsentwicklung in Kindertagesstätten. Berlin/Neuwied 1999

Bildung in Kindertageseinrichtungen

108 Seiten, s/w-Fotos, kartoniert,
ISBN 3-7698-1232-8

Irmgard Maria Burtscher
Mehr Spielraum für Bildung
Kindertagesstätten als
Bildungseinrichtungen der Zukunft

Was mein Bildung in Kindertageseinrichtungen? Wie
können Erzieherinnen den pädagogischen Rahmen
für Bildungsangebote in der Kita schaffen? Die Autorin
liefert Beispiele für konkrete Projekte z.B. aus
den Bereichen Naturwissenschaft, Astronomie,
Arbeitswelt und Kunst.

162 Seiten, s/w-Fotos, kartoniert
ISBN 3-7698-1307-3

Frieder Harz
Ist Allah auch der liebe Gott?
Interreligiöse Erziehung in der Kindertagesstätte

Einfühlsam und praxisnah beschreibt der Autor, wie
interreligiöse Erziehung in der Kita möglich ist.
Er setzt dabei bei alltäglichen Fragen und Problemen
an und bietet auch Hilfestellung für die Elternarbeit.

… ein besonderer Vorzug dieses praxisnahen Buchs: seine
seriöse Beschränkung auf solche Fragen, die sich in der
Arbeit mit Kindern stellen und die auch dort lösbar sind.
in: KiTa aktuell BY 5/2002

Qualitätsentwicklung und -sicherung

Tilly Miller
Ressourcenmanagement in der Kita
Kräfte mobilisieren durch Teamarbeit,
Öffentlichkeitsarbeit und Netzwerkarbeit

Die Anforderungen an die Qualität der Kindertagesbetreuung steigen. Lernen Erzieherinnen, sämtliche im Team vorhandenen Kräfte geschickt zu nutzen und Ressourcen aus dem Umfeld der Kita auszuschöpfen, können sie diesen hohen Erwartungen stressfrei und mit Kompetenz begegnen.

132 Seiten, s/w-Fotos, kartoniert,
ISBN 3-7698-1297-2

Peter Erath
Von der Konzeption zum Qualitätshandbuch
Weiterentwicklung und Qualitätssicherung in der Kita

Dieses Buch beschreibt den Weg von der Konzeption zum Qualitätshandbuch. Das integrierte Muster-Qualitätshandbuch zeigt beispielhaft den Aufbau und die Inhalte eines solchen Handbuches und ist ein hilfreicher Leitfaden für die Entwicklung eigener Qualitätsstandards.

186 Seiten, s/w-Fotos, kartoniert,
ISBN 3-7698-1312-X

Pädagogische Positionen

Die neue Reihe bei DON BOSCO

- Hintergrundinformationen zu aktuellen pädagogischen Diskussionen
- Hilfen für Erzieherinnen und Eltern, einen eigenen Standpunkt zu finden
- Argumente für die Elternberatung

Rosemarie Portmann
ADS und Hyperaktivität

52 Seiten, kartoniert
ISBN 3-7698-1422-3

Dieses Buch unterstützt Eltern, Erzieherinnen und Lehrkräfte, die vom Thema ADS (Aufmerksamkeits-Defizit-Syndrom) oder ADHS (Aufmerksamkeits-Defizit-Syndrom mit Hyperaktivität) betroffen sind, und nach einer eigenen Position zu diesem Thema suchen. Es stellt übersichtlich den aktuellen Forschungsstand dar und hinterfragt Diagnosemethoden und die Wirkungsweise eingesetzter Psychopharmaka. Pädagogen und Eltern werden darin bestärkt, im Umgang mit Ärzten und Fachstellen eine pädagogische Vorgehensweise als Alternative zum Tablettenkonsum zu vertreten.

In Vorbereitung sind weitere Titel zu den Themen Ganztagsbetreuung (ISBN 3-7698-1465-7), Hochbegabung (ISBN 3-7698-1447-9) und Aggression / Gewalt.